品牌IP大作战

胜诉背后的故事

方图律师事务所 著

法律出版社 LAW PRESS·CHINA
北京

图书在版编目（CIP）数据

品牌 IP 大作战：胜诉背后的故事 / 方图律师事务所著. -- 北京：法律出版社，2025. -- ISBN 978 - 7 - 5244 - 0169 - 8

Ⅰ．D923.405

中国国家版本馆 CIP 数据核字第 2025F2Z689 号

品牌 IP 大作战：胜诉背后的故事
PINPAI IP DAZUOZHAN: SHENGSU BEIHOU DE GUSHI

方图律师事务所　著

策划编辑　朱海波
责任编辑　朱海波
　　　　　杨雨晴
装帧设计　贾丹丹

出版发行　法律出版社	开本　A5
编辑统筹　法律应用出版分社	印张　12.75　字数　300 千
责任校对　李　军	版本　2025 年 8 月第 1 版
责任印制　刘晓伟	印次　2025 年 8 月第 1 次印刷
经　　销　新华书店	印刷　北京中科印刷有限公司

地址：北京市丰台区莲花池西里 7 号（100073）
网址：www.lawpress.com.cn　　　销售电话：010 - 83938349
投稿邮箱：info@lawpress.com.cn　客服电话：010 - 83938350
举报盗版邮箱：jbwq@lawpress.com.cn　咨询电话：010 - 63939796
版权所有·侵权必究

书号：ISBN 978 - 7 - 5244 - 0169 - 8　　　定价：68.00 元

凡购买本社图书，如有印装错误，我社负责退换。电话：010 - 83938349

CONTENTS
目录

第一章　商标案件篇

- 遇到"最强"被告律师｜何华玲　　003
- 第三次起诉判赔 800 万元＋行为保全，重复侵权终于彻底消停了｜何俊　　011
- 面对大量恶意注册商标，除了提起商标无效、异议、撤三，还能怎么办｜麦晓君　　020
- 是什么样的案件值得被告追着骂到了洗手间｜冯宝文　　027
- 酱油与调味汁之间的战争｜何俊　　033
- 绝境突围：方图所首例惩罚性赔偿案的闯关之路｜陈洁雅　　039
- 近似争议极大，且看同类认驰案如何获得全面胜诉｜吕晓彤　　046
- 注册不到两年的商标，如何获赔 320 万元｜何俊　　053
- 如何让山东"海天"字号更名｜何俊　　060
- 保留原材料上的商标作为唯一标识，是否构成商标侵权｜黄伟健　　065
- 一个以"窜货"为由，实施"挂羊头卖狗肉"交易的组织｜黄伟健　　070

- ◎ 43 小时随时待命：实习律师"兵荒马乱"的二审初体验｜符晓文　　075
- ◎ 一份有关数字商标的案件笔记｜冯宝文　　081
- ◎ 9 个被告拆分两个案件，论诉讼策略的重要性｜吕晓彤　　088
- ◎ 经销关系结束后，是否还可以继续使用权利人字号｜陈建南　　096

第二章　商标假冒刑事案件篇

- ◎ 海南自由贸易港知识产权法院成立以来第一起行政与司法协作的民事诉讼｜凌美施　　107
- ◎ 从一条淘宝链接挖掘出来的假冒品"宝藏"产业链｜凌美施　　117
- ◎ 由刑到民：如何追究帮助侵权者的责任｜郭国印　　123
- ◎ 鉴定平台不可靠，海外代购蜕变与鉴定人员共谋精仿案｜赖凯勇　　128
- ◎ 一个 QQ 号侦破重大刑案｜蔡文婧　　138

第三章　不正当竞争案件篇

- ◎ 判赔 2400 万元装潢侵权案，难点究竟在哪里｜何俊　　147
- ◎ 泄密狙击：佛山首例商业秘密行为保全案件办理手记｜何俊　　154
- ◎ 聊天记录如何成为索赔利器｜陈建南　　160
- ◎ 薄板双雄？不正当竞争终食苦果｜蔡文婧　　168

- ◎ 门店整体营业形象被模仿的法律保护｜吕晓彤　　176
- ◎ 如何保住使用了十几年的企业字号｜陈洁雅　　182
- ◎ 一波三折的字号侵权案庭审故事｜谢莉　　191
- ◎ 三份代理词，把权利说清楚｜邓晓琪　　197
- ◎ 一段聊天记录引起的恩怨情仇｜陈铭沛　　203

第四章　专利案件篇

- ◎ 专利诉讼中"生产商"的认定标准及举证责任｜何华玲　　211
- ◎ 现有技术抗辩，如何追寻到10年前的关键证据｜何俊　　218
- ◎ 专利诉讼：论单点突破的正确姿势｜何华玲　　228
- ◎ 查封证物被破坏，记一起与被告斗智斗勇的发明专利侵权案｜陈洁雅　　237
- ◎ 只有一个技术特征的区别，如何在最高人民法院逆风翻盘｜麦晓君　　242
- ◎ 发明专利案，一审只判15万元，二审怎么办？在线等｜何华玲　　246
- ◎ 全额支持判赔100万元的专利案件是如何做到的｜何华玲　　253
- ◎ 一场艰难的合法来源抗辩之争｜蔡文婧　　258
- ◎ 律师信访？一次不得已的经历｜何华玲　　263

第五章　著作权案件篇

◎ 我和一个"衣帽架"较真儿的日子｜谢莉　　　　　　　271
◎ 为建筑设计立体效果图伸张了一次正义｜秦超　　　　276
◎ 与实用艺术作品的初次接触｜邓晓琪　　　　　　　　285

第六章　执行案件篇

◎ 案件终本 8 年后，客户终于收获了近千万元和解
　 赔偿金｜何俊　　　　　　　　　　　　　　　　　　293
◎ 从 0 财产线索到百万级和解｜张星宇　　　　　　　　301
◎ 苹果醋案和饮料案的执行联姻｜余学敏　　　　　　　314
◎ 让侵权人换个名字到底需要几个步骤｜冯宝文　　　　322
◎ 想赢，你必须比被告更坚定｜张星宇　　　　　　　　328
◎ 如何追究股东责任，彻底打击侵权源头｜陈庆恩　　　339

第七章　诉讼逆转案件篇

◎ 一份大年三十收到的败诉判决，二审终于逆转｜郭国印　349
◎ 类似商品如何举证，实现二审诉讼逆转｜肖玉根　　　357
◎ 刺破空壳公司，终获二审改判｜陈铭沛　　　　　　　363
◎ 87 万元改判 200 万元，二审案件突破点在哪里｜邓晓琪　368
◎ 一张发票的再审逆转｜招雪莹　　　　　　　　　　　374

◎ 8万元和80万元，两审法院的两极选择｜何华玲　　380
◎ 一审败诉，二审如何实现逆转｜何华玲　　388
◎ 想要在案件中取得最终的胜利，那就要拼尽全力｜何华玲　　396

第一章
商标案件篇

遇到"最强"被告律师

文 | 何华玲

曾经有个案件,我们起诉了10个被告,同时主张认定驰名商标,禁用两个注册商标,两被控注册商标分别在不同的商品类别,还涉及些许不正当竞争的诉求。所以,案件事实复杂,疑难程度高!

这个案件的被告律师很厉害,一是反应快,我们说一句,他立马反唇相讥三句;二是表现力强,口齿清晰、慷慨激昂,一身的正气和"杀气";三是心态很强,非常坚定、坚决地认为被告不侵权,认为原告是恶意诉讼,认为是通过诉讼来打击被告的正常经营。这样的被告在我的职业生涯中并不多见。

"过度表演"有没有用

案件一开庭,被告代理律师就开始疯狂输出:一是大声呐喊被告是有注册商标的,坚决不侵权。二是痛斥我们起诉10个被告属于非必要共同诉讼,应当分案处理。三是指责我们起诉多个被控标识是胡来乱来、恶意有意。

每个环节、每次发言机会,他都在讲这个。每次都是慷慨激昂、情绪饱满、正气凛然。我受惊吓于他的义正词严、浩然正气，又自我安慰他们不过胡搅蛮缠，法官自是不会理会。然而，从早上到傍晚，从白天到黑夜即将来临时，法官突然停下来说"原告你们的诉求确实太多了，不应该把所有的东西都放在一起起诉"。但我觉得诉求多不是因为被告侵权行为多吗？怎能不斥李鬼反说李逵呢？我很多案子的诉求更加复杂，也没见哪个被告代理人在法庭上这么有精神的。被告很生气，法官尽力调停，我们也很生气，不愿退让。但在法官讲了又讲后，我突然警觉，不管被告有没有道理，胡搅蛮缠也好，浑水摸鱼也罢，他的确起到了效果，法官可能已经被他影响了。或许法官心里知道我们的诉求从法律上的规定是可以的，但现在这样的庭审局面，是他所不乐意见到的，所以想要逼迫原告做出调整。我们迅速冷静下来，如果继续坚持原来的诉求，案件的焦点就会延伸到一些莫名其妙的问题上。所以马上作出决定，撤回了其中一个对方现在没怎么使用的注册商标（有广告、店铺使用，未购买到产品实物），而客户也已通过"撤三"[①]在处理商标争议问题，非核心诉求。但坚决不撤10个被告中的任何一个，被告们一起上法庭总要整整齐齐的。

在我们做出了这样的让步后，局面发生变化。被告继续输出非必要共同诉讼问题时，法官没有再予以理会。虽说法庭是严肃的法理之争，但也不违背朴素人情。在原告已经做出让步的情况下，被告继续疯狂输出，法官心里也有一杆秤。

此事给了我两个启发，一是"过度表演"有没有用？或许有

[①] 申请撤销连续三年不使用注册商标。

用。像本案被告律师表现力超强，他讲得慷慨激昂，又似乎言之有物，再加上持之以恒，刚好法官属于温和、耐心的庭审风格。如此这般，法官或被影响，或维持庭审秩序，将矛头指向原告实属正常。

二是被告"过度表演"时，原告如何破局？商标侵权案件中，被告往往处于劣势，有时摆烂可能好过进取。但被告可以摆烂，原告却不能，否则就真让对方奸计得逞了。试想一个商标侵权案，庭审讨论的重点不是被告侵权规模、主观恶意、损害赔偿等，而是原告有无商标权利、有无诉权、产品是否来源于被告等，那简直是灾难。所以，舍弃可以舍弃的，坚持必须坚持的。正所谓当断不断、必受其乱。本案我们放弃了个别诉求后，案件审理变得相对顺畅，也是表达我们配合法官的态度。被告继续放声高歌，效果明显大打折扣。

不利案件事实要不要回避

这个问题我经常纠结。不利事实主动提出来，就怕真不利甚至更不利。期待法官和被告没发现，这需要很大的运气，何况还有二审。

这个问题从两个方面入手分析：一是这个问题是不是核心问题，是不是被告最有利的抗辩点。如是，对方肯定会提出来的。二是这个问题爆出后，我们能不能圆回来？如果爆出，如何化险为夷？

举个例子，本案客户曾针对被控注册商标提起无效，无效阶段成功。被告提起行政诉讼，其间针对客户的引证商标，提起了"撤三"。二审期间，引证商标被"撤三"，案件败诉，客户遂提起再审。除此之外，我们撤诉的那个注册商标，客户提起"撤三"，也在行政诉讼中。

说起来有点复杂！总之，本案被控的注册商标，我们没有成功申请商标无效。但不成功的理由，不是对方商标不近似，而是评述的引证商标不是我们的驰名商标，系防御商标。这个问题是否回避，真的是一个问题。开庭前我心中纠结，最后决定看被告反应再定。被告一开始没反应，专注攻击三环。开庭 1 小时后，他突然说原告申请无效我们的商标失败了。此言一出，法官让我们立即回应。该来的终于来了！

事后复盘，我内心对自己挺批判的，像这样重要的问题，我应该早在心里来回盘算，台词倒背如流，最好应该有一份书面说明，适时交给法官，简单、清晰、直接，尽可能把这个问题处理好，解除法官疑惑。大事当前，如果被告占了先机，可能会影响法官心证。

主动提出还是被动应对，这是一个大问题。经我碎片化思考，还得辩证而答：首先要锚定问题，论证这个问题不利程度有多大，能否转危为机。有些案件中的问题，乍一看天都要塌下来了，但经过细细阅读琢磨，是可以"被告的证据恰恰证明我方观点"。一个问题要不要回避，不应当只凭主观考量，而应当仔细思考，进行逻辑推演和预判。如果这个问题是可以解释和解答的，建议先准备一份书面说明，提前交给法官，法官事先已了解，庭上就不会疑问重重。如果这个问题真有问题，不能爆雷，自己也解释不清的，就只能回避。但回避不是逃避，是战术上的操作，而不是战略上的退却。所以回避要想清楚如何应对、如何阐述，而不是置之不理。此外，还要有进击，把战火拉到对方老巢，找出让对方头痛牙疼的点，然后盯紧它，钻下去。

遇强如何强

庭上杀机四伏，我们在压迫中反击。

法庭询问时，陈建南律师问对方："被告提交的证据称获得过中国十大**荣誉，在涉及赔偿的时候又说自己规模很小，是微小企业，请做个解释。是你方在虚假宣传吗？"（我方的诉求中包括该荣誉的虚假宣传）陈律师明知故问、不疾不徐，我不由心中喝彩。果然，两难抉择，被告只好两相回应，顾左又顾右，自然少了杀气。

后被告律师在庭上怒斥我们保全了被告银行账户3000万元，慷慨激昂地向法官申冤，引得法官同情。我压抑住想要反驳的冲动，等他表达后，故作冷静地向法官解释"我们只保全到50万元存款，其余为7套房，对，被告名下有7套房。"

我们有一份录音公证，被告销售总监陈述年产值2500万元，日产值**，在多个省份有经销商，在成都还有工厂等，非常详细和具有可信性。这是一份关键证据，按此计算被告多年获益是超3000万元的。所以我们在庭审中致力于展示该证据，而被告当然是致力于否认。

被告来了一招釜底抽薪，说录音中的主体不能证明就是被告销售总监（该个人同时也是本案被告）。法官询问，他说虽然当事人委托他代理本案，但两人未曾见过面。此情此景，我相信如果不能在庭上确认好录音男子的身份，后面就没机会了。我们当即请求法官打电话给该销售总监，确认录音中是否为其本人。在我们的坚持下，法官拨通了某男子的电话……

诸如种种，被告律师开始暴跳如雷、申请审判长回避、表达出现紊乱，我和陈律师对视一眼，默默地松了一口气……

开庭时被告"很强很凶",如何赢得局面

1. 抓住对方的漏洞

他慷慨陈词,你就抛出证据,用证据来证明他在撒谎。一鼓作气、再而衰、三而竭。内心再强大的人,这样做几次,就不敢想到什么就大言不惭地说什么了,而是要思量一下这话是否与事实相符,是不是会被对方抓到痛脚。

2. 突出对方的侵权恶意

对方在大讲特讲原告如何故意起诉高标的影响被告正常经营,被告如何受害、如何弱小时,我们就讲被告是如何抄袭原告,规模如何大等。正所谓名不正则言不顺,言不顺则事不成。人生如戏、难免入戏。有时候被告越讲越上头,真的从心里就觉得一切都是原告的错。这个时候,我们需要帮助对方清醒一点,在道德上和心理上,动摇对方。

3. 利用专业进行心理打击

本案涉及驰名商标禁用注册商标的法律适用,当时此类案件还不算太多。被告之前应该是没有处理过该类案件,但法官明显很了解相关法条和案例。所以在被告大声表达自己有注册商标怎么可能侵权时,我们没有跳出来陈述案例一二三。这个策略其实是打信息差,对方不了解该知识,就意识不到该风险,不要教会被告成长。通常情况,这是没有问题的。但本案情况不同,我后来反思,我们应该积极展示,彰显专业,最好是像陈律师那样用悠闲的语气内涵对方,表面爱好和平,实则重拳出击。然后对方会怀疑、会思考、会检索,然后就没有那么有力气了。

4. 与客户坦诚沟通

正所谓外行看热闹,内行看门道。在被告律师的优秀表现下,我方客户是否会受影响，相信也在所难免，所以更需要与客户坦诚沟通。分析案件本身，被告的抗辩观点和表现手法对案件的定性定量是否有影响，影响几何？对方的长处在哪里，我方需要补强的是哪些方面？坦诚沟通，把对方的长处大大方方地摆到台面上来讨论，解释客户的疑惑，然后大家共同探讨下一步当如何。其实很多时候，客户未必就觉得对方更强，只是作为当事人总难免希望己方的律师能够碾压对方，也容易放大对方表现对案件结果的影响，尤其品牌方原告，习惯了绝对优势，庭审变数、案件变数对于企业法务来说压力很大。我们知道庭审表现的可观赏性、艺术性，并不当然代表其专业性和案件走向，但激情表达的确比沉闷的发言更令人印象深刻。在表现力、表演力这一块的确不如对方，也不用死撑，不如大方承认，然后邀请客户一起努力，一切只看判决结果。

专业律师书生气足、匪气少，江湖经验有一定局限性，有时碰到很"坏"的律师（这个"坏"不是贬义），表达就很受影响，感觉不顺畅、卡壳。试想下，对方的专业和办案经验可能不如你，准备和投入不如你，但是人家的表现力比你强，这感觉真的很复杂！但碰到这样的对手，何尝不是修仙机缘。向对手学习，助自己飞升，此乃正道！我多么期待自己既有扎实的功底，又有超强的表现力，但这都是要靠实践经验积累。而且这种积累还需要不断地遭遇强者，超出以往的较量风格、完全不在自己的舒适区，甚至碰到不讲武德的对手，让你难受、难堪、难熬，才能突破自己的局限性。

这个案件最终判赔了520万元。其实从被告的侵权规模来看，我们认为这个判赔明显偏低，但因为缺乏明确可计算的销售数据，法官没有采纳我方主张的计算判赔，而是按法定判赔的顶格判。在执行阶段，其中一个大被告和解了 350 万元，剩余部分继续执行另一个小被告，判赔金额可以全部执行到位，案件结果还算不错。但在与大被告的洽谈和解中，"大金链哥"告知我们他付了 *** 万元的律师费。我听后惭愧地低下了头！

我们要向被告律师学习的地方真的还有很多……

第三次起诉判赔 800 万元 + 行为保全，重复侵权终于彻底消停了

文｜何　俊

说到重复侵权，不得不说我们手上处理的案件，好多都是如此。这也是很多品牌权利人困惑的地方，为什么以往的维权并不能制止侵权，反而复发率如此之高呢？本案是一个很好的深度治理仿冒侵权的范本案件，可以好好说一说。

2021 年年初我们接到客户一个案件咨询。案件的背景就是，客户曾经针对这个侵权行为在 2018 年和 2020 年先后起诉了两次，但发现侵权行为不仅未能停止，反而侵权规模越来越大，在全国各地均发现该仿冒品牌的门店和产品。客户希望方图能够给出不一样的维权解决方案，彻底打掉这个侵权工厂。

这刚好是方图一直擅长的事情，所以我看到这样的案件也很兴奋，做了一份 94 页的法律服务方案 PPT 给了客户。经过与客户几次共同的商讨，最终在 2021 年 4 月底正式启动了这个案件第三次起诉维权事宜。

不一样的诉讼策略，是方案获得客户认同的最大原因

我分析了这个案件前两次起诉的情况，发现里面存在的问题其实是两点。第一个是缺乏诉前深度调查，在销售店做了一份侵权购买公证后，就直接将产品包装上标注的生产商给起诉了。而这个所谓的"生产商"其实并不是真正的侵权工厂，而只是侵权工厂用来迷惑权利人视线的关联公司。笔者建议做深度调查，从分析工商登记的处所地，查询侵权标识的注册人，以及实地探查疑似侵权工厂等方式去完成。第二个是起诉标的与侵权规模严重不匹配。正是因为缺乏全面调查，所以之前案件起诉的金额都是10万元左右。虽然第一次起诉和解结案，第二次起诉四个案件都胜诉了，但这样的诉讼金额与侵权获利相比显然太低了，不足以产生让侵权人愿意停止侵权的震慑力。

这种起诉模式其实是很多权利人在获得侵权线索后的普遍维权方式。因为简单，没有技术门槛，所以很多律师团队都可以承办，收费也更加灵活和低廉。但也因为简单，这种维权过分模式化，对侵权行为往往只能达成浅表性打击的作用。就好像是治病，"头痛医头，脚痛医脚"，未能找到病根的治疗，复发率自然就是极高的。

所以我们的维权方案，会重点去关注侵权主体的问题，如侵权标识注册人、侵权工厂、代加工厂、销售商以及核心被告的股东等，实际调查会锁定这些目标，甚至还有新的收获。起诉的被告越多对原告律师而言工作量无疑是越大的，有些时候还会招致法院的埋怨，但为了将侵权团伙一锅端也是没有办法的事情。同时，方案还要关注制止侵权的彻底性问题。比如之前的起诉都是针对被告注

册商标的不规范使用。但被告的行为并不限于不规范使用，也有注册商标的规范使用。而且被告每被起诉一次，就会修改原来的使用标识，变得越来越规范。那么此时就要考虑彻底解决侵权问题，就需要对被告的注册商标进行全面禁用。包括有些被告同时有多个侵权行为，如域名侵权、装潢侵权、虚假宣传等，此时也可以在案件中一并予以解决，避免诉讼后还给权利人留一些侵权的尾巴。

两个月诉前调查完成后，
我们建议客户起诉 1000 万元 + 行为保全

为了完成对侵权目标的全面调查，调查员不仅与侵权工厂第一时间取得联系，进入工厂查看实地侵权情况，而且前往广西、江西、浙江、河南、湖南等多个省市的侵权销售店进行取证，结合网站、公众号、高德地图等取证，共计完成了 18 个公证。在核心被告的深度调查上，我们不仅对几个被告的工商内档、股东关系做了调查，而且通过与被告员工的接触，深度掌握了侵权实控人退股后依然控制公司继续实施侵权的证据线索，并获得了核心被告的一些关键财产线索。

而作为主办律师，一方面需要密切关注调查的进展，另一方面更重要的是思考案件的核心诉求，以及排除案件可能面临的风险。当时我们跟客户开了一个电话会议，法总表示公司因为各地经销商的投诉，所以提出迫切希望尽快制止这个案件侵权的诉求。同时她也很想这个案件能够有一个很大创新，做成一个典型案例。但我知道，疑难案件的诉讼周期很难实现客户尽快停止侵权的想法，即使是效率较高的工商查处，也可能会因为被告拥有注册商标的问题很难推进。要解决客户的核心诉求，要有创新，此时我脑子中浮现出"行为保全"这四个字。2014 年我们曾经成功办理了一起商业秘密的行为保全案件，所以我把这个想法提出来的时候，感觉法总很兴奋。虽然当时我们都不知道是否能够申请成功，但一致认为值得去尝试。

7 月初办案组成员在初步完成了起诉文件后，开了案件诉前会议。考虑到案件各被告的侵权时间长达 7 年，侵权销售规模遍布全国各地，以及自述年销售产值高达 2 亿元等情况，我们把起诉金额定为 1000 万元。同时这个起诉标的还考虑了两重因素，第一重因素是对行为保全申请的影响力。我们当时了解到基层法院对行为保全的态度是比较保守的，也从未有过行为保全的经验，而中级人民法院曾经有过支持行为保全的成功案例，对于涉及重复侵权的行为保全申请秉持更开放的态度。所以案件去到中级人民法院，行为保全被支持的可能性会更高，但起诉金额就必须在 500 万元以上。同时 2021 年中级人民法院层面过千万元标的知识产权案件还比较少见，起诉千万元可以让法院更加重视，从而进一步提高行为保全被支持的可能性。第二重因素是我们获得的财产线索的价值。如果财产线索严重不足，或者无法成功保全被告财产，可能会导致案件成为空头判决，那我们也不会建议客户大标的起诉。而本案前期调查所掌握的财产线索价值是比较高的，所以我们认为起诉被支持后执行的难度也不会很大。

对于上述情况我们专门约客户开了一个视频会议，向客户全面汇报了案件的调查证据情况和起诉策略考虑。客户对我们的起诉意见非常赞同，于是这个千万元标的案件就此诞生了。

传统制造业的行为保全申请，
要怎样的条件才能得到法院支持

此案2021年8月到了法院正式立案后，虽然正值新冠疫情期间，但佛山市中级人民法院的效率是很高的，因此很快就完成立案和财产保全的工作，9月就下达了行为保全听证的传票。

对于行为保全申请，我们跟客户提出这个想法的时候，只是认为这个路径值得去尝试和争取，但对于申请是否能够获得法院的支持，当时其实并不是完全笃定的。主要原因在于，之前我们了解到的成功获得支持的行为保全申请，很多都是互联网企业的案件，因为涉及互联网的侵权行为往往传播快，具有紧急性和损失的不可挽回性。传统制造行业的企业，多数因为无法向法院说明行为保全的紧急性和必要性，而无法获得法院的支持。

但在我真正研读了关于行为保全的法规、司法解释，以及检索了若干个案例，改完了同事写的《行为保全申请书》后，我开始确信这个案件的行为保全申请应该能被法院批准。

1. "紧急性"不是所有行为保全的必要条件

《民事诉讼法》第100条的规定针对"情况紧急"行为保全要求法院必须在48小时内作出保全裁定。但该条规定显然是一条针对"情况紧急"特别情形补充性的例外条款，而不是针对所有的行为保全申请的。但行为保全的立法意义在于，避免当事人的利益受到不应有的损害或者进一步的损害，所以"紧急性"并不是行为保全的前提，难以弥补的损害才是行为保全的核心要件。

2. 多个行为保全典型案例可以作为类案，证明本案事实理由非常充分

本案是传统制造行业的案件，因此在找参考案例的时候我并未关注那些互联网行业的成功案例，而是重点关注制造业的案例。我找到三个参考案例是非常有帮助的，在修改保全申请文书的时候写了进去。

第一个是广州知识产权法院审理的"红日"商标案颁发的行为保全裁定书，不仅法律争议与本案基本一致，而且论述"难以弥补的损害"的理由也是基于被告在多地有经销商，会导致权利人市场份额急剧减少，且该损失难以用金钱计算，与本案侵权规模大会导致原告不可挽回的市场份额流失以及难以计算经济损失的情况非常相似。

第二个是苏州市中级人民法院审理的"新百伦"案颁发的行为保全裁定书。法院认为：被申请人在涉案侵权产品被两次行政处罚后，依然持续大量从事涉案侵权产品的生产及销售，被诉侵权产品正通过其庞大的线上及线下销售网络流入市场，侵权运动鞋的规模巨大，不立即采取措施将导致申请人的市场份额被大量抢占，经济损失难以计算，而且会造成大量消费者被混淆和误认。

第三个是广州知识产权法院颁发的（2018）粤73行保6号行为保全裁定书认为：存在如下情形之一，损害赔偿将无法计算：（1）产品价格被侵蚀和市场份额的丧失所共同造成的损失难以计算；（2）若市场上有数名侵权者，则难以准确计算出每名侵权者应承担的赔偿数额；（3）权利人将难以再把因为要与侵权者竞争而降下来的产品价格重新提升到原来的水平。所以，结合这三个案例的裁定书以及本案被告多次被诉后仍不停止，而且侵权规模巨大的实际情况，那么造成难以挽回损失的事实和理由就非常清晰了。

疑难案件的法律文书，只有写完之后能够完全地说服自己，对案件充满了信心，那么这个文书才有说服法官的可能性。所以，这个案件的听证，从法官询问对方的多个问题中，我已经能够感受到法官对行为保全的态度了。几个月后，我们的行为保全申请最终获得了法院的支持，裁定书责令被告立即停止使用含有权利人商标的被控商标标识，并停止授权各地经销商使用被控标识，相当于权利人的诉求提前实现了。而且行为保全法院需要提前审查判定侵权的可能性，只有极大可能性才会支持原告的保全请求，因此，这份裁定书也相当于提前锁定案件的胜诉结果，后面就只剩下判赔金额的争议问题了。

运用多个证据策略，成功获得 800 万元的判赔金额

其实本案在调查阶段，获得的证据已经相当充分了。有被告在网站、公众号、招商手册上的自我宣传证据，还有我们在全国各地公证取证的线下证据。这些证据看起来是比较有证明力的，而且我们之前也有法院以被告自我宣传证据全额支持的成功案例。但是本案还是让人放心不下，原因是标的太高了，法院以前没有判过这么高标的的先例。

接下来我们做了三个事情。

第一件是向法院申请责令被告提交与侵权相关的账册和合同。

而被告果然如我们预料的一样，只是挑选部分销售合同提交给了法院。如此一来，被告就具有举证妨碍的情形，按照司法解释的规定，如果被告拒不提交或者提交虚假材料，可以参考权利人的主张和提供的证据判定赔偿数额。

第二件是向法院申请调取被告银行流水的调查令。说实在的，持法院调查令去查流水，也不是很容易的事情，有的银行就不是很配合。总之过程很曲折，结果还不错。银行流水显示，被告银行账户的货款流水高达 1.8 亿元。而且每年的货款金额都在大幅提升，证明被告规模持续扩大的事情。

第三件是继续对被告的侵权行为进行取证。在法院下达行为保全裁定书之后，被告在线下和网络上的侵权行为已经很难再看到了，但我们收到客户的反馈，在广西一处销售商处发现仍然有被告的侵权产品。办案组成员立即前往广西取证，将上述证据以公证方式固定。该证据可以证明被告在法院颁发行为保全裁定后，仍然继续实施侵权，存在拒不履行行为保全裁定的行为。

当我们收到法院 800 万元判赔一审判决的那一刻，发现法官把上述三个事项都写入了判赔的依据中，顿时感到所有的努力都值了。

非股东法定代表人承担连带责任，
最终案件成功高额获赔

空头判决目前是很多知识产权案件的痛点，一方面导致权利人维权成本无法回收，另一方面也是很多侵权人屡禁不绝的根本原因。而本案在二审判决生效后，被告不仅向原告支付了几乎全额的赔偿金，还将名下 50 多件抢注商标全部注销，解决了双方数年的商标侵权及行政争议问题。

这个圆满的结果有赖于两个案件工作重点：

第一，财产保全非常重要。本案通过前期周密部署调查，获得多个被告的账户信息和房产线索。因此案件在立案阶段就将多个被告两个公司银行账户和五套房产进行了保全。到案件二审判决时，被告的银行账户已有超过 400 万元的现金，所以原告根本就不担心执行的问题。既然财产保全很重要，但为什么大多数的知识产权案件并没有去做呢？原因在于一方面财产线索的获取是很难的，另一方面很多法院因为人力的限制并不愿意做保全。而方图要求每个案件原则上都必须做财产保全，这就要求办案组在财产线索调查、法院选择以及财产保全的沟通上都必须花费比别人更多更深的功夫。

第二，抓个人责任非常重要。本案中我们将法定代表人、前股东、关联公司股东这三个具有亲属关系的个人作为案件被告，并精心绘制了被告主体关系表提供给法院。因为有前两次诉讼，本案的核心利益人已经在 2018 年退股，并成为公司的隐形控制人，他的堂弟则仍在公司担任非股东法定代表人，继续控制公司的财务。这个情况也导致案件抓个人责任的难度直线增加，但法院最终根据法定代表人与公司账户密切的财务资金往来判决其承担全部连带责任。虽然没有达成我们抓三个人责任的全部目标，但也相当于抓住这个侵权团伙的尾巴。本案被告之所以愿意履行高额的赔偿义务，也与其不愿意让这个堂弟陷入高额债务有很大的关系。

面对大量恶意注册商标，除了提起商标无效、异议、撤三，还能怎么办

文 | 麦晓君

"李逵"有很多在先注册商标，其中不少还是响当当的有名，家电产品也卖得风生水起，担得起行业龙头的美誉。可是，当"李逵"遇见"李鬼"，"李鬼"一直紧跟不舍，申请了成十上百件"李逵1""李逵A""黑旋风X""黑旋风李逵"之类的商标，也一起来卖家电产品。更有甚者，"李鬼"将受让的"李逵X"等，去无效、异议"李逵"后来的商标。于是，双方你无效我、我异议你、你再"撤三"我，来来往往、兜兜转转地在商标行政程序上纠缠了七八年，眼看愈演愈烈，申请的商标已经高达80件！于是，"李逵"愤而起身，决定另辟新径，找到方图，看看有没有另一种可能性。

今天讲的这个案件就是这么来的。

案情介绍

"李鬼"不是一个人，而是一个侵权集团。他们以夫妻、兄弟为核心，在中国内地和香港地区均注册相

同字号的公司，再以这几家公司的名义，申请高达80件与"李逵"相同或近似的商标，并部分实际使用在与"李逵"经营的同类产品上，连广告语也相差无几，可以说是全面仿冒了。

虽然"李逵"长年坚持不懈地对"李鬼"们提起商标无效、异议和"撤三"，对销售"李鬼"产品的商铺进行工商查处，但就像打地鼠一样，这边刚打下来，那边又冒出来好几个，难以杜绝"李鬼"的抢注行为。

大量恶意注册能否认定为不正当竞争

这个案件的商标侵权部分比较常规，虽然"李鬼"有很多注册商标，但其核定使用的商品并不包括其实际销售的商品，于是根据《最高人民法院关于审理注册商标、企业名称与在先权利冲突的民事纠纷案件若干问题的规定》第1条前两款，以及《商标法》第57条等相关规定，认定"李鬼"商标侵权难度不大。

案件的重难点在于，如何定性"李鬼"恶意大量申请相同或近似商标的行为；能不能依据《反不正当竞争法》的规定，从民事诉讼角度去规制，而不只走行政程序；能不能走出"'李鬼'商标恶意注册——企业提出异议／无效——'李鬼'又继续商标恶意注册——企业又提出异议／无效"的恶性循环。

一、突破性参考案例给予的信心

对于大量恶意注册的行为定性，没有明确的法律规定。从起初的案例检索来看，多数法院也是持先行政后民事的观点。但是本案已经过7年了，显然继续通过行政程序已经无法彻底解决"李逵"

的问题，该怎么办？

这时候，一个具有突破性意义的参考案例走进我们的视线。这是全国首例侵权人滥用商标行政程序构成不正当竞争。上海市闵行区人民法院裁判的（2017）沪0112民初26614号案件，碧然德有限公司（BRITAGMBH）、碧然德净水系统（上海）有限公司与上海康点实业有限公司侵害商标权及不正当竞争纠纷案。

此案中，法院认为"无论是自行申请商标注册，还是对他人申请注册的商标提出异议、请求宣告无效或是对他人已注册商标请求宣告无效，都是商标法律制度赋予商业主体取得和维护其商标权益的程序安排，但商业主体必须依法正当行使其相关权利，不得借助表面合法的形式以达成其实质违法的目的。……被告不仅实施了前述商标侵权和虚假宣传不正当竞争行为，还通过恶意抢注、滥用异议处理程序等行为损害原告在先权利，在相关类别上恶意抢注与原告注册商标相同、近似的商标，并以此为基础利用商标异议、无效宣告等程序，干扰、阻碍原告正常行使商标权利，其恶意抢注、滥用异议程序等行为是被告大规模、综合性侵权行为的一部分，服务于侵权的总体目的，其实质在于攀附竞争对手原告及其品牌的商誉、设置障碍配合其他侵权行为干扰原告正常经营活动，意在破坏原告的竞争优势，建立自己的竞争优势，具有明显的主观恶意。被告上述一系列行为扰乱了市场竞争秩序，两原告的合法权益也因此遭受损害，其行为具有不正当性"。

这份判决简直说出了大家的心声！于是客户高高兴兴地把案件交到我们手上，案件组也满怀希望。

二、被一审泼了一身冷水

这个案件不需要认定驰名商标，所以一审在基层法院。

那天，我们坚定地走进法庭，一切准备就绪，法官也到了，看了看起诉状，突然说："原告啊，这个停止继续注册的诉求，是不会支持的，你们去商标局解决吧。"我和陈律师面面相觑，法官竟然一下子就让我们知道了案件走向？

知道法官倾向性意见就好办了，见招拆招，庭审上说服不了法官，庭后我们就提供更为详尽的代理词与法官进行沟通。我们从司法导向说到利益平衡，从法理解释说到案例参考，洋洋洒洒写了上万字。

事实证明，我还是太年轻了，成年人真的不容易被说服。这个法官倒是参考了案例中"无论是自行申请商标注册，还是对他人申请注册的商标提出异议、请求宣告无效或是对他人已注册商标请求宣告无效，都是商标法律制度赋予商业主体取得和维护其商标权益的程序安排，但商业主体必须依法正当行使其相关权利，不得借助表面合法的形式以达成其实质违法的目的"的除但书部分。

出师不利，一审只认定了商标侵权和字号不正当竞争并判赔了，但在禁止抢注方面，还是坚持普遍的行政前置观点。没有解决核心问题，就是没有达到诉讼目的，对我们来说相当于败诉，没办法，果断上诉吧。

三、二审忐忐忑忑，终迎来曙光

二审虽然到了中级人民法院，但我们的心情真是七上八下，不知道二审能不能有所突破，毕竟二审改判率并不高，维持对法官来说风险更小（此为我的恶意揣测）。而且，其实一、二审中我们提交的司法政策、法律依据和参考案例都差不多，最大的差别在于，自起诉到二审期间，"李逵"在与本案有关的商标无效、异议、"撤三"、行政诉讼等程序上，又多花了近一倍的钱！这边让去商标局解决，那边又得继续花钱用人不停歇，此起彼伏、没完没了。如果不能将"李鬼"大量恶意注册的行为认定为不正当竞争，并且禁止继续这种行为，"李逵"和"李鬼"在下一个7年势必得继续掐架。

一直到开庭前都很忐忑，直到开庭时，从二审法官的提问明显感觉他非常熟悉案件，双方争议焦点、证据在哪里都能轻易捕捉到。两个字在我脑中蹦出来——有戏！我虽然心里感觉有戏，但谨慎起见也不敢轻易说出来。直到有一天在外地开庭，二审书记员来电让把参考案例全文版发给她，才总算看到胜利的曙光。2个月后，在盼望中终于收到那份来之不易的全面改判判决书，真的好久没试过这么酣畅淋漓了，我们兴奋得大跳大叫。

如何从司法导向说到利益平衡，从法理解释说到案例参考

一、司法导向

2018年7月，在青岛举办的《第四次全国法院知识产权审判工作会议》上，最高人民法院陶凯元副院长为我国知识产权审判工作明确了九个工作重点，其中之一是"更加注重司法主导，全面提升知识产权的司法权威"，具体而言就是要求"司法在知识产权民事诉讼、行政、刑事保护中发挥主导作用，强化裁判指引，促进知识产权行政案件的实质解决避免循环诉讼程序空转，提高纠纷解决的

时效性……要着力强化民事诉讼在特定民行交叉纠纷解决中的引导作用。充分认识违反诚实信用原则以及损害他人合法在先权利的民事纠纷本质，强化此种情形下民事程序的优先和决定地位，转变行政程序当然优先或者必须前置的传统思维，善于运用诚实信用、保护在先权利、维护公平竞争、禁止权利滥用等原则作出公正裁决，引导后续行政纠纷得到正确解决"。

本案正是属于特定民行交叉纠纷，在行政程序中循环诉讼导致程序空转，"李鬼"的行为违反诚实信用的王牌原则，还损害"李逵"的合法在先权利，具有民事可诉性。

二、法律依据

《反不正当竞争法》第2条是兜底条款，其第1款规定经营者在生产经营活动中，应当遵循自愿、平等、公平、诚信的原则，遵守法律和商业道德。

本案中，大量抢注与他人注册商标相同或者近似的商标，其行为性质不仅早已超出了正常企业商标注册需求，而且本意就是要攀附其他知名企业品牌。该行为违反了诚实信用原则，扰乱了商标注册管理秩序，违背了市场经济竞争机制，不利于市场经济的发展，属于《反不正当竞争法》规制的行为。

三、利益平衡

从商标局了解到，目前申请一个商标的官方费用是300元，如果是电子申请，还可以打个9折，也就是270元，而异议和撤销稍高，最高收费都是500元。可是不要忘记了，申请商标是很容易的，代理费也很低，线上代理平台一大把。但是无效、异议、"撤三"程序是有技术含量的，别看受理的官方费用只高一点，代理费很可能是 10 倍的增长，如果后续还有行政诉讼，律师费更高。

"李鬼"动动手指头，花点小钱，就能申请一大堆商标，"李逵"想要扑灭这些抢注商标，就必须花专人去定期检索、定期分析，花费大量的人力、物力、财力。据不完全统计，本案中，"李逵"就已经花了 20 余万元对"李鬼"抢注的商标进行围追堵截。所以，"李鬼"与"李逵"，在攻守方面是非常不平衡的，亟须解决这个问题。

四、司法判例

支持的案例不多，但都成为当地的典型案例。除上面提到的"碧然德"案外，还有"爱适易"案[1]。而且，经过案情比较，本案抢注商标的数量比以上几个典型案例都多得多，情节更为严重。最终二审法院也支持了我方观点，成功改判，认定被告的恶意抢注行为构成不正当竞争，同时赔偿金额也从 72 万元改判为 200 万元。这也让我看到了司法终局的权威性——对于各种类型的不正当竞争行为，如果行政程序真的走不通，是不是可以试一试走民事司法程序呢？

---

[1] （2021）闽民终 1129 号民事判决书中，被告厦门安吉尔公司自 2010 年 12 月起，开始针对原告艾默生公司"爱适易"系列商标在与"爱适易"系列商品相关联的多个商品和服务类别上申请注册与艾默生公司注册商标相同的商标。艾默生公司不得不通过异议、异议复审以及针对异议复审裁定提起行政诉讼的方式阻却厦门安吉尔公司的抢注商标注册，申请注册商标多达 40 多个，法院经审理认定被告的批量抢注行为违反《反不正当竞争法》第二条规定，构成不正当竞争。

是什么样的案件值得被告追着骂到了洗手间

文 | 冯宝文

开　端

故事的开头很普通，一个商标侵权的案件，经过诉前调查，关于侵权事实、各被告的关联关系也都很清楚。我们确定了侵权产品包装标注的生产商及其独资股东，以及另外三个代工和提供场地的公司作为本案的被告。经过一审审理之后，判定被告构成商标侵权并赔偿118万元，同时独资股东和其中两家工厂承担连带责任。

收到一审判决的我们当然是满意的，毕竟金额不低，而且该担责的也都全部带上了。但按照经验之谈，有多少个被告看着百万元的判决书能乖乖给钱呢？果然，没过多久我们就收到了对方的两份上诉状。

不侵权——在生产商及其独资股东（以下简称A老板）、代工公司（以下简称B公司）共同提交的上诉状中，不落俗套地提出了一个很常见的观点——我们使用的商标（被诉侵权标识）已经经过商标局核准注册，所以我们使用是合法的"具有最强证明的法律效力",一审法院认定我们侵权就是不对的!

与我无关——而作为生产场地提供方的公司(以下简称 C 公司),在上诉状中提出其与代工公司存在真实的租赁关系,且表示其"事实上不参与代工公司经营,不具有法律上监督其生产经营的义务,对代工公司生产案涉侵权产品更是不知情"。

庭 审

很快来到二审当天。在我们到法庭的时候,眼前的场景稍微带点震撼。对方席上坐了五六个,旁听席坐了四五个(据说是 A 老板的四个儿子),清一色的中年大哥。当我们看到对方席上的 A 老板拿着手机在录像的时候,我和承办律师确认过眼神,注定今天是不平凡的一天。以下就从戏剧性程度分成两部分吧。

1. A 老板与 B 公司代理人发言之——我们都是合法的

庭审上,最初对方几位代理律师的发言都还是正常的你来我往,直到话筒来到了 A 老板和 B 公司的代理人面前……

A 老板高举自己的商标证:"这个商标我买回来的,买来的时候就是合法的,我有合法的权利!""我就做了一批货,你们有证据说我做了多少吗!我根本就没获利,你们(原告)有调查过吗!""你们(原告代理律师)都不懂生产的……"

看到了,A 老板的代理律师默默地低下了头……

而 B 公司,由于没有请律师,于是一边开庭,一边在下面向 A 老板的代理律师"恶补"驰名商标的相关知识,并且义正词严地发表了自己的观点。

"我们完全同意 A 老板的答辩意见!……因为是已经经过商标

局的核准注册证明,因此在生产之前已经尽到了注意义务。""按照《商标法》的规定,撤销或者宣告无效是由商标局行使的,法院认定侵权,是把商标评审委员会得到的法律授权剥夺了,是违法的。"

到这里,法官确实有些听不下去了。

法官:"我先问你,被诉侵权商标是这几个字,但你实际使用是什么,这点你怎么解释?"

B公司:"我们可能对自己的商标有些不规范使用,是有一点细小的方面,根据《商标法》规定是要受到行政处理的,后果就是这样。"

法官:"但《商标法》也规定,可以由法院进行审理。"

B公司:"我是对我们自己的商标不规范使用,我们是在有授权的情况下不规范使用的……(话锋一转)我们(注册商标)不是平等保护的吗?因为你们是驰名商标就能申请无效其他的商标吗?我们不是市场经济吗?不是鼓励竞争吗?……(峰回路转)所以在职能管辖这一块,是违背客观事实的。"

回想当时,我们为了不笑真的忍得很辛苦……

2. C公司发言之——我们只是租赁关系

一审中,C公司不服被判承担共同侵权的责任,于是就从租赁关系入手,希望以证明其租赁关系来说明其与B公司生产侵权产品这一事实的关联性不高并且降低或者证明自己没有过错。

于是在庭上,我方提出:C公司提交的支付凭证,在时间和金额上都不能看出规律性,这些支付凭证和租赁合同也是无法对应的。

C公司:我们和B公司的租赁关系是真实合法的,关于租金问题,因为我们也有委托B公司帮忙贴牌(其他品牌)生产,所以有部分租金抵扣了。

这个说法如果后期C公司能够提供对应的流水倒也还能说得过

去。对此问题，我们也是有所准备的，庭前就提交了相应的证据，包括之前在一审就提交过 B 公司与 C 公司共同运营官网、B 公司通过 C 公司公众号招聘以及 B 公司与 C 公司一起召开员工运动会等内容，来证明两公司实际关系密切。

C 公司：在法律上是一种什么样的关系而能认定为 C 公司要对承租方的自主经营行为承担连带的责任，法律上没有这个规定……而我们将设备和设施、场地出租给 B 公司，除发生租赁关系外，必然发生其他的关系……我们没有参与 B 公司的经营，有没有获利，何来共同故意。我们之前就应该跟 B 公司确定所有关系，不能跟他组织运动会，也不能跟他在一起……

在被告席几轮一惊一乍后，这个庭总算是开完了。

脱离了法官的视线，A 老板的表现欲瞬间就压不住了，颇有自信地站在我们身后就开始骂骂咧咧，并以长辈的口吻表示"你们年轻人做人要有良心……"粗略计算，至少说了不下五轮，他的代理律师拉都拉不住。甚至我们准备离开去洗手间的时候，他还跟着我们一起到洗手间来表达自己的不满。我们可怜的张律师上个洗手间都还要遭受 A 老板的语言摧残……

庭　　后

按照常规操作，交了代理词，该补充的也补充好了。没过多久，判决也就下来了。没有太意外，二审维持了原判，对于争议的几个焦点也进行了更为详细的表述。

首先，对于上述 A 老板与 B 公司一直纠结的所谓法院越权审理商标侵权以及驰名商标为什么可以无效被诉侵权商标，法院有理有据进行了说理。

《商标法》（2019年修正）第13条第3款规定：就不相同或者不相类似商品申请注册的商标是复制、摹仿或者翻译他人已经在中国注册的驰名商标，误导公众，致使该驰名商标注册人的利益可能受到损害的，不予注册并禁止使用。

上述法律规定旨在给予驰名商标更强的保护，故驰名商标权利人除享有一般注册商标权利人的权利外，还享有禁止他人在不相同或者不相近似商品上使用相同或者近似驰名商标的权利。基于此，在相同或者类似商品上复制、摹仿或者翻译他人已经在中国注册的驰名商标申请注册商标的行为，亦属于《商标法》第13条所调整的对象。

《最高人民法院关于审理涉及驰名商标保护的民事纠纷案件应用法律若干问题的解释》第11条规定：被告使用的注册商标违反《商标法》第13条的规定，复制、摹仿或者翻译原告驰名商标，构成侵犯商标权的，人民法院应当根据原告的请求，依法判决禁止被告使用该商标。

因此，A老板与B公司提出的关于本案违反职能管辖或专属管辖规定的上诉理由不能成立，法院不予支持（下次遇到无理取闹的被告时，可以直接试试这个方法）。

其次，对于商标侵权的问题，基本没有悬念。法院认为对方以不规范使用、故意使用与驰名商标呼叫习惯相同等方式刻意制造混淆误认，以恶意攀附为目的受让注册商标从而以合法形式掩饰侵权实质的行为。因此构成商标侵权没有异议。

最值得关注的是关于 C 公司提出的合法租赁关系，不具有帮助侵权的故意，不应承担责任这一观点，法院是这样评述的：(1) 法院认为 C 公司提交票据和流水，不能与其提供的租赁合同形成对应关系，不能确认双方存在真实、合法的租赁关系。(2) 即使 C 公司真的与 B 公司存在租赁关系，也并不影响 C 公司承担责任。法院查明，C 公司与 B 公司存在加工承揽关系，有多个 C 公司名下品牌授权给 B 公司经营使用（一审对方提供的证据），C 公司在招聘、网站、活动等均未与 B 公司进行明确区分（二审中我方提供的证据），都可以证明双方关系紧密。(3) C 公司作为陶瓷生产企业，与 B 公司处于同一厂区且两公司关系密切，因此对于 B 公司的侵权行为应该具有更强的甄别能力，需要有更高的注意义务，但是 C 公司并未制止，显然具有过错。

总结法院的观点：租赁关系并不必然是排除承担责任的理由，若双方有除租赁关系以外的其他关系，视实际情况可判定双方关联紧密，出租方对于承租方的业务了解清晰，且明显可知承租方可能存在侵权行为的情况下，出租方有制止承租方继续侵权的义务。

酱油与调味汁之间的战争

文 | 何 俊

案件由来：竞争产品质量不合格咨询，却引出一个商标侵权及不正当竞争的大案

2015年，顾问单位海天法务部向我咨询了一件烦心事。市场上有一个竞争对手的产品，价格低分量大，炒菜上色效果好，很大程度上挤占了海天酱油的市场份额。客户告诉我们，经过技术部人员的检测，这个产品用于上色的添加剂成分超出了国家标准。于是法务发邮件过来咨询，针对这种竞争对手以涉嫌添加剂超标产品抢占海天酱油市场的行为，可以采取什么途径予以打击？

事实上对于不合格产品的处理，我们作为一家专业从事知识产权的律所也并不擅长。但在了解咨询事实的背景时，我们发现了另一个重要的事实。原来竞争对手的产品并不是酱油，而是调味汁。其产品并不符合酱油的国家标准，在被处罚后将产品更改标注名称为调味汁，但是在对外宣传和淘宝销售链接中仍然宣传产品为酱油。

此外，通过进一步的检索发现，对方不仅将"调味汁"虚假宣传为"酱油"，而且还在一款产品上使用"每天"作为其产品商标和关联企业的字号使用。更为过分的是，该款产品还使用了与海天公司非常相似的一款产品装潢。基于上述事实，我们建议海天公司提起商标侵权及不正当竞争的司法诉讼，这种维权手段显然更有威慑力。

这里要普及一个调味行业的小知识：酱油是通过天然晾晒而制成的，所以也称酿造酱油，而调味汁是用酿造酱油与水、其他成分调制而成的。因此调味汁的成本要比酱油低廉，品质也完全不同。对于很多注重品质的家庭，一般很少选用调味汁。但对于很多餐馆、食堂而言，由于消费者看不到菜品制作过程，因此从节省成本的角度而言，更倾向于选价格便宜的调味汁。

案件策略：一波三折的管辖权之争，敢于尝试的经验

之谈此案客户最终确认委托之后，我们在 2015 年 10 月至 2016 年 3 月对两被告涉案产品销售点进行多次调查取证。先后前往了山西省（晋中、运城、太原）、江苏省（新沂）、内蒙古自治区（呼和浩特）、广东省（佛山）四个省六个城市进行取证，成功完成了 8 份公证书。

但准备立案的时候，办案团队却感到了为难。因为本案因为购买取证并未在佛山获得涉案侵权产品，按照传统的立案管辖，并不能在佛山法院立案，只能去到被告所在地管辖。但是我们查询了被告所在地法院的公开判决，案例不多，而且多为简单的批量维权案。如果贸然到被告所在地起诉，可能会面临诉讼结果缺乏可预见

性的风险。当时,团队一位年轻律师注意到新实施的关于网络侵权的管辖规则对于本案有一定的借鉴作用,经过内部讨论后我们决定采取先行在本地尝试立案的诉讼策略。

立案时倒是并无障碍,但很快被告就在答辩期内提出了管辖权异议申请。我们担心的问题也如期而至,一审法院支持被告管辖权异议,认为原告所主张的网络销售行为不能作为商标侵权的实施地或结果地的认定,裁定将案件移送到江苏省徐州市中级人民法院。在这种情况下,团队的律师还是想试着争取案件本地管辖,在查阅了多个类似案件后,起草了一份有理有据的管辖权异议上诉状,上诉期间又与上诉法官积极沟通,多次提交可以参照的案例,最后佛山市中级人民法院认为网络销售行为亦属侵权行为而因侵权行为提起的诉讼由侵权行为地或被告住所地人民法院管辖,遂裁定管辖权异议上诉成立,案件由禅城区人民法院进行审理。

管辖权之争,在知识产权案件中是尤为重要的。由于关于管辖权的适用规则各地法院一直以来存在各种不同的看法与做法,同一法院对于规则的适用都会处于变化之中。但是只要有争取的空间,勇于尝试还是值得的。此后我们也有遇到因管辖权选择不当而影响到裁判结果的案例,更让我们明白勇于尝试选择对原告有利的管辖法院的重要性。

证据突袭:如何应对被告的商标注册证书

本案开庭前夕,被告提交了一份令我们大跌眼镜的证据,居然是一份被指控侵权标识的商标注册证书。原来被告在 2015 年案件未委托之前就注册了"每天"商标，当时仅在申请中，尚未获得注册。此前该公司曾经申请类似的商标被驳回，因此大家都没把这个事情看得很重要，想当然地认为这个商标也是注册不了的。但是，哪想到这个商标竟然在庭审前获得注册，成为一个突袭证据让我们备感惊讶和窘迫。

要知道，被控商标标识如果获得注册，那么在不主张驰名商标的情况下，是需要先走无效行政程序后才能主张民事侵权的。那么，此时这份证据是否代表着，本案就不能再主张被告使用"每天"商标构成商标侵权呢？

我们在内部举行了一个案件研讨会议。讨论中我们发现对方注册的商品是"酱油"而不是"调味汁"，而被控侵权产品恰好是"调味汁"。如此就给了我们很好的突破口，主张被告所使用的商品超出其核定商品范围，从而构成商标侵权。为此，我们查询了酱油与调味汁分别有各自的国家标准，在商品分类表中也有各自的名称，并且查阅了类似的参考案例，均能支持我们的观点。如此，大家的心才终于安定下来，可以胸有成竹地去开庭了。

尘埃落定：两审判决被告均构成商标侵权及不正当竞争，判赔 100 万元

此案经过重重波折，最终一审法院从商标侵权、字号不正当竞争、装潢侵权几个方面全面支持了我方的诉求，判赔金额达到 100 万元。在 2016 年那个时候，100 万元的判赔案例还比较少见，也成为我们承办的第一个过百万元的维权案例。

在判赔的证据上，我们除了采用多地公证来证明被告侵权产品的范围广泛之外，还通过图书馆资料的检索，找到多份对于被告生产规模的媒体报道资料。在二审法院的判决中，重点引用了关于被告生产规模的媒体报道证据，论证100万元酌定判赔的合理性。

案后思考：如何将客户的咨询转化成案件

本案有一个非常有意思的点在于，客户咨询的问题是如何对竞争对手不合格产品进行投诉？但最后我们将这个咨询转化成为一个商标侵权及不正当竞争案件，案件线索完全来自我们自己的检索和调查。这里我觉得有以下两点可以与年轻的从业者们分享。

1. 学会从咨询问题中洞悉客户的真正意图

客户咨询对竞争对手进行不合格产品投诉，仅仅是客户希望采取的一个手段。投诉并不是目的，真正的意图，是因为竞争对手的不正当竞争行为而导致了市场损失，而寻求一种法律方式的救济。所以，客户真正的意图，是希望能够找到合法有效的救济方式，通过正当的法律手段打击竞争对手，这里要注意"打击""合法有效"才是重点。不合格产品投诉虽然也是打击，但是能否有效，作为知识产权律师是无法掌控和预判的，这与各个地方行政机关处理的态度有很大关系。而启动商标侵权及不正当竞争民事案件，在侵权成立的情况下，显然比行政投诉更加有效。

2. 永远不要限于客户提供的资料去思考解决问题的方法

我们经常遇到的情况是，客户仅仅提供一张简单的图片作为侵权线索，却需要对可能形成的案件进行整体评估。此时如果限于客户提供的资料，那么根本就什么也做不了。

因此，做律师第一个非常重要的能力就是做事实检索。比如，本案中由于感觉到行政维权方式难以操作，于是我猜测对方是否有其他的违法行为，接着在网络中进行了大量的产品图片检索。结果让人惊喜，发现了对方涉嫌商标侵权及不正当竞争的侵权线索，而这一块又是我们优势的领域，完全可以预判和把握案件的走向。

掌握了这两点，我认为一个律师能做的事情往往能够超出客户的预期。

绝境突围：方图所首例惩罚性赔偿案的闯关之路

文 | 陈洁雅

近两年适用惩罚性赔偿案件的相关数据如下。

根据《最高人民法院工作报告 2024 年》，2023 年全国法院审结知识产权案件 49 万件，同比增长 1.8%。适用惩罚性赔偿 319 件，同比增长 117%。由此可以推算出：2022 年全国法院审结知识产权案件 48 万件，适用惩罚性赔偿 273 件。

根据《江苏法院 2022 年知识产权司法保护状况》，2022 年江苏省审结各类知识产权案件 37,021 件，适用惩罚性赔偿的案件为 97 件；根据《广东法院知识产权司法保护状况白皮书（2022 年度）》，2022 年广东省审结各类知识产权案件 120,366 件，适用惩罚性赔偿的案件为 96 件。也就是说，2023 年适用惩罚性赔偿的案件的成功率，在全国仅为万分之六点五一。而 2022 年适用惩罚性赔偿的案件的成功率则更低，在全国为万分之五点六九，在广东省为万分之七点九八，在江苏省为千分之二点六二。

笔者在"初生牛犊"之期，有幸和团队成员一起练就了这万分之几的案件中的其中一个适用惩罚性赔偿的案件，下面就跟大家一起分享一下这个案件的点点滴滴。

误打误撞成为主办律师

熟悉我的人都知道，我其实是个"资深"（年龄比较大）的"年轻"（菜鸟级别）律师，在当时分配案件的时候，由于合伙人的信任和支持，把我推上了主办的位置，实际上我当时仅跟着资深合伙人承办过几个重大疑难案件，可以说得上是资深辅助，却从未主办过任何案件。

承接案件后，我感到压力剧增却又跃跃欲试，于是私下找了几个同事帮忙，希望能一起承办，在减轻自己压力的同时又能把案件做好。但2023年年初，所里刚集中分配了一大批案件，大家都焦头烂额，幸好遇到了挺身而出的黄律师。黄律师虽然执业时间比我晚一些，但在知识产权行业的从业经验比我多许多，不仅参与过多个大案要案，还曾主办过几个案件。这个案件我们一开始的诉讼策略是分成两案，我和黄律师各自负责一案，互为主办和辅助的。后续由于客户的一些商业决策，我们无奈放弃了黄律师主办的那个被告相对更为重要的案件，相关证据材料等合并到我主办的这个案件中。

说到这里不得不提一下我们所的办案制度：我们每个案件，团队人员配置是资深合伙人＋主办律师＋律师助理。资深合伙人作为案件顾问，既要负责把控案件的大方向，又会给予各种技术指导并亲自参与案件庭审等每个重要节点。本案中我们的资深合伙人是从业超过20年的陈律师，他被誉为所里"行走的案例库"和"特级讲师"，且在法律文书和庭审表达上均具备较高的造诣。至此，本案的办案团队成员已集齐，办案团队成员配置之高，也奠定了案件成功的重要基础。实际上，最强辅助黄律师帮忙一起完成了该案十几个证物的购买下单、收货、后续搬运证物到法院的各种琐碎细节，并在案件办理的各项重要节点，给予我重要的避坑指南，让我顺利避开了众多的"菜鸟坑"①。资深合伙人陈律师更是深入研究了惩罚性赔偿的适用要件、计算基数、举证路径等，提供相关的法律法规、案例参考给我们参考学习，并亲自授课。可见，专业的团队成员，是办成每个案件所不可或缺的存在。

找不到实际侵权人，找不到源头工厂

本案从开始调查，我们就陷入了困惑，这个案件与我们承办过的案件均不具有可比性。侵权人主要通过某多和某东平台进行网络销售，且在这些网站的 6 个店铺中购买到的涉嫌侵权产品均指向不同的加工工厂，也就是委托加工厂众多，且无法确定哪个是主要的加工工厂。当调查员去到这些加工厂时，很多工厂均表示其仅向电商供货、不单独售卖，现场无法做购买取证，甚至连厂区都进不去。从侵权商标溯源时，我们就发现商标持有人是个空壳公司，其独资股东是个年过六旬的妇女，她的户籍地是我国内陆城市中某个偏远的村组，显然不是实际的侵权人。

但是，无论再疑难复杂的案件，"方律师"们都会秉承极致的信念，锲而不舍地挖掘。我们调阅了该空壳公司的企业内档，发现此前是由一个"80 后"的年轻小伙独资持股该公司，是 2022 年 10 月才将全部股权转移到那位六旬妇女那里，可是在这个企业内档中并没有留下这个"80 后"年轻小伙的联系方式，好不容易燃起的希望

---

① 黄逸峰：《庭审准备攻略完整版》，载微信公众号"道方图说"2022 年 11 月 11 日。

又将奄奄一息。

一计不成，又生一计。我们发现这个年轻小伙同时还持股了几个公司，于是去调取了这几个公司的企业内档，终于在里面找到了他的手机号码。另一边，我们发现商标持有人一开始并不是这个空壳公司，而是沿用了该侵权的中文商标作为企业字号的一家外国公司，经过多番调查，发现这个外国公司的现任股东正是这个"80后"年轻小伙，实际侵权人终于浮出水面。我尝试自己联系他，发现他目前还在销售案涉侵权产品，不过他极其谨慎，让我无法进一步取证，幸好我们有专业的资深调查人员 X，他通过耐心和有技巧的沟通，成功获取了实际侵权人的信任。实际侵权人亲自带他去到加工厂，不过仍不愿意让他直接在工厂提走侵权产品，经过多轮的沟通和调查员的随机应变，终于不负众望，完成了这次关键的工厂取证，得到了这个主要的源头工厂的关键证据。这次的取证过程，让我深深地认识到：一个专业的调查员，在知识产权侵权案件中是不可替代的。

计算赔偿的依据：电商销量数据取证难

本案主要的经销方式是通过某多和某东平台销售的，但众所周知，某多平台的数据篡改难度小，其销售数据的真实性普遍难以得到大家的认可，虽然本案的多个产品显示的销量都是 10 万＋，但其真实性堪忧。

而某东平台是本案销售的主要源头，侵权人不知道采取什么方式竟在该平台开了四个自营店。按照以往认知，这个平台对于普通进驻店铺的准入审核是非常严格的，且会收取不菲的保证金，更不用说是与其合作开设自营店铺。并且该平台显示的销售数据基本是不可更改的，大家对其显示销量的信任度也比较高。但就是这么个大平台对于法院发去的协助调查函竟拒不回复，承办书记员说已多次发送，但联系不到具体经办人，让我们放弃调取。

但"方律师"们[①]的字典里只有"不抛弃、不放弃"，只要有机会，还是会尽力而为，不试尽所有的办法、不撞到南墙都别想让我们回头。在一个偶然的机会下，我们了解到某东平台对于法院出具的律师调查令，是曾经有过回复的。抱着不放弃一切可能的心，我们特地请邓律师专门跑了一趟北京，为本案递交了两份调查令，她通过自己出色的沟通交流技巧成功拿到某东平台具体经办人的手机号码。如果说"现场递交调查令"算得上是成功获取实际销售数据的一半功劳，那另一半功劳一定是取得某东平台具体经办人的手机号码。

大家都知道案件审理是有审限的，为了获取数据、等待数据，已经耗费了我们极大部分的审理时限，如果还是不能获取数据，我们也只能按法院的安排，先行开庭审理案件，但没有这个基础数据，对于我们向法院申请惩罚性赔偿是有着重大影响的，毕竟申请惩罚性赔偿还是需要有一个计算赔偿的基数的。

某东平台具体经办人的手机号码拨通的概率和我们预料中的一样低，不是关机就是长时间无人接听。要不是因为这个手机号码获

[①] "方律师"们是指全体方图所的律师，"道方图说"公众号的读者们经常亲切地称我们为"方律师"们。

取不易，且是邓律师辛辛苦苦不远千里带回来的，大概我也早已放弃了吧。好不容易接通了两次，一次对方说"我们忙得不可开交，每天这么多调取数据的，哪知道你的数据什么时候能出具给你，不要这样天天地催促，烦不烦！"另一次大概是对方那天心情比较好，很耐心地向我解释了销售数据调取困难的原因，还给了个大致的调取时间，并明确告知我们的另一份要求调取收取侵权货款的账号和相关协议的律师调查令会跟之前法院发去的协助调查函一样，拒不回复并且原因不可透露。

但在我们"不依不饶"地跟进下，这个关键的销量数据终于如约而至，且赶在了书记员给我们最后通牒的开庭时间之前，真是松了一口气。

适用惩罚性赔偿的一再争取

很快到了临门一脚的开庭时刻，虽然我们在庭审中，极力强调侵权人的主观恶意之大和客观侵权情节的严重，不仅注册外国公司从而贴近我方权利人的外国公司和外国商标、虚假宣传其使用了我方权利人从1936年就研发成功、不久便全球知名的专利技术，本案还通过各个电商平台销往全国各地、销量较大且获利较大，不过法官在庭审中从未显露出一丝一毫倾向性意见，让我这个菜鸟对我们的惩罚性赔偿的申请是否能获得支持深表怀疑，自己都开始不相信自己了。

加上惩罚性赔偿的申请获得支持的概率本来就很低，我又不像陈律师那样能厚积薄发、对于各种理论和案例可以脱口而出，不敢也不会打电话跟法官沟通她的看法和意见，只能很笨拙地通过文书来解决我的困境。

庭前，我整理了本案的证据、归纳了本案的适用惩罚性赔偿的情节，综合了相关法律规定和典型案例，写成了《请求适用惩罚性赔偿申请书》，提交给法官参考。庭后，结合庭审时被告的陈述及其抗辩观点，还有针对其主要加工厂重复侵权屡犯不改等情节，再补充了许多与本案近似的案例，形成了《代理词》，从不同的角度向法官呈现本案适用惩罚性赔偿的必要性，并运用前述关键的销量数据作为计算赔偿的基础，请求法院进行适用。

懵圈的胜利

收到判决那一刻，说实话我是懵圈的。

我看判决书的习惯是先看结果，看到的赔偿金额是一连串的数字，有零有整还有小数点，之前收到都是整数的判决不太相同，一下子竟然没反应过来。再回头看判决的说理部分，实在是大大地佩服法官大人的专业度和细致性、说是五体投地的折服也不为过那种，不仅把主要侵权人的侵权行为根据定性不同进行细致的划分和计算，还对其网店的经销者根据其实际应知侵权的时间和销售量进行了认真仔细的计算，得出了精准的赔偿金额，所以每个被告均对自己应承担的法律责任判决了对应的赔偿金额。截至本文成稿之日止，已有两个被告自愿履行完了该份判决。

近似争议极大,且看同类认驰[①]案如何获得全面胜诉

文 | 吕晓彤

在商标侵权纠纷中,商标相同或近似是最首要的条件,方律师们平时见惯了千奇百怪的侵权方式,但对于这种商标整体要素侵权的行为还是极少碰见,也不太拿得准。不过秉着客户有需求,我们竭力排忧解难的服务方针,张律师开始大刀阔斧地制作法律服务方案……

风险与机遇是并存的

对于棘手的案件,当然要动员全所上下的智慧及力量。在某一天的全所会议上,张律师就将一张比对图表打在大屏幕上,提出了那个知识产权律师最朴素且常问的问题——这两个商标像不像?

正方代表:"我作为普通消费者,一眼就能看出这是不同的两个标,文字都不一样。"

中立群众代表:"这确实说不准。说像吧,文字确

---

① 认定驰名商标。

实都不一样；说不像吧，看起来又是挺像的……"

反方代表奋起反抗："但两个商标的构图和排列是极其相同的，明显是侵权者为了仿冒权利商标而为之。商标比对考虑的不仅仅是形音义，还要考虑整体结构的近似。"

就这样，经过一轮又一轮的争论，大家还是不能说服彼此。最终统一举手表决，正方和反方数量仍然不相上下。除近似争议之外，本案被告还持有一枚注册时间超过 5 年的注册商标，虽然原告拥有驰名商标，但要禁用就必须证明被告具有恶意不受 5 年时间限制，所以此案可谓是有史以来方图争议最大的案件。

虽然扯嘴皮子一时爽，但启动案件绝不是说说的事。经过何华玲律师和张律师的前期检索及风险评估，形成了初步的法律服务方案：一是认定驰名商标，主张商标近似构成商标侵权；二是将商标结合包装、装潢等的仿冒行为，主张不正当竞争。综合评估两条维权路径，目前暂时没有发现更为明显的包装及装潢仿冒行为，而只有禁用对方的商标才能从根源上解决问题。

"风险与机遇是并存的。"这是张律师常挂在嘴边的话，外加上何华玲律师这位常胜将军的加持，两位律师一拍即合，凭借着丰富的经验及敏锐的直觉，经过全盘的缜密分析和考虑，决定直接认驰禁用对方注册商标，并开始了艰难且坚定的维权之路。

以 200% 的准备应对 50% 的输赢概率

1. 在迷雾中寻找突破口

大案当前，岂敢怠慢。整个办案小组开启了扎实的取证调查及起诉准备。经过前期详细的案件检索以及背景调查，发现对方名下还注册了多个仿冒知名品牌的商标，并存在仿冒其他佛山知名品牌的行为，且通过注册佛山公司有意贴近原告产地，在商标实际使用的颜色方式等也有意抄袭原告……这不就是典型的商标仿冒侵权者吗！主办律师们很快就找到案件的突破点——突出对方的攀附恶意。

于是我们向法院提交在自己官网、产品包装、公司展厅、经销门店、宣传手册等对权利商标的使用方式，并与被告在对应材料上使用标识的方式进行一一对比，向法院证明被告均在模仿抄袭我方，故意贴近我方品牌。

此外，我们还整理了大量被告涉嫌仿冒"博得"瓷砖、马可波罗旗下品牌"唯美"瓷砖等的恶意证据，另外，也收集了被告名下还申请注册"香莱尔""金凯利""君悦瓷砖"等多个仿冒知名奢侈品品牌"香奈儿"、知名演员"金·凯瑞"、知名酒店"君悦酒店"等的商标，并且被告对这些品牌的运营方式无一例外都是通过制造一个佛山的空壳企业进行运营……

由此，我方强有力地向法院证明，被告一贯通过商标注册手段攀附知名品牌或者名人，且其攀附方式隐秘不易让人察觉，但相关公众看到之后会产生联想，认为双方之间有特定联系，与本案的商标侵权形式如出一辙。

2. 稳扎稳打把证据做扎实

案件的另一个问题是，被告使用的标识为已注册商标，而且最早在 2013 年 7 月就申请注册，因此我们必须主张驰名商标禁用其注册商标，即证明在被控商标 2013 年申请之前，我方商标就达到了驰名商标的状态。过往承办"蒙娜丽莎"的案件，我们也不乏主张认驰的，但由于本案被控商标申请注册时间较早，而且参照手电筒比喻，手电筒的高度如同商标的知名度，手电筒越高，光照的范围也就越大，商标的保护范围也应该越大。在此情况下，对于本案商标仿冒存在较大争议的情形，就需要准备更翔实的知名度证据材料，以证明我方的"手电筒光照范围"足以涵盖被告的商标在内。

但其实对于知识产权律师来说，制作证据最头疼且抗拒的部分就是组织整理认证驰名、知名度证据。因为这意味着要与客户进行无数次的对接去寻找可能已经丢失的年代已久的知名度材料，意味着要费尽心思翻遍客户档案室、图书馆、网络公开渠道去检索企业及品牌的知名度证据，意味着需要花费大量的时间和精力耐心地从海量材料中找到有力证据并有序整理出来……

在强烈的求胜心以及对法律的敬畏心之下，我们克服了重重障碍，除立案提交的证据外，对知名度证据进行了前后三次的补充，涵盖权利商标知名度及认证驰名商标证据、原告品牌荣誉证据、广告宣传证据、经济指标证据、经营规模证据等各个方面，共129项证据近1000页材料，也因此奠定了后续判决能成功认驰并在侵权认定中考虑权利商标极高知名度的基础。

3. 模拟法庭的提前突击检查

当证据补充完、庭审材料也准备得差不多了，临近开庭还有两个星期，何华玲律师提出要在所内就本案提前办一场模拟法庭，并盛邀开庭大将陈律师以及坚定的"不近似"派代表小黄律师作为被告代理人，何俊律师担任模拟法庭的法官。

两位大将果然实力不容小觑，做足了充分的应对准备。小黄律师一上来就图文并茂列举了市面上我方商标使用的不同方法，强有力地回击了我方主张被告的商标使用方式与我方近似的观点。此外，还主张"巴某某"为取名自澳大利亚葡萄酒产区，也即商标命名有独特的含义和设计，具有自身的显著性而非仿冒。而陈律师也检索了大量的案例，并结合法条有理有据地说明被告商标并不与我方商标近似，也不构成原告主张的商标仿冒行为。

可以说，在那场备受全所关注的模拟法庭上，陈律师与小黄律师"表现欲超强"的庭审风格及特点，使被告占据了上风位置。尽管如此，开庭的何华玲律师和张律师却定心不少，因为模拟法庭的强敌正好让我们知道对方的上限大概到哪里，被告律师的关注点和着重点是什么，庭审的策略和思路就越发清晰和正确。于是模拟法庭之后，我们也在对被告的仿冒恶意呈现上进行加强，适时改变庭审的发力点和着重点。

果然，到了真正开庭那天，两位代理人聚焦了近似比对，并着重讲述被告的主观恶意，庭审效果非常到位。

不期而遇的好案例加持

庭开完了，一切就等法院出判决。就在某一天，在诉讼群里何俊律师发出了一个案例让张星宇律师在本案中作为参考案例，点开仔细一看，这不刚好与我们案件的侵权情形相符吗？

该案中，中雅有限公司（以下简称中雅公司）旗下经营"溥仪眼镜"品牌，于 2001 年在中国香港创立，经过多年发展已经成为中国高端眼镜店的杰出代表。2022 年中雅公司在武汉市发现在其"溥仪眼镜"店门店直线 4 千米范围内经营的两家"雍正眼镜"店，其中该两店铺在门头及宣传等中使用的"雅正"标识与中雅公司已注册商标"雅正"构成近似，并以此起诉到北京市海淀区人民法院，同时在诉中向法院申请行为保全。2023年5月23日，北京市海淀区人民法院举行行为保全听证，并当庭作出民事裁定，以禁令的形式明确要求被告立即停止在其开展的商业活动中使用与中雅公司享有的第6678671号、第9670050号"雅正"商标相同或近似标识的行为。北京市海淀区人民法院在该行为保全裁定中指出：被诉标识与涉案商标在文字字体、图形构图以及各要素组合后的整体结构、设计风格、视觉效果等方面高度近似，且雍正与溥仪同为清代帝王，存在较强的关联关系。考虑到涉案商标在眼镜行业相关领域具有较高知名度和市场美誉度，二被申请人作为同行业经营者，理应知晓涉案商标并进行合理避让。但二被申请人未经许可，擅自在其经营中使用与涉案商标高度近似的被诉标识，足以引起相关公众产生混淆误认，依据《商标法》第57条第2项，属于在相同服务中使用与涉案商标近似的标识并容易造成混淆的行为，侵害中雅公司对涉案商标享有的商标权的可能性极大。

之前一直苦于检索的现有案例中，各要素组合后的整体结构近似的商标仿冒行为较少，而这个案例的商标侵权情形正好与本案相同，均为各要素的文字部分完全不同，但商标排列组合、整体结构、设计风格高度近似。尽管该案还没有开庭审理出具最后判决，但法院行为保全裁定已经表明其对该行为的侵权认定态度。于是我们立即补充一份案件说明提交法院，作为本案的一个重要参考。

令人振奋的大获全胜

2023年7月30日，我们收到了佛山市中级人民法院的一审判决，法院认定，虽然被控侵权商标与原告商标的文字存在差别，但两者的字体及整体排列方式相近，被控侵权商标的文字"巴某某"为臆造词，亦未形成新的含义，因涉案商标在我国知名度较高，相关公众易将"巴某某"与"蒙娜丽莎"相联系，认为"巴某某"商标与"蒙娜丽莎"商标具有某种特定的联系，认定被控侵权商标构成对涉案商标的模仿。同时法院判决各被告赔偿原告经济损失及合理维权费用共计300万元，全额支持我方的赔偿诉求。

收到该份判决，可谓全所振奋，也给被告带来巨大的压力，并最终促成双方达成和解，圆满结案。不得不感慨，越是高难度的大案件，就越需要过人的胆识、精准的策略、到位的执行、出彩的落地。在本案中，前有办案小组做好万全准备的冲锋陷阵、后有背靠整个方图的装备支持及能量补给，正是这样一股上下齐心的力量，才使我们最终突破了多层障碍，取得疑难案件的一次大捷！

注册不到两年的商标,如何获赔320万元

文｜何　俊

2021年4月26日前夕,我们收到了佛山市中级人民法院一份终审判决,将原审100万元判赔的商标侵权及不正当竞争案件,改判为全额支持判赔320万元。虽然是意料之中的判决,但回想办案的曲折经历,仍然让人感慨万千。

客户愤慨咨询,但我们最初却认为维权很难

2019年4月1日,客户蒙娜丽莎集团股份有限公司法务部发来咨询邮件,他们认为一个在2019年3月登记的"超石代"字号企业,涉嫌侵害其于2018年获得注册在先的"超石代"商标权。而我们对初步材料分析后认为,由于商标注册时间距离涉案字号登记时间刚满1年,商标的知名度能否达到可以禁用在后字号可能存在争议,如果不能进一步提供商标知名度证据,则维权会具有一定的难度。得到这个答案之后,客户进一步补充了大量商标知名度的证据,以及反映了涉嫌侵权方曾经与蒙娜丽莎有过合作的证据。

在此基础上，我们重新对案件事实进行分析和评估。梳理事实后发现，客户"超石代"商标虽然获得注册时间不长，但在商标申请日之前就已经开始使用，作为蒙娜丽莎公司的重点产品商标进行了大量的推广，比如，参加或举办多次大型的展会、产品会议，布置专门的展馆进行宣传，被多家媒体进行报道，并且获得了行业内的多个奖项认可。

而涉嫌侵权方的主观恶意，也是判断侵权的重要考量因素。重新评估之后，我们认为这个案件有较大的胜诉争取空间，于是案件被承接了下来。

侵权证据并不算多，起诉金额高达 320 万元是不是标的虚高

以往我们高判赔案件，都会在全国各地选取几个省市进行购买公证，以此向法官呈现侵权地域广泛，侵权行为严重的事实。但这个案件我们只在佛山本地完成了一份公证购买取证，其他的证据则是被告公司的公众号内容，以及被告接受一些媒体采访的报道。相比我们其他案件的证据，似乎显得单薄很多。我记得当时在所内讨论的时候，大家不免质疑这个案件标的是不是太高了。

其实将起诉金额定为 320 万元，是有充分事实依据的。在被告的公众号，以及被告接受媒体采访的时候均明确表示，被告公司成立不到 3 个月，销售额就已经超过 3000 万元。而且被告还在媒体采访中多次表示，其产品只要 10% 的利润。按照这个数据进行计算，那么其 3 个月的利润就已经超过 300 万元，那么再加上合理维权支出费用，320 万元就是这么计算得来的。

但是，对于这种被告自述，是否可以作为判赔计算依据。在司法实践中，一直存在两种观点。保守一派认为，被告自述大多是不实的吹嘘，不能作为计算依据。创新一派认为，即便有夸大成分，被告也要对自己的言论负责。在其不能举证推翻的情况下，可以做出对其不利的推定。这一观点有上海、北京、江苏多个法院的判例可以支持。

我们在代理海天黄豆酱包装装潢不正当竞争一案的时候，江苏省高级人民法院就明确认为："薛某兵作为仪陇中味公司的销售总监，其对本公司产品的种类及产量均应知悉，故其有关仪陇中味公司黄豆酱年产量的陈述内容，应当采纳。其为顺应客户而随意虚报的说法，不能支持。退一步来讲，即便有夸大成分，也应对自身的不诚信行为承担责任。"

有了上述参考判例，我们就觉得可以积极尝试，而不是觉得难就主动放弃。

运用证据规则给被告施加压力，效果显著

对于整个案件事实来说，由于商标侵权和不正当竞争的性质判定争议并不大。因此我们主要的案件突破期待在判赔金额能否适用计算赔偿上。通过检索多个在先类似案例，包括查阅一些文章观点，对于是否能够适用被告自我宣传陈述作为计算赔偿的依据，实践中仍然存在争议。为了降低这个风险，只有不断给事实加码。

我注意到有些判例论述中提及"当被告拒不提交证据推翻其在先宣传内容时"，此时法院更倾向于作出对被告不利推定。比如，上海首例知识产权惩罚性赔偿案例中为查明被告因侵权行为的获利

情况，法院责令其提交有关销售数据、财务账册和原始凭证，但其拒绝提交，已构成举证妨碍。法院在审理中遂采用优势证据标准予以认定。法院认为，根据被告微信宣传的内容，足以证明侵权商品的销售量，被告对其宣传内容不能举证否定真实性的，应当支持原告的主张。

因此我们在庭审中采取策略：当对方否认其自称"三个月销售量超过三千万元"的说法时，我们立刻提出被告不能单纯地否认，必须提交证据予以证明，并当庭请求法院责令被告提交涉案财务账册和销售合同，如果其拒不提交，则应当按照证据规则作出对其不利的认定。那么此时被告面临着一个两难选择，如果提交则证据金额较大，则判赔较高，但拒不提交也会面临举证妨碍的不利局面。

我们在庭审中对拒不提交的利害关系陈述显然吓到了被告代理人，庭后不久被告将筛选的销售合同和财务数据提交给了法庭。虽然是加工筛选后的证据，但也显示出其销售范围超过十几个省市，足以证明其销售量巨大、侵权情节极为严重。

一审判赔 100 万元，写完上诉状后坚定认为改判空间很高

一审判决认定商标侵权和不正当竞争行为，判赔金额 100 万元，客户对于判决结果还是基本满意的，连我们同事都说结果很好，不需要上诉，只有在对方上诉的情况下，为了制衡对方才考虑提起上诉。

但作为案件的主办律师，我个人并不是很满意这个代理结果。

我期待每一个自己代理的案件，都能有一些突破。特别是关于计算赔偿的案件，这么多年我们一直都在争取适用计算判赔，但目前为止也只有海天公司的一起装潢不正当竞争案件适用成功。而这个案件的事实因素很好，完全具备了计算判赔适用的条件却仍然得到酌定判赔的结果，确实很让人遗憾。

幸运的是，被告一方愤怒地上诉了，客户指示我们立刻也提起上诉。在研究案件的上诉意见时，我发现这个案件具备了逆转结果的因素。对于改判案件而言，上级法院一般秉持的是能不改就不改的普遍态度，所以很多案件如果单纯地对判赔金额不满提起上诉，通常都是维持原判的结果。但如果一个案件的一审判决存在不改不行的错误，那么判赔金额也就可能随之会有一定的改判空间。

对于本案而言，则是存在两个事实认定的问题。一方面对于被告侵权行为存在遗漏审理，另一方面对于被告曾经与"蒙娜丽莎"合作的恶意事实也没有认定，在这种情况下，二审法院就有了足够的理由重新查明事实进行改正。而对判赔金额的改判而言，实际上关键点在于法院对计算赔偿的态度究竟是创新还是保守。

从本案来说，适用计算赔偿本身并非要求法院首创，国内有多地法院适用被告自述或网站宣传证据作为计算依据。但很多法官的传统思维还是认为，这种计算似乎有些过于创新，从而始终不敢踏出那一步。而本案的二审法院，有着多年审理知识产权案件的经验，也作出过很多国内比较创新性的判决，因此我们判断二审法院相比一审法院在创新上会更有魄力。而且此前，我们律所也有多个上诉到二审法院改判的案例，这让我们对改判更有信心。

立法趋势和在先案例，往往是二审逆转的利器

本案上诉进入二审之后，恰逢 2020 年 9 月最高人民法院发布了《关于依法加大知识产权侵权行为惩治力度的意见》对适用证据形式予以明确。该意见第 8 条规定，人民法院应当积极运用当事人提供的来源于工商税务部门、第三方商业平台、侵权人网站、宣传资料或者依法披露文件的相关数据以及行业平均利润率等，依法确定侵权获利情况。

2020 年 11 月 18 日《最高人民法院关于知识产权民事诉讼证据的若干规定》开始施行，该规定第 31 条规定：当事人提供的财务账簿、会计凭证、销售合同、进出货单据、上市公司年报、招股说明书、网站或者宣传册等有关记载，设备系统存储的交易数据，第三方平台统计的商品流通数据，评估报告，知识产权许可使用合同以及市场监管、税务、金融部门的记录等，可以作为证据，用以证明当事人主张的侵害知识产权赔偿数额。

最高人民法院的这两个司法解释进一步肯定了此前多个法院将被告网站或宣传册的自述数据作为判赔计算依据的做法，这为本案提供了更加明确的法律适用依据，真可谓是及时雨。

同时，我们在代理词中加大了对于判赔部分的论述。本案二审代理词写了 16 页，从第 5 页至第 16 页都在论述判赔问题，分别从被告宣传数据发布的主体、数据存在的佐证、计算依据和计算方式、参考案例与本案的证据比对、二审维权支出予以支持的依据等方面进行了非常全面的陈述。其中我们将之前办理的海天案与本案采用图表的方式做了多个维度的比较，这让本案适用被告自述销售

金额的依据变得更加一目了然。

有的时候我们虽然提交了多个参考案例，但法院仍然不一定会参考适用，可能的原因法官未必有时间细看参考判决，难免会认为每个案件的证据情况都是不一样的，因此不具有参考的价值。此时帮法官将两个案件的证据进行梳理和对比，更加有利于法官采纳代理观点。

代 理 后 记

本案作出之时，成为陶瓷行业判赔最高的一个案例，也是佛山两级法院比较少有的适用计算赔偿的案例，这个结果足以让我们代理人感到自豪。但这个成果并非全是代理律师的功劳，而是结合了调查团队、案件团队成员以及客户法务团队的努力和奉献，最重要的是没有国家司法政策和两级法院的支持，也是不可能实现的。天时地利人和，每个案件的代理只要满足这三个要素，相信都会有不错的结果。

如何让山东"海天"字号更名

文丨何 俊

案件背景

佛山市海天调味食品股份有限公司(以下简称海天公司)是调味品行业连续17年销售量排名第一的企业,海天品牌也在2000年就认定为驰名商标。

自2012年发生"酱油门"事件后,海天公司开始重视市场上的侵权行为可能给海天品牌带来的不良声誉影响,并逐步打击市场侵权仿冒行为。

2011年年底,海天经销商反映,有一家山东海天食品集团有限公司生产的多款酱油产品,其外包装与海天产品非常相似,难以区分,其销售量已经影响到海天正品的销售。此时,以"海天"为企业字号的"山东海天食品集团有限公司"成为海天公司首要的打击目标。

案件难点

海天公司将针对山东海天食品集团有限公司的打击重点,放在"海天"字号的变更上。为此,海天公司向山东海天食品集团有限公司所在地工商局以及国家工商总局都提出字号投诉，但最后这一诉求均没有得到相关部门的处理。

之后，海天公司也向多个律师事务所提出法律咨询，试图以司法诉讼的方式解决字号问题。但律师提供的方案并不能显示律师对字号问题解决有明确的解决思路和信心，主要的原因在于山东海天食品集团有限公司显示注册时间在1997年，早于海天商标被认定驰名商标的时间。

2013年，更有媒体舆论认为海天公司上市后，山东海天食品集团有限公司凭借海天字号可以轻易分得海天品牌溢价。至此，山东海天集团有限公司的字号问题一直如鲠在喉，成为海天公司心口一直都想拔掉的一根刺。

抽丝剥茧，直击要点的法律服务方案

2013年8月，我经客户介绍引荐认识了海天公司的法务经理。由于她了解到我曾经成功办理过日丰字号、联塑字号的侵权案件，因此就把山东海天食品集团有限公司的案件情况资料发给我，希望我能够提供一个解决方案。

经过对法律事实的层层剖析，我发现海天公司之前对这个问题的看法陷入了两个误区：第一，误认为只有在商标达到驰名的情况下，才能禁止他人使用相同或者相似的字号；第二，误认为山东海天食品集团有限公司成立的时间与其取得"海天"字号的时间是绝对一致的。

而事实上，在同类产品侵权的情况下，不需要驰名就可以禁止他人使用相同或者类似字号的行为，同时很多公司的字号都不是成立时获得的，而是后期变更取得。这两点，在我承办的佛山市日丰企业有限公司诉大连日丰管业有限公司商标侵权及不正当竞争案件中都可以得到印证。

如果山东海天食品集团有限公司字号取得时间就是1997年，那么最大的问题其实是证据收集问题。因为事实上，海天品牌在1997年就已经非常知名，否则不会在2000年就取得驰名商标的认定。由于担心因年份太早，很多证据难以取得的问题，我在大量资料检索的情况下，发现海天诉威极的判决书中，已经对海天商标在1997年非常知名的事实进行了认定，并作出对成立于1998年的威极公司判令限期更名的判决。这个判决非常有效地解决了假如山东海天字号取得时间为1997年，如何证明知名事实的问题。因此，当这个法律方案交给海天时，得到极高的认同，并立即确定委托合同事项。

团队协作，打好调查取证第一战

本案签订委托合同时，我怀孕9个月，已经接近临产。此时我若是一个独自办案的律师，那么肯定会欲哭无泪。因为，这个案件需要到山东、内蒙古等地进行大量的调查取证，临产的我肯定是没有办法去做的。还好此时我有一个团队的支撑。我把取证方案做好之后，安排给团队进行跟进。团队成员则按照我们之前的出差经验，开始到各个侵权线索所在地进行实地勘察，跟进以前工商处理的文书、与当地公证部门联系公证等。他们每天将出差工作的情况、照片都发邮件通报给大家。而我作为案件的统筹人，也完全可以足不出户了解和跟进整个案件的进展情况。

经过大量的调查取证工作，我们不仅取得内蒙古赤峰、甘肃兰州七里河地区工商局对涉案侵权产品的行政处理文书，还在广东佛山、山东诸城、山东高密等地成功完成侵权产品的公证购买取证。同时在工商档案的查询中，我们还了解到山东海天食品集团有限公司的字号是2007年经过变更而得来，并非1997年成立时就取得的字号。说明有些案件难点，经过调查是可以有效排除的。这些证据全面固定案件的侵权事实，对于案件的胜诉打下了坚实的证据基础。

诉讼可视化，带给法官的新鲜体验

2014年7月，该案件在佛山市顺德区人民法院第一次开庭审理。我们团队延续以往的办案特点，案件的证据制作是非常精美的。除了清晰的证据清单，所有的证据都是彩色打印，装订成像书籍一样的证据册。

这一点也要非常感谢海天公司的配合。因为海天的档案管理极为完善，从20世纪80年代开始的资料都得以完整分类管理，我们需要的证据材料基本上都能非常迅速地被找到。而海天公司的工作人员也极为认真，任何一份所需材料都会通过扫描后发送给我，同时也将证据原件进行一一标签，方便在庭审质证时很快被找到。

制作精美的证据材料是我们带给法官体验的第一步。这一点虽然制作成本高，但是这一工作习惯也让我们得到过多个知识产权法官的认可。

而我进一步考虑的是，知识产权案件证据往往太多太杂，即使在有证据清单的情况下，法官要短时间内了解全部案件事实还是存在一定难度。同时，本案涉及在先商标权与在后字号权的冲突、注册商标不规范使用导致的侵权、侵犯有一定影响力商品的特有包装装潢等多个方面的事实和法律认定，案情比较复杂，如何让法官第一时间了解我方的诉求均有事实和法律依据？

在这种情况下，我在庭审前对证据、法律依据、参考案例作了大量的梳理工作，把整个案情绘制成了几张图表。这些图表包括《证据事实图》《侵权标识与注册商标比对图》《侵权外包装装潢与原告产品比对图》《侵权时间轴》《诉求请求法律依据图》。从几张简单的图片，法官可以非常清晰地了解案件事实的全貌、适用法律法规、参考案例。也免去了法官需要大量翻阅证据材料，以及反复搬出侵权产品进行比对的烦琐工作。所以，在开庭过程中，当我看到法官在认真翻阅这些制作精美的图表时，我感觉到诉讼结果已经毫无悬念了。

案件审理结果

本案经过一审、二审审理，海天公司的诉求得到了法院的全面支持。法院的判决结果，不仅达到了要求山东海天食品集团有限公司限期更名的目标，同时还依法制止侵权人实施的其他侵权行为。

同时，山东海天食品集团有限公司与其关联公司德州云翔食品有限公司还需为侵权行为承担80万元的高额赔偿责任以及公开赔礼道歉的责任。至此，困扰海天长达3年之久的侵权问题终于得以圆满解决。

保留原材料上的商标作为唯一标识，是否构成商标侵权

文 | 黄伟健

2023 年 12 月 30 日，广东商标协会发布了《2023 年度广东省重点商标保护名录纳入商标十大典型案例》，谢书记与我合办的一起案件入选典型案例名单。现在便与大家分享一下这起案件的风风雨雨。

涉案产品的介绍

本文的瓷艺画是以大规格瓷板为基础，在素面瓷板上使用特殊颜料进行绘画、上釉，再经过高温烧制而成的一种陶瓷工艺品。瓷艺画既是瓷又是画，根据消费者定制需求而制作，具有极高的艺术成分，同时也具备很高的市场价值。

有人向经销商推销同款产品

经销商向蒙娜丽莎公司反映，唐某以蒙娜丽莎公司名义向各地经销商推销"蒙娜丽莎瓷艺画"，价格远低于正品价格。唐某微信头像采用正规的公司商标，名

称为"蒙娜丽莎……设计",朋友圈中还有许多蒙娜丽莎公司相关的资讯及宣传片,俨然伪装成公司经销商的模样。不少客户被其外表和低价产品所吸引,转而向唐某下单定制。

起初,我们内部分析这是一起假冒案件,还是一起窜货案件?在对唐某的调查中发现,侵权瓷艺画背面印有清晰的蒙娜丽莎公司"M"商标,底胚质感与公司产品相差无几,但表面图画的画质相去甚远,凑近看有明显的拉丝和马赛克现象。莫非,是一起假冒案件?可是蒙娜丽莎公司称从不对外单独售卖瓷艺画底胚大板,只接受定制或成品售卖。那这个与正品极为相似的底胚大板又是从何而来?

无论如何,唐某以蒙娜丽莎公司名义销售瓷艺画的行为总归是侵权的,蒙娜丽莎公司遂将其诉至法院,要求其立即停止商标侵权及虚假宣传不正当竞争行为,赔偿经济损失等。

追加的代工厂竟是自己曾经的经销商

唐某在诉讼过程中追加一家佛山公司作为被告,理由是涉案产品并非唐某生产,而是佛山公司生产的。法院同意了唐某的追加申请。

佛山公司在答辩状及庭审中辩称,涉案产品是根据唐某下单要求所制作,不参与唐某的销售行为,以蒙娜丽莎公司名义销售的行为与其无关,仅仅是接受委托加工行为。且涉案产品均是采用蒙娜丽莎公司出售的低等级陶瓷大板所加工,通过打磨大板表面后,再通过绘制上釉等工艺所制作。与此同时,佛山公司提供了2014年的《经销代理合同》及《瓷质薄板低等级产品包销合同》。

需要说明的是,陶瓷企业都有处理非优等品、低等级陶瓷制品的渠道和方式,大批量的低等级低价出售,且基本是带标出厂,但一般约定不能以品牌方的品牌名义、厂名等形式进行推销。

唐某和佛山公司的行为构成商标侵权

一方面，佛山公司提供的经销合同与案件发生时间相去甚远，无法证明涉案瓷艺画所使用的底胚大板来源于蒙娜丽莎公司。

另一方面，即使如佛山公司所述，其使用的底胚大板确实来源于蒙娜丽莎公司，但涉案产品是佛山公司用底胚大板二次加工后制作成瓷艺画对外销售，瓷艺画相较于瓷质薄板的功能和外观已经发生了一定改变，属于一种新产品。该产品瓷艺画并非来源于蒙娜丽莎公司，但佛山公司对外销售时不但没有附加用以识别产品来源于自己的标识，还保留蒙娜丽莎公司"M"标识，并由该标识在瓷艺画上发挥唯一识别商品来源的作用，明显具有攀附蒙娜丽莎公司商标知名度的主观故意。

最终，法院认定唐某和佛山公司的行为构成商标侵权及不正当竞争行为，并判决唐某赔偿50万元，佛山公司连带赔偿20万元。

案 件 思 考

本案处理思路与"原装产品改装问题"如出一辙，但改装问题较多发生在电器、电子产品之中。瓷砖没有所谓的内部结构，此类案件在陶瓷行业中属于非常新颖的案件类型，也为陶瓷行业中的其他加工商提供明确的参考意义——在正品基础上加工不代表可以直接使用正品上原有标识。

本案中被告佛山公司提出了"商标权权利用尽"原则，该原则是指标示有商标的合法商品在被有权主体合法售出之后，商标专用权主体在该特定商品上的商标专用权即告穷尽，受让人既有权使用该特定商品，也有权再次销售该特定商品，商标专用权人无权禁止他人继续使用其商标标志。原则目的是平衡商标专用权人的利益和商品买受人的利益，因此也存在"权利用尽"的限制，若存在贬损商标价值或足以让普通消费者对该商品的来源产生误认行为，则应属于超出商标"权利用尽"的界限，侵犯商标专用权。

类 案 参 考

在（2019）最高法民申 4241 号案中，最高人民法院指出，"改装过程中变动了商品的特性，特定商品与特定来源之间的联系，可能因为改装行为对商品特性的改变而发生改变。因此，需要根据个案的情况具体判断改装后的再次销售是否侵害商标权。从商标标示特定商品与特定来源之间联系的功能出发，通常可以根据改装程度是否足以实质性影响商品性质以及消费者的选择来判断该种改装后再次出售的行为是否构成商标侵权。

本案中，杜高公司改装 E50 喷码机的墨路系统，是喷码机产品正常运行的重要部件，该改装行为实质性改变了商品的原有品质，在对消费者选择产生显著影响的同时，对商标与商品之间的对应关系产生了实质性影响。杜高公司在出售经过实质性改变的商品上继续使用涉案商标且未通过明显方式告知消费者改装的情况，容易造成相关消费者对商品来源产生混淆或者混淆的可能。二审判决认定 E50 喷码机改装行为构成商标侵权并无不当"。

在（2018）苏 05 民初 1020 号案中（苏州知识产权法庭发布十大典型案例之八），法院指出，"易清洁公司拆卸'美的 Midea'洗衣机控制面板，利用非美的集团制造的扫码支付模块部件所改装的洗衣机，具有新的功能，属于一种'新产品'，但易清洁公司销售该'新产品'却依然是打着'美的 Midea'的品牌。该改装及转售行为既会引发购买者对商品来源的混淆和误认，亦并非履行'美的 Midea'品牌的商品质量保障。综上所述，易清洁公司的改装及转售行为实质地损害了'美的 Midea'注册商标的功能，应认定构成侵害注册商标专用权"。

一个以"窜货"为由，实施"挂羊头卖狗肉"交易的组织

文 | 黄伟健

窜货问题是困扰企业许久的经营问题，表现形式通常在于通过低价倾销的方式冲击不同区域或渠道的经销商，从而抢占他人市场。就这么看窜货与知识产权毫不相关，但正因为"低价"二字，给了这些"聪明"的不良商家发挥的空间，通过换包装、刮码等手段，实现"以假乱真""以次充好"的目的。

代理欧文莱公司的这起案件，是我们用知识产权侵权思路成功打击窜货的案件，对于后面开展类案维权有着里程碑式的纪念意义。

案 件 由 来

2020年的一天，欧文莱法务提出了个不寻常的咨询。她说有一批网店在窜货"欧文莱"瓷砖，低价之余，还去除了外包装上的批号、工号、生产日期、销售编号等信息，对经销商们影响很大，公司也找不到窜货源头，无法通过经销合同来规制，有没有方法可以制止这种行为？

从法务语气中可以感受到，他们已经想尽了一切办法，只能抱着死马当活马医的心态来咨询，希望律师能找到不同路径去帮助公司。我们在接到这个咨询后，第一时间脑袋里闪现出两个问题，批号、工号、生产日期、销售编号属于商标吗？对方适用权利用尽原则吗？

于是，根据客户提供的线索，我们带着疑问对案件进行了研究和梳理，发现广州市中级人民法院和江苏省高级人民法院有两个在先案例，认为对刮码行为使得产品不具有正品的外观特征，破坏了商标的品质保证和信誉承载功能，判定了商标侵权。我们心中大喜，对案件结果也是信心满满，终于不负客户所望，找到了个好办法。由于网店数量比较多，建议客户从中选取经营规模较大的店铺进行打击，树立典型案例，达到以儆效尤的效果。

客户也是大喜，"启动！要尽快立案，给我们经销商信心！"那我们就行动吧！

"警惕"的卖家与"机智"的买家

客户给到的线索店铺一共有 N 个，单单从店铺显示的销量来看都不高，且每个店铺表面看似毫无关联，从树立打击力度的角度来看，显然都不是很好的目标。可是开网店有这么个规律，卖家往往通过开设多家网店来增加曝光率，提高交易率。我们先动起来总比埋头摸索好。

为了防止 N 家店铺背后都是相同卖家，我们组织了多个账号充当买家进行取证，并提前规划好房屋设计图、房屋地址等信息，计算好瓷砖需求量，一时间人人仿佛摇身成为装修工。卖家们也不是吃素的，一产生怀疑就停止对话，量少不发货，花色没有不发货，收货地不对劲不发货，电话归属地有问题不发货。为此，我们前前后后换了好几拨人取证，几乎把所里的账号用了个遍。经过一场漫长的拉锯战，对 N 个店铺完成了基本取证。

果然，我们在其中 A、B、C 三个店铺中发现了端倪，店铺 A、C 的经营者是同一个公司。当我们与店铺 A 客服聊天时问道，"这个链接参加 618 活动吗？"对方提供了另一店铺的商品链接，引导我们通过店铺 B 下单。而店铺 A、B 的经营者信息均不相同，但根据支付宝的电子回单可以看出，收款账号均是同一个人——屈女士。A、B、C 三个店铺显然是相同主体在经营，那屈女士又是何许人？细心的我们也不难发现，正是这家公司的前股东。此案背后的实际控制人也逐渐浮出水面。

法律适用与争议焦点的辩驳

2020 年 9 月，一个晴天霹雳案件——"玫凯琳"案二审判决作出，"涉案产品虽然二维码及生产批号部分信息被刮除，但涉案商标区分商品来源的功能并未受影响，不会导致相关公众对商品的来源产生混淆误认。至于商标的品质保障功能，该商品的质量始终处于玫琳凯公司的管控条件下，涉案商标的品质保障功能并不因二维码、生产批号等信息的缺失而受到影响。综上所述，改判被告不构成商标侵权行为"。

这个案件可谓是判不逢时，距离开庭不到 1 个月时间，窜货问题在司法实践中出现倒戈观点，打得我们有点猝不及防。随后，我们重点解读和梳理了这份判决书，发现"原告在一、二审庭审中均确认被诉侵权产品系正品，被告并且提供了完整的合法来源证据"。一道白光从我们脑中闪过，"万一他是真假混卖，以假乱真？我们要进行详细比对！"

我们找到客户，详细了解包装上的品名、批号、班组、日期等信息的追踪、管理生产信息作用，以及对于瓷砖上的颜色、底纹、暗码等产品属性的特征，并制作了详细的比对表。庭审进入比对环节，对方没能提出涉案产品与原告正品的相同之处，不得不承认有借助"窜货"名头，将其他瓷砖再通过空白包装等形式对外售卖。庭审后，我们终于长舒一口气。

最终，法院判定被告构成侵权，并酌定了77万元的赔偿金额。这一金额对于销售量仅200余万元的销售商来说，已经属于高判赔案件了。

案 后 反 思

1. 了解客户的需求，并为之寻求解决方案，应当是律师获得成就感最大的来源

《民法典》《商标法》《反不正当竞争法》都是解决问题的工具和手段，我们通过不同角度作为切入点分析案件，目的都是维护诚信经营者建立的市场秩序，打击恶性抢占市场行为。无论是黑猫白猫，能抓到老鼠的都是好猫。

2. 遇到障碍时停下脚步必然是愚蠢的选择，心中要保持往前多走一点便是"柳暗花明又一村"的信念

无论是调查也好，还是做什么事也好，敦促脚步往前迈，总能有新的线索发现。

3. 关注行业动态变化，对案件保持敏锐度，是律师的基本素养

对于模糊问题的司法导向往往很容易发生改变，这需要我们本身足够关心司法动态，才能让我们敏锐地捕捉案件风险，选择最佳的路径解决客户需求。

43 小时随时待命：
实习律师"兵荒马乱"的二审初体验

文 | 符晓文

【故事背景】

被告小红和被告小春是夫妻，同时也是被告"很美公司"与被告"极美公司"的控股股东，"很美公司"与"极美公司"使用被控侵权标识"美丽陶瓷"，大量生产、销售被控侵权产品，构成商标侵权。同时，"很美公司"与"极美公司"还构成字号侵权的不正当竞争行为。一审法院认定，四被告构成商标侵权，"很美公司"与"极美公司"构成不正当竞争，四被告赔偿原告合计105万元。

知己知彼，百战不殆

如孙子兵法所言，熟悉"敌情"应是我最先要采取的策略，因此，即使留给我的庭审准备时间有限，我也花了一整天时间去阅读并整理现有的庭审材料，让自己对案情有大概的印象。如何才能更有效率、更全面地阅读并整理庭审材料呢？我得出了以下心得。

1. 详读一审判决书

一审判决书中基本囊括了案件双方的诉讼主张、证据及质证意见、法律观点等，在一审判决书中可以清晰地看到对方当事人的主要抗辩理由，也能看到我方针对对方抗辩作出的回应，更重要的是，能从中看出法官的法律观点，起草二审文书材料时可以参考其论述。

2. 熟悉一审各种文书材料

文书材料包括起诉状、答辩状、质证意见、法院送达的文书等。熟悉前述材料能帮助我们了解案件的发展脉络，双方主要的法律观点，准备二审材料时，法律观点和庭审焦点的预设也不会偏离。

3. 熟读一审证据

证据包括我方证据和对方证据。证据是论述观点的"武器"，只有熟悉自己的"武器"，战斗时才能得心应手。商标案件一审时，原告方往往会准备成百上千页证据，如果只是从头读到尾，阅读证据时感到疲惫事小，证据它不进脑子事大啊！因此在阅读证据时，需要分门别类，有逻辑地读。一般而言，原告知名度证据已在一审阶段被审理，二审大概率不会成为双方争辩的重点，故可以粗看，仅需记住重点（如商标被认驰的年份等）；被告侵权证据则要熟读，要清楚不同的被告分别在何时、何地从事了何种侵权行为，在证据中怎么体现。

4. 比对中阅读上诉材料

阅读上诉材料时，可以和双方的一审法律文书比对着读，看看是否出现了新的抗辩理由、新的证据，厘清对方的抗辩思路。

兵马未动，粮草先行

历史告诉我们，不打无准备的仗！因此开庭前，我需要做充分的庭审准备，面面俱到，才能更好地应对庭审。那么庭审准备需要做些什么呢？与一审不同，在只有被告上诉的情况下，一审原告的二审准备可以更加精简些，实习律师需准备好起诉状、补充证据、庭审提纲、庭审发问预设、庭审发言训练等。

1. 针对被告上诉时提出的观点起草答辩状

答辩状的起草逻辑与起诉状不同，重点应放在对上诉状的回应，回应时要分辨何者为回应重点，将重点放在答辩状的前部分；无关紧要的上诉观点可用一审判决书或一审代理词的观点一笔带过，简单回应即可，不要被对方的"烟雾弹"模糊了重点。

2. 起草补充证据

一审判决送达起至二审开庭前，往往是一段不短的时间，有些被告可能会有侥幸心理，继续实施侵权行为。此时，原告可以针对被告持续侵权的行为进行取证，并作为补充证据于二审提交。

3. 重点证据需标注页码

回应对方上诉观点时，势必结合证据发言，但庭审时间有限，如果把时间花在找证据上，会使庭审效果大打折扣，也会使得发言不连续。此时，我们可以在庭前在重点证据处贴上便签，并在发言提纲上写上页码，开庭时就能一秒找到想要的证据。

4. 准备好庭审提纲

庭审提纲的作用是让自己厘清案情，能在庭审上参照提纲推动庭审进程。庭审提纲应该包含被告基本信息，被告侵权行为，时间轴，双方主要观点及回应，庭审焦点预设及回应等，既要囊括案件的基本事实情况，又要具备相应的法律观点。

5. 预设庭审发问，训练庭审发言

庭审问题自不必说，要充分利用庭审发问的机会，借发问"发言"。而对于实习律师而言，每一次的庭审发言都很珍贵，因此要做好充分准备，在有限时间有效发言。首先可以提前写好"庭前3分钟"的草稿，并做限时训练，在3分钟内向法官清晰阐述案情及我方观点；其次是举证质证环节，因证据及质证意见都可以提前准备好，故庭上发言时应尽量脱稿质证，通过眼神、语气等增强与法官的交流，能使法官更好地接收到发言内容；最后是法庭辩论的准备，尽管实习律师会对自己的发言不自信，生怕说错一句话，但提前做好相应准备总是没错的，在带教律师发言后，也可作补充发言。

6. 点原件，备材料

开庭前应准备好证据原件、委托材料备份、一审和二审证据及文书、律师袍、白纸、笔等，分门别类整理，避免开庭时不能及时找到材料，影响开庭进度及心态。

战胜不复，形于无穷

要上庭了！第一次坐上二审法院的代理席上，我还是十分紧张的。"庭前3分钟"环节，在我抖着声音，对着准备好的稿件开始发言时，法官突然说了一句："不要看稿子，看着我发言。"那一刹，我的脑子空白了。但我也清楚，我已经在庭审前作了发言训练，稿子早就在脑子里了。于是我把稿件盖住，开始讲述案情。没想到的是，我越讲越流畅，很顺利就度过了"庭前3分钟"。自此，我的紧张已经缓解，能以更自信的心态来面对接下来的庭审环节。

1. 相信自己，大胆发言

开庭前，实习律师已经做了大量的庭审准备，即使在庭审时感到紧张，也只是正常现象。此时要相信自己做的准备，在法官提问、辩论等环节时，把自己准备的东西有条理地表达即可。要相信，你的带教律师就在旁边，她就是你最坚强的后盾！

2. 稳住心态，做好表情管理

庭审时常常会有各种突发情况，如法官的打断、"奇葩的被告"等，此时不要被外界打乱自己的节奏，时刻记住庭审焦点，并在合适时机让发言回归正轨。同时在面对不同情况时，可以通过表情管理给对方造成一定的压力，但不要"摆臭脸"。

避其锐气，击其惰归

开庭仅仅是庭审的一部分，庭后亦不能松懈。庭审上双方对于庭审焦点的辩论、法庭调查的回应等，应当在庭后进行整理，并结合我方观点，形成完备的代理词，向法院系统地论述我方对于案件的主张及理由。那么代理词应当包括哪些组成部分呢？

1. 优先对法官关注的问题进行回应

庭审时，我们会感知到法官对于某一部分的问题有更强烈的兴趣，而这往往是双方争辩的焦点。此时，我们可以在代理词的前部分率先回应，从多方面展开论述，帮助法官更好地查明真相，适用相应的法律观点。

2. 适当利用图表

图表能使复杂的案件情况以简单可读的方式呈现，在复杂的代理词中，适当利用图表无疑能减轻法官的阅读压力，还能使法官更快地接收到我方传递的案情信息。

3. 附参考案例

单单从论述我方观点，即使再完备，也难免会让人觉得在"自我陶醉"，参考案例的插入，能多方印证我方观点的合理性，帮助法官进一步采信我方观点。选取参考案例时，要结合案情相似度、审级、法院地域等，一般选取案情相似度高、审级高的判决书，当然，审理水平较高的法院作出的判决书，参考性也是极好的。

最后，还要及时与书记员沟通案件，告知书记员文书的邮寄情况及对方有无提供新材料，案件有财产保全的，还要在保全期限到达前及时申请续封，避免给后续案件执行造成麻烦。

自此，二审初体验就告一段落了，回过头看在此案件上的工作计时，竟有 43 小时。因为案情较为简单，被告的抗辩亦在我们的预设范围内，故二审准备的过程还算顺利。最终，本案维持一审判决，被告需偿付我方总计 105 万元，真是皆大欢喜！

一份有关数字商标的案件笔记

文 | 冯宝文

基 本 案 情

一、案情梗概

原告是佛山本地知名的陶瓷生产企业,"▇牌2086"系原告旗下的高端产品品牌,原告也是权利商标"▇牌2086"的所有人。原告发现,在市场上出售一款使用"某某2086"标识的瓷砖产品。经调查,被诉侵权产品包装上标注的生产商委托代工厂甲、乙进行生产,"某某2086"所有权人授权上述三方使用该商标。另外,"某某2086"商标未在"瓷砖"商品类别上核准使用。

二、确定被告

被诉侵权产品包装上标注的生产商及其独资股东、委托代工生产商甲、委托代工生产商乙、被诉侵权商标的所有人。

案 件 亮 点

一、包含数字的商标或者纯数字商标，应当如何判定商标近似

1. 商标本身的比对

对于商标侵权的案件而言，无论涉及的其他具体案件情形如何，我们首先都是离不开将权利商标与被诉侵权标识或商标进行比对这一步骤的。

在常见的商标侵权案件的办理中，对于近似的判定主要引用的法律依据:《商标法》第57条第2项规定,"未经商标注册人许可,在同种商品上使用与其注册商标近似的商标,或者在类似商品上使用一起注册商标相同或相似商标导致混淆的"。

而针对商标比对的问题，主要引用的法律依据:《最高人民法院关于审理商标民事纠纷案件适用法律若干问题的解释》第9条第2款规定,"商标法第五十七条第（二）项规定的商标近似,是指被控侵权的商标与原告的注册商标相比较,其文字的字形、读音、含义或者图形的构图及颜色,或者其各要素组合后的整体结构相似,或者其立体形状、颜色组合近似,易使相关公众对商品的来源产生误认或者认为其来源与原告注册商标的商品有特定的联系"。

第10条规定,"人民法院依据商标法第五十七条第（一）（二）项的规定,认定商标相同或者近似按照以下原则进行:（一）以相关公众的一般注意力为标准;（二）既要进行对商标的整体比对,又要进行对商标主要部分的比对,比对应当在比对对象隔离的状态下分别进行;（三）判断商标是否近似,应当考虑请求保护注册商标的显著性和知名度"。

从本案来看，首先，原告和被告均为生产陶瓷的企业，原告权利商标与被诉侵权商标均是使用在"瓷砖"这一商品之上。因此，本案情况适用《商标法》第57条第2项中"在同一种商品上使用与其注册商标近似的商标"的情形。其次，进行具体比对，原告权利商标与被控侵权商标两者均为"中文＋数字"的构成形式，构成方式基本一致，且其中被告商标使用的数字部分"2086"完整包含于原告权利商标之中。

2. 关于包含数字或者纯数字商标的近似判定

虽说被告的"某某2086"数字部分"2086"完整包含于原告权利商标之中。但不难推测的是，在诉讼中，被告会以"某某"（"某某"为被告自有品牌）才是该商标的主要识别部分不会造成相关公众混淆所以不近似，或者是数字没有显著性作为抗辩理由。

（1）对于是否近似争议较大的问题

根据《最高人民法院关于充分发挥知识产权审判职能作用推动社会主义文化大发展大繁荣和促进经济自主协调发展若干问题的意见》第19条规定，妥善处理商标近似与商标构成要素近似的关系，准确把握认定商标近似的法律尺度。认定是否构成近似商标，要根据案件的具体情况。通常情况下，相关商标的构成要素整体上构成近似的，可以认定为近似商标。相关商标构成要素整体上不近似，但主张权利的商标的知名度远高于被诉侵权商标的，可以采取比较主要部分决定其近似与否。

最高人民法院在（2013）行提字第15号案件中认为，对两商标标识是否构成近似的判断，一般要遵循整体比对的原则，同时也要考虑相关商标的显著性和知名度。对于组合商标而言，在其组成部分中存在与在先注册商标相近似的标识的情况下，如果因组合商标中其他组成部分的存在而使组合商标产生了明显不同于在先注册商标的视觉效果，也可以判定两商标标识不构成近似。但是，在引证商标已经具有较高知名度和较强显著性而争议商标缺乏上述要素的情况下，更应着重对比作为组合商标的争议商标中与引证商标接近的部分。

结合上述意见不难看出，显著性与知名度正是破局的关键。针对上述两个考量因素，以本案为例，原告提交了大量的与原告及原告"■牌2086"有关的知名度证据，包括：①原告及原告权利商标的荣誉证据；②有关原告的新闻报道；③原告对使用该权利商标产品的广告投放的材料；④原告及原告权利商标有关的行业内报道……

通过以上证据可以充分证明原告权利商标的长时间使用并达到一定的知名程度，也由此证明具有较强的显著性。

在判决中，法院认为原告权利商标的"主要识别部分是'■牌'，但'2086'在该商标之中也有一定的识别度。基于'■牌2086'商标在瓷砖业内的显著性和知名度，被告在瓷砖产品上使用'某某2086'标识，是把原告的商标的一部分与自己的'某某'标识结合使用，'2086'虽只是数字，但还是对混淆会产生影响，存在混淆的可能，因此本院认定该行为构成商标侵权"。

（2）对于数字没有显著性的问题

关于文字与数字组合的商标，可以先参考以下案例：

权利／ 引证商标	被控标识／ 争议商标	结论	文书号
58同城	58灯饰城	无效	商评字［2021］第 0000187102 号 重审第 0000001637 号
360	360 贷贷网	近似	（2019）京民终 306 号
1号店	1号云购	驳回申请	商评字［2017］第 0000030119 号
58同城	"58转铺"	近似	（2021）京 73 民终 4441 号

以上案例或者商标评审文书中，法院或者国家知识产权局商标评审机构对于"数字 + 文字"组合商标近似的判断中，并没有局限于数字没有显著性，而仅仅对比观察中文部分。相反，以上案例都是中文不一致，但是数字是一致的。无论是商评委还是人民法院，认定商标近似的过程都是从整体上出发，对比被控标识与权利标识最接近的部分，从而得出近似的判断结论。

当然，对于纯数字的商标而言，通过长时间在某一商品上进行使用，为公众所熟知，在此基础上也是可以受到认可的，所以关键仍然在于获得显著性知名度这一问题上。

华润三九医药股份有限公司与广东健佰氏健康药业有限公司、陕西仁康药业有限公司侵害商标权纠纷（2020）粤 0111 民初 2741 号一审民事判决书："三九佰氏"标识与原告第 1790551 号 "999" 注册商标对比，虽前者为中文汉字，后者为阿拉伯数字，但中文读法存在相同的情形，两者表达的含义均为三个九，没有明显区别，且经商标局于 1999 年认定注册并使用在药品商品上的"999"商标为驰名商标，经过商标权人的长期使用及宣传，相关公众对于"999"与"三九"已形成一定的对应关系，故可以认定"三九佰氏"与原告第 1790551 号"999"注册商标构成近似标识。

3. 关于恶意因素的考量

除了上述所说的几点，被告是否具有恶意也是一个判定是否近似的参考要素。一般的切入点：(1) 证明被告是否明知原告权利商标的知名度（同地区、同行业）；(2) 证明被告可能是职业抢注人（大量注册与知名商标近似的商标）；(3) 证明其使用或授权超过核定使用范围……

关于恶意对于商标近似的影响，也可以参考公众号"道方图说"的文章——《方图公开课｜主观恶意因素在商标近似判断中的考量》。

二、各方共同侵权应当如何判断

对于生产商及其独资股东、代工厂的共同侵权认定，在商标侵权案件中是非常常见的情形，在此也不再进行详述。具体可参考《公司法》第 63 条独资股东以及《民法典》第 1168 条的相关规定。

值得注意的是，本案中涉及侵权商标权利人如何认定其责任的问题。《最高人民法院关于产品侵权案件的受害人能否以产品的商标所有人为被告提起民事诉讼的批复》（2020 年修正）规定：任何将自己的姓名、名称、商标或者可资识别的其他标识体现在产品上，表示其为产品制造者的企业或个人，均属于《民法典》和《产品质量法》规定的"生产者"。

另外，在最高人民法院（2017）最高法民申 2779 号判决中最高人民法院认为：根据《最高人民法院关于产品侵权案件的受害人能否以产品的商标所有人为被告提起民事诉讼的批复》的相关内容，二审法院依据被诉侵权产品及其吊牌上标注的宝罗公司以及章可明分别注册的商标标识，推定宝罗公司和章可明为被诉侵权产品的生产者，并无不当。最终案件办理结果是胜诉，可结案。

9个被告拆分两个案件，论诉讼策略的重要性

文 | 吕晓彤

作为方图的新人，我们发现海天苹果醋案和海天饮料案的名称经常会出现在合伙人对外讲课的PPT中。从Alpha法律智能操作系统上查询这两个案件的项目文档情况，却发现海天苹果醋案和海天饮料案的被告存在很大重叠，那么既然被告都差不多，为什么会分成两个案件在不同法院起诉呢？2022年3月我们采访小组带着满满的好奇心，预先想了很多问题，采访了案件的经办人何俊律师、何华玲律师，终于徐徐解开了我们心中的疑惑。

诉前调查，竟然查出了九个侵权人！

何俊律师从电脑上翻出了当年的文档，告诉我这个案件从2014年3月至2015年12月，先后制作了五次法律服务方案。因为客户海天公司当时还在对涉案注册的侵权商标提起无效，还未拿到终审判决，因此一直没有下定决心打击。在海天公司提起商标无效、行政诉讼的几年期间，侵权人却在市场上快速发展，并且在策划隐匿和逃避法律责任的路径。因此，当律所

调查团队真正展开对多个侵权人的调查时，发现案件远比一开始想象的更加复杂。

从主体而言，从最初的 4 个涉嫌侵权人，增加到最终有证据显示的 9 个侵权人。而这 9 个侵权人，很明显是以被告王某个人为首，控制和发展了共计 8 家公司参与其中。从产品而言，在全国十几个省份发现有侵权产品，侵权规模可算巨大。而侵权产品除了客户所说的苹果醋侵权线索，还发现了椰子汁、山楂汁、果粒橙等众多侵权饮料产品。何俊律师给我们展示了当时交付给客户的足足有 75 页的调查报告，向我们谈到了当年调查一个小故事。有一个佛山的公司，是王某个人参股的，也是涉案侵权产品的制造商之一。但在购买侵权产品的时候，被告佛山公司相当的警觉，方图前后派了两个调查人员与之接触都没有买到涉案侵权产品。最后只能何华玲律师亲自出马，以湖南老板娘的身份聊了数日，终于成功买到涉案侵权产品，牵出下游的饮料侵权产品两个委托加工商被告。

通过 1 年多时间的地毯式、全方位的调查，方图终于成功掌握了侵权事件前后脉络和侵权主体之间的关系。大概剧情就是，爱好"傍名牌"的王某，找了广东佛山和河南漯河一起发展海天苹果醋和饮料事业，因为生意太好，广东佛山和河南漯河两拨人还找了其他的工厂代为生产相关的侵权产品。

诉前评估案件风险，
果断向客户提出分案起诉建议

既然调查清楚了，是不是直接起诉就可以了？还真不是那么简单的一件事，何俊律师说，在诉前评估案件风险时候，发现如果按照原来一个案件的解决思路，会存在以下两个问题。

1. 同案解决时间会非常久

本案需要认定驰名商标，饮料产品和酱油产品不属于相同或者类似商品，那么必然要对海天商标进行司法认定驰名商标。但一旦涉及认定驰名，则案件的时间相比普通商标案件就比较久。因为当时驰名商标案件都需要提交上级法院审批，这样一审、二审程序下来，三四年是很正常的。

2. 多个被告的责任认定会很复杂

案件需要认驰，就已经是比较疑难复杂了，会有大量的证据去证明商标的知名度。如果再牵涉多个主体责任的认定，那么就案件复杂程度无疑就会再度升级。而且多个被告中，有的被告只涉及苹果醋或者饮料一类产品，对于法院来说，无疑会让案件的审理变得更加疑难。运气好碰到细致的法官，才会梳理好侵权关系，分清责任。但运气不好呢？主办律师往往要从最坏的方面去思考案件的风险，提前做好解决的预案。

问题怎么解决呢？何俊律师决定从苹果醋产品入手。消费者一般观念会认为，苹果醋、椰子汁、山楂汁、果粒橙等都属于果汁类饮料。但早在20世纪末，海天公司就推出了一款苹果醋调味品，并在广告中宣传该苹果醋稀释后可以直接喝，苹果醋饮料实际上就是醋演变出来的一种产品。加上海天品牌的知名度，这种情况下二者被判定为类似产品的可能性是比较高的。而类似商品案就无须认定驰名，大幅降低了案件的审理时间。所以何律师从解决案件的效率，以及降低单个案件的复杂程度两个方面，向客户提出了从苹果醋和饮料两类侵权产品分案解决的建议，很快得到了海天法务总监的认可。

事实证明，当初这个分案的策略是案件得以漂亮解决的精妙之笔。因为苹果醋案件不仅在 2 年内完成一审、二审以及再审，并且梳理了案件主体之间的关系，特别是判定个人股东王某的责任。该案为海天饮料案解决了主体认定方面的难题，使后案变成不太复杂的驰名商标认定的单一问题，完全实现了制定分案策略的诉讼目标。

要不要抓个人被告？如何抓？

从客户角度出发，很多时候只是简单地追求胜诉，对于案件中该抓什么被告并无特别的要求；而从律师的角度而言，要从客户的根本利益出发考虑，只有全面地追究侵权被告的责任，特别是侵权主谋人的责任，才能真正达到制止侵权的目标。何律师说，抓被告这项工作既考验技术，也考验良心。从法律技术上如果在一个案件中有多个被告，如何在短短的庭审时间中，向不熟悉案情的法官清楚地说明各被告之间的关系，在侵权关系中起到什么作用，以及相对应的证据，对一个律师的专业水平无疑是很大的挑战；而从律师的良心上来说，一个案件被告越多，就代表越多的工作量，但很多时候一个案件并不能因为增加起诉了被告就向客户提出增加收费。

"王某在整个案件中，是一个非常重要的始作俑者"，何俊律师说道。因此尽管在起诉时，王某已经把原属于其名下的相关商标（被诉侵权标识）转移给第三人，且慢慢淡出这项侵权生意转向别的领域，因此无直接证据指向被告王某直接参与了侵权行为。海天公司并不要求追究个人被告责任，但办案团队本着对自身的高要求以及希望案件胜诉后判赔金额能够顺利执行到位，让客户利益得到弥补以及让侵权者得到该有惩罚，还是毅然地把其列为被告。

在 2015 年的时候，在知识产权侵权案件中追究个人股东被告责任的案例并不常见，因此苹果醋案件审判过程中法官的最大疑虑就在于王某个人是否承担责任。针对这一难题，办案团队可谓在尽可能的范围内做足了万全的准备。在庭前材料的准备过程中，办案团队制作了一份被告关系的图表，并在开庭时提交给法院以帮助法官梳理各被告之间的关系，何华玲律师还专门请求对侵权主体之间的关系进行了陈述；此外，何俊律师将当时在商标侵权纠纷中认定个人责任的案子，如"西门子案"[①]"樱花案"[②]等案件个人侵权证据进行列表并与本案王某的个人证据进行对比，得出王某证据比其他证据更加充分的比对结论。开庭时，其他被告提交的证据也成了神助攻，直接证明了王某的侵权行为，"对方提交的证据对我方比较有利，其中被告六顺德公司提供的与被告一公司的合同中，抬头虽为被告一公司，落款签名却是王某，且写明王某入股被告六公司……"最终，经过办案团队的不懈努力，法官结合各种证据，认定王某承担相应的个人侵权责任。

管辖法院怎么选？对案件的影响有多大呢？

分案的诉讼策略制定以后，那么下一个问题就是，案件在哪里起诉呢？在知识产权侵权纠纷中，管辖法院的选择是一个决定案件

---

① （2016）浙民终字 699 号。
② （2015）苏知民终字第 00179 号。

成败和判赔金额（传说中的既分高下，也分生死）的关键问题。

　　两个案件均有佛山本地的被告，因此优选广东管辖处理对海天最为有利。饮料案因为涉及驰名商标认定，可选的法院只有广州知识产权法院，而苹果醋案根据起诉标的的不同，可以在基层法院管辖，也可以在中级人民法院管辖。

　　何俊律师分享时说，苹果醋案作为最先提起诉讼的案件，当时确实是在众多有管辖权的法院里经过了一番深思熟虑后，最终选择了佛山市中级人民法院作为管辖法院。因为苹果醋案涉及将苹果醋和海天注册商标核定使用的调味醋认定为类似商品的问题，这一问题是一个"非黑即白"的问题，一旦法院认定不构成类似商品带来的后果就是驳回全部诉讼请求，风险非常高。对于这个问题，经办法官需要有足够的专业能力去把握，而佛山市中级人民法院在知识产权审判领域有较为资深的经验，专业方面一直值得信赖。还有一点就是，海天公司在佛山具有"主场优势"，因为相较于其他法院，佛山市中级人民法院对于海天公司的知名度是非常了解的，更容易判断孰是孰非。而选择佛山市中级人民法院之后，两个案件的二审法院都是广东省高级人民法院，因此苹果醋案件的二审判决对广州知识产权法院的一审判决当时是非常好的参照判决，在侵权责任判定上基本沿袭了前案的思路。

两案获赔 520 万元，高额判赔的证据尺度是什么？

　　海天苹果醋案因为管辖权的缘故，起诉标的 510 万元，判决金额 210 万元。而海天饮料案起诉标的 310 万元，获得广州知识产权法院的全额支持。两案总计判赔高达 520 万元，在法院 2016 年立案的案件中，的确已经属于高额判赔案件了。

除了多地购买到侵权产品证明其侵权地域范围广泛，对案件判赔起到关键作用的，何俊律师认为其实是几份被告接受媒体采访的证据，以及被告王某用涉案侵权商标折价 200 万元入股的证据。前者证明了其年销售金额超过 6000 万元，后者也侧面印证侵权商标的市场价值。谈到支持判赔的故事，何律师提到饮料案件在广东省高级人民法院二审开庭时，主审法官看到方图提交的各种案件图表，非常赞叹，几次忍不住夸奖办案团队的用心程度。看到图表中展示出来的各类判赔证据和数额，直言起诉标的过低，完全可以起诉千万元标。法官的夸奖既让办案团队感到欣喜，也有几分惋惜。不过在当年千万元判决还非常少见的情况下，能够拿到如此的结果确实已经很不错了。

回顾办案历程，得与失的感悟？

这是采访小组提出的最后一个问题，何俊律师思考良久，总结了两个点。其一，办理案件要与客户保持有效的沟通。只有客户充分信任律师，而律师也充分了解客户的需求，才能共同打造出精品案件。在历时如此之长的诉讼过程中，方图办案团队也一直与客户保持紧密高效的沟通，各种决策和选择都获得了客户的理解与支持。"海天做案子追求的是一个标杆性的判决结果，对市场形成一个示范性的、震慑性的效应。"正是在双方深入沟通且理念一致的前提下，促使办案团队更加大胆、无顾虑地在办案中精益求精。

其二，超越客户期待，对自己制定更高目标，实现更大的专业价值。很多时候，客户对案件的要求不可能精细到抓什么被告，抓多少个被告，判赔达到多少如此等等。而律师需要站在客户利益上，为客户精细的筹谋，提出更高更细的目标，为客户争取到更大的合法权益。这既是对自身法律技术精益求精的体现，也是超越客户期待，实现客户眼中更大专业价值的方式。

有没有不满意的地方呢？何俊律师表示，从现在方图办案的方式来看，当初确实因为意识和能力的问题，有一些疏漏的地方。比如当时前期调查主要关注侵权事实，没有注重对个人财产进行调查，没有财产线索也就未及时对被告的财产进行查封，以至于案件执行时间很久，直到 2022 年春天被告王某才给付了 200 余万元的执行款。换作是今天的方图，对案件中被告财产线索的调查和保全已经是必不可少的一步，后续执行就能省下很多时间。

经销关系结束后，是否还可以继续使用权利人字号

文 | 陈建南

缘 起

2018年10月，老客户何总前来咨询一件困扰了公司很长时间的事情。6年前，何总在广西设立了一家专门从事特种陶瓷材料生产销售的企业，企业的字号叫作"广西碳某科技有限公司"（以下简称原告，广西公司），听起来是很有诗意的企业名称，同时一并注册"碳某"商标。

经过多年来艰苦创业，广西公司生产销售的特种陶瓷材料产品深受广大用户的欢迎，广泛应用于多个高端工程项目。原告先后荣获高新技术企业、《2018年广西重要技术标准获奖项目》、广西壮族自治区科学技术成果、梧州市科学技术进步奖、建设行业科技成果等多种荣誉；原告积极参加全国各地专业展会，荣获十六届中国国际工业博览会银奖，原告主导制定发泡陶瓷行业标准。可以说，广西公司以及"碳某"商标在行业内已具有一定的知名度。

被告未经同意擅自开设广州公司

随着广西公司知名度的不断提高，2016年3月广西公司的其中一名董事（以下简称被告一）在未经公司股东会同意的情况下，擅自在广州开设了广州碳某公司（以下简称被告二，广州公司），并亲自担任公司法定代表人。

广西公司发现后立即要求董事整改，董事虽然口头多次承诺整改，但是始终拒不整改，甚至辩称其注册使用广州公司的行为得到了当时广西公司的总经理和董事长的口头同意，但是董事并未提出任何证据予以证实。

广西公司明确表态，广西公司的字号权作为企业的无形财产权，属于公司所有，应当经过股东会的同意，才可以对外使用字号进行注册。因此董事所辩称地得到"总经理和董事长的口头同意"的说法纯属子虚乌有。

广州公司被授权为经销商以及经销合同终止

正在双方剑拔弩张之际，2016年9月，广西公司与广州公司签订了一份《产品经销合同》，合同期限为2016年9月21日至2017年12月31日，广西公司授权广州公司为广州区域的市级经销权。这也为日后的争议埋下了伏笔。

在此期间，原告一直要求被告变更广州字号，以免造成市场上的混淆。但是被告一直没有办理。由于被告拒绝办理，合同到期后原告就没有继续与被告续签合同，《产品经销合同》已经正式终止。

此外，被告还在其微信公众号及网站上擅自使用原告的商标证书、荣誉证书、资质证书及工程实例等文件，虚构参与行业标准制定，进行广告宣传，意图使相关公众误认为原被告之间存在关联关系。

综上所述，原告认为，被告的上述行为已涉嫌构成商标侵权及不正当竞争，严重侵害了原告的合法权益。为此，原告据此向法院提起诉讼，要求判令被告立即停止使用"碳某"企业字号以及虚假宣传的不正当竞争行为，赔偿经济损失等。

广州公司的行为构成不正当竞争

如前所述，原告的"碳某"商标及字号具有一定的影响力。被告广州公司将原告在先使用，具有一定市场影响力的"碳某"字号及商标作为字号登记注册为企业名称，其行为缺乏正当性。不论是否突出均难以避免产生市场混淆，因此被告应当停止使用"碳某"字号。

被告在《答辩状》及庭审中还辩称其成立"广州碳某公司"是为了自救。所谓的自救仅是被告对于原告公司经营状况的一种主观揣测，被告以此作为理由在广州成立"广州碳某公司"来自救，没有合法理由。如果"自救"可以作为擅自使用他人字号的原因，则人人都可以未经许可擅自使用他人字号，市场秩序将会陷入混乱。

在被告已经不再是原告经销商的情况下，被告仍然在其官网使用原告工程案例及在其微信公众号上擅自使用原告所获荣誉、公司证书、公司资质、行业标准、工程实例等，非法获得不正当竞争优势，损害了原告的利益。

最终，一审法院判决被告立即停止使用"碳某"字号，停止虚假宣传，赔偿原告经济损失，案件在执行过程中双方达成和解结案。

若 干 思 考

本案值得关注的是如何规范经销商字号的使用和管理。出于宣传的考虑，权利人在经销期内往往有条件地允许经销商使用权利人的字号或者商标作为经销商注册时的字号。但是在经销合同当中会明确约定：合作合同终止时，经销商对于权利人的字号应当立即停止使用。如果经销商拒不停止使用的，权利人有权进行诉讼索赔。

根据权利人和经销商的关系和授权期限，司法实践中有不同的案件处理思路。

一、原告与被告曾经存在交易的行为，不代表原告对被告使用字号行为的认可

本案中，虽然原告与被告存在交易，但是并不存在原告实质上认可了被告企业名称的合法性的问题，或者是原告放弃了诉权主张的问题。原告以自己的真实意思表示表明了要追究被告擅自使用"碳某"字号的法律责任。

在（2015）民提字第6号案中，最高人民法院认为："……在山东赛信公司于2006年成立后，虽然济南赛信公司在2006年至2008年与山东赛信公司进行了若干交易，且迟至2012年2月方提起本案诉讼。但仅凭此节，尚不足以认定济南赛信公司许可山东赛信公司使用其企业字号。因此，山东赛信公司有关济南赛信公司实质上认可了其企业名称的合法性，济南赛信公司放弃了诉权的主张，缺乏法律依据，本院不予支持。"

参考最高人民法院上述案件可知，山东赛信公司于 2006 年成立后，济南赛信公司是在 2006 年至 2008 年与山东赛信公司进行了若干交易，且迟至 2012 年 2 月方提起本案诉讼，相隔了 4 年才提起诉讼。就算在这种情况下，尚不足以认定济南赛信公司许可山东赛信公司使用其企业字号。同样，本案也不足以认定原告广西公司许可广州公司使用其企业字号。

二、原告"怠于维权"情节的考虑

本案的一个特殊情况是，一方面原告不同意广州公司使用"碳某"字号，另一方面在广州公司成立之初即与其进行交易，之后更发展为经销关系。

法院在判赔金额的时候重点考虑了该情节，法院认为"原告广西公司在 2016 年就已知晓被告企业名称中擅自使用'碳某'字号实施不正当竞争行为，但原告怠于通过诉讼等方式主张其合法权益，迟至 2019 年才提起本案诉讼，未能及时制止被告该不正当竞争行为，也因此，原告对其因被告该不正当竞争行为所受的损失亦有过错，根据《侵权责任法》第 26 条的规定，应适当减轻被告的责任"。

也就是说，对于涉嫌侵权的企业，权利人应当积极取证维权，及时提出维权主张。原告应当尽量避免与被告建立业务联系，更加不应当发展成关系密切的经销商，否则法院在判决金额的时候会将该情节作为"怠于维权"的考虑因素，适当减轻被告的法律责任。

在上述（2015）民提字第 6 号案中，最高人民法院认为一审判决在确定山东赛信公司应当承担赔偿责任时，法律适用错误，二审法院对此予以维持的做法也缺乏法律依据，最高人民法院予以纠正。

最高人民法院认为：一审判决在认定山东赛信公司应当承担的损害赔偿责任时，未能考虑以下两方面因素：一是济南赛信公司于2006年即与山东赛信公司进行过交易，对山东赛信公司在企业名称中擅自使用赛信字号，实施不正当竞争行为的情形已经知晓，但济南赛信公司长期怠于通过诉讼等方式主张其合法权益，迟至2012年方提起本案诉讼，未能及时制止山东赛信公司的不正当竞争行为，因此，济南赛信公司对其因山东赛信公司不正当竞争行为所受损失亦有明显过错，根据《侵权责任法》第26条的规定，应适当减轻山东赛信公司承担的责任。

三、经销商授权期限届满后继续使用字号的情形

在"万和公司诉龙口市祥瑞电器经销处案"[（2017）鲁民终1453号]中，被告祥瑞经销处、万嘉燃气具公司在经销授权期届满后仍然在其经营的店铺门头和自行印制的产品保修单使用"万和"字号。

一审法院没有认定被告使用"万和"字号的行为构成不正当竞争，主要理由：被告经营的标注有"万嘉厨卫万和电气"的门头乃是获得特许经营许可后由原告广东万和公司统一制作，原告对此未提出异议。另外，双方签订的《万和产品销售三方协议》第6条第3项约定了被许可人可以使用"万和"名称，因此，可以认定广东万和公司对祥瑞经销处、万嘉燃气具公司注册使用"万和"字号是知悉和允许的，祥瑞经销处、万嘉燃气具公司注册使用"万和"字号并不具有与广东万和公司进行不正当竞争的故意。

二审法院撤销了一审判决，主要理由：因祥瑞经销处、万嘉燃气具公司并非仅销售广东万和公司的"万和"品牌产品，而是同时经营多品牌热水器产品，其上述行为容易使相关公众误认为其与广

东万和公司存在紧密联系，并非普通经销商，从而不正当地获取广东万和公司在热水器市场已有的声誉，进而获得更多的交易机会促销其经营的多品牌热水器产品，同时也破坏了广东万和公司企业名称的识别度，容易使相关公众误认为广东万和公司同时经营其他品牌热水器产品，祥瑞经销处、万嘉燃气具公司的上述行为构成不正当竞争。

从以上判决可以看出，经销关系存续期间，经销商使用权利人的字号具有一定的合理性和正当性。但是经销关系终止后仍然使用权利人的字号，则缺乏正当性，况且被告销售的并不完全是原告的"万和"品牌产品，而是同时经营多品牌热水器产品，更加容易被认定为不正当地利用权利人的市场声誉，故被告的行为构成不正当竞争。

四、经销商长期使用并不当然构成有权使用字号

经销商如果长期使用权利人的字号，是否当然构成有权使用字号？答案是否定的。

在"南平南孚诉厦门南孚案"［(2018) 闽民终 1424 号］中，原告南平南孚公司的"南孚"商标及字号具有较高的知名度。被告厦门南孚公司在 1997 年开始登记使用"南孚"字号的企业名称前后，系原告南平南孚公司在厦门地区"南孚"电池相关产品的经销商，双方至 2003 年终止经销合作关系。

在合作期间，厦门南孚公司除经销南平南孚公司的产品外，还代为广告宣传及打假，故二者之间存在共同的利益关联，厦门南孚公司在此期间对"南孚"品牌的商业性使用实质上均是为了维护和提升南平南孚公司的"南孚"品牌知名度。厦门南孚公司并不会因这种使用行为而使"厦门南孚"在使用中具备独立的品牌辨识度，从而区别于"南孚"品牌。

而正是由于厦门南孚公司与南平南孚公司曾经存在经销合作关系，故厦门南孚公司对南孚品牌及该品牌与南平南孚公司之间的唯一关联性是清楚的。

在双方的经销合作关系终止后，在未取得南平南孚公司的明确许可下，厦门南孚公司作为同业竞争者，在后续的生产经营过程中，实际上负有更高的注意义务来主动避让，避免与南平南孚公司及南孚品牌产生混淆。但厦门南孚公司仍然继续使用"南孚"字号，并在 2010 年将企业名称变更为目前使用的含有"南孚"字号的名称。

由于南平南孚公司及南孚品牌于 2010 年的时候已经在企业影响力和品牌知名度上又有了新的提升，而厦门南孚公司并没有能够证明"厦门南孚"经过其使用已经具备独立的品牌价值且能够与南平南孚公司及南孚品牌进行区分。

从该案例可以看出，尽管厦门南孚公司使用"厦门南孚"具有一定的时间，但是厦门南孚公司需要提供证据证明"厦门南孚"经过其使用已经具备独立的品牌价值且能够与南平南孚公司及南孚品牌进行区分。

该举证责任并不容易完成，在厦门南孚公司无法提供证据证明的情况下，其登记行为形式上的合法性不能排除其使用行为实质上的不正当性。法院最终认定厦门南孚公司对"南孚"字号的使用，主观上是为了攀附南平南孚公司商誉和搭南孚品牌的"便车"，客观上也会造成消费者对这两家存在关联或其他品牌许可关系的混淆误认，构成不正当竞争行为。

第二章
商标假冒刑事案件篇

海南自由贸易港知识产权法院成立以来第一起行政与司法协作的民事诉讼

文 | 凌美施

这篇文章，在2023年就开始酝酿了，原因有四最：难度最大，时间跨度最长，开庭次数最多，经历最痛苦（没有之一）。经过不懈的努力，案件获得了全面胜利，也获得了众多关注。入选了《海口海关知识产权保护工作情况及近三年十大典型案例》（案例1）、《海南自由贸易港知识产权法院发布2023年度知识产权司法保护典型案例》（案例4）、央视《今日聚焦——海南海口：商标侵权风波》、国务院知识产权强国建设第一批典型案例、海南省"第二批营商环境示范案例"和海南省"以案释法优秀案例"。

调查取证以及向行政部门投诉，执法部门发布先行禁令

2021年的春天，我们的客户收到销售员的反馈，发现海南的一些免税店销售假冒手表，提请公司处理。客户随即委托我们进行调查取证。为迅速固定侵权证据，我们马上联系了公证处，和公证员一起前往

海口调查取证。调查的情况触目惊心，一共发现 5 家免税店、购物 App 在销售或存储我们客户的假货。作为离岛免税购物天堂、监管重重的港口，原来也离假货这么近。

完成证据保全、真伪鉴定后，受客户委托，我们向海南省市场监督管理局进行了案件投诉。因为被投诉店铺属于免税店、跨境电商，涉及进出口环节，同时也属于海关的监管范围，海南省市场监督管理局建议我们也向海关进行投诉举报。最后，海南省知识产权局、海南省市场监督管理局、海口海关三大行政部门协同联合执法，5 家跨境电商持有的价值 654 万余元的假冒手表 1872 块被暂时封存，经过我们逐一检验鉴定为假冒品后，我们向海口海关申请查扣该批手表。

在这里，涉及海关知识产权保护的两种模式：依申请保护和依职权保护。我们最常见的是依职权保护，就是海关主动发现涉嫌假冒品、向权利人发出《海关确认知识产权状况通知书》，权利人须在 3 个工作日内对该批货物的真伪进行确认并反馈海关。依申请保护，是指权利人发现在海关监管区域内存放或者销售侵犯其知识产权的商品，主动向海关申请扣留涉案商品的保护模式。在依申请的模式下，并依据《关于〈中华人民共和国知识产权海关保护条例〉的实施办法》第 15 条，权利人应当向海关提供相当于货物价值的担保。该批手表，进口申报价值 200 多万元，当收到海关出具的《提交足额担保的通知》，我们都傻眼了，为了查扣这些假品，要提交足额的担保，还不能用保函，这对于任何一个权利人都是巨大的经济负担。

最后，基于我们的扣留申请以及足额缴纳了担保金，海关发布先行禁令，责令涉嫌商家立即停止涉嫌侵权行为，并暂扣涉案商品，防止侵权行为的继续发生。

不同于依职权的知识产权保护，根据《关于〈中华人民共和国知识产权海关保护条例〉的实施办法》第18条，依申请的海关保护，海关不会继续调查或者处理货物，权利人需要向有管辖权的人民法院提起民事诉讼，并在海关扣留侵权嫌疑货物之日起20个工作日内，法院要向海关出具协助扣押有关货物的书面通知，否则，海关将会放行货物。

老实说，要在这么短的时间内在海南成功立案，并且说服法院向海关出具协助通知，我们没有信心，拿这个条例去和法院说，也没有说服力，两家不同的单位，还有期限要求，感觉翻过了一座大山，又有一座在我们前面压着。不过话说回来，无论是什么样的困难，我们也只能以最快的速度整理起诉材料，拉着行李箱奔赴海口去立案。也真的因为幸运，我们居然在立案窗口就顺利过关，还拿到了受理通知书，带开庭日期的传票，和合议庭通知书。这种立案的速度远高于北上广深。

立案后，持续致电法院，说明这个案件出具协查通知的紧迫性，果然，法院不理解条例中的规定，认为法院也可以保管这批证物，不需要出具通知给海关。经过三方多次沟通，最后，法院同意出具扣留协助函，并请海关继续对涉案货物进行保管。至此，涉案物品的扣留是成功落地了。

小结：虽然有重重困难，不必想太多、不要设限，更重要的是去实践、尝试、努力，结果自然也不会差。

漫长的民事诉讼，一度陷入僵局

2021年12月，法院组织第一次开庭，涉及的5个诉讼都安排在同一天审理。估计法院认为案情并不复杂，案情背景相似，计划合并审理。在证据交换环节，我们原告两名律师，对面的被告席坐了大约10人。有趣的是，其中一个被告的代理律师，在现场联合了其他被告律师，成功拉了个群，讨论对策。我方客户是涉外公司，对于我方诉讼权利基础的问题上，被告一哄而上，咬文嚼字，五花八门，各抒己见。唇枪大战，2小时后，大家还没有争论完。考虑到案件的复杂性，合议庭休庭讨论，决定当天的庭审到此结束，择日再开。拖着重重的行李箱和疲惫的身躯打道回府，海南再美的风光，也提不起我的兴致，因为出师不利。

经历了第一次的庭审，我感觉到这个系列案将会是个持久战，要做长期奋斗的心理准备。

可能是法院对涉外知识产权案件缺少丰富的经验，第一次庭审后，法院对我方当事人的主体资格、商标独占许可、外文授权书、鉴定资质、平行进口进行了轮番的严苛审核甚至是质疑。在北上广深的法院都被认可的文件和知识产权司法实践，在这个系列案的审理中都被要求一一举证、补充证明材料，要求无瑕疵。

然后，就是对法院的问题轰炸逐一找法条、请教高手、找案例，整理文字说理或者补充材料，已经记不得写了多少份情况说明和补材了，起码20多份。这个过程非常痛苦，伴随一种证明你爸是你爸的无力感。事后，却觉得甘之如饴，是法院的严苛迫使我的能力快速成长，现在关于文件之间的关联性、证明力，签字盖章在哪一页，我都可以闭眼说、闭眼翻了。

在此整理一些核心问题点以及处理思路。

通常，一家外国公司在中国进行知识产权起诉，需要提交证明公司合法成立并存续的证明（美国一般叫 Good Standing），公司或者授权代表以公司名义签署的授权委托书(Power of Attorney)，公司出具的授权代表人任职证明(Statement of Authorized Representative)。实务中，授权书和授权代表任职证明，经常只有个人签名，并没有盖公章。中国的律师，最擅长挑文件的瑕疵，因为在中国，普遍认为公司的文书，要盖公章才生效。而外国公司的文件，超过一半的都没有公章只有人签字，而法官也会三番四次询问为什么没有公章，能不能补？针对这个问题，我专门问过几位英美的客户，了解到英国的公司是不强制公司持有公章，确实很多的英国公司真的没有公章，而有公章的公司，更多的是因为和中国有业务往来。

实务中，我也遇到过，客户为了迎合中国司法诉讼的需要，专门刻了公章，他们被教育到，在中国，要公章。即使是有公章的客户，如果不明确提出在文件上要加印公章，客户一般也只会签名而不盖章，因为在他们的国家，代表人签字更普遍被接受，公章反而很少见。另外，即使盖了公章，负责人还是会在旁边签字，所以，授权代表任职证明，是省不了的。

此外，签字的授权代表通常是一家公司的知识产权经理、法务甚至是普通职员，一般不是董事长（除非是小公司），法官看到签字人这样的职位，疑问又来了：经理就可以代表公司签署法律文件、对外授权了？我一般会告诉法官，在国外，签署授权委托书普遍都是负责公司法务的人员，授权代表证明也列明他可以代表公司签署法律文件的权力了。当然，如果公司对外公布的高层管理人员名单中有这位代表人的名字，就又是补强证明了。最后，可以补一句，被告有没有相反证据证明，没有的话，应当予以确认。

关于主体资格问题，涉外公司的情况与国内公司的情况差异很大，背后是国家文化、商业习惯的巨大差异，是经常被法院、被告不断询问、质疑的焦点问题，我们要严阵以待，确保能通关。

1. 商标独占许可，被许可人能否以自己的名义起诉

《商标法》第60条、《最高人民法院关于审理商标民事纠纷案件适用法律若干问题的解释》第4条规定，对商标侵权行为，商标注册人或者利害关系人可以向人民法院起诉。利害关系人包括注册商标使用许可合同的被许可人。注册商标专用权被侵害时，独占使用许可合同的被许可人可以向法院起诉。

2. 许可是否要在商标局备案

根据《商标法》第43条第3款的规定，商标使用许可应当报商标局备案，未经备案不得对抗善意第三人。《最高人民法院关于审理商标民事纠纷案件适用法律若干问题的解释》第19条规定商标使用许可合同未经备案的，不影响该许可合同的效力。权利商标许可使用虽未报商标局备案，仅不得对抗善意第三人，并不影响许可的效力。

3. 授权代理机构出具的鉴定证明是否有法律效力

司法实践中，如果代理机构有鉴定真伪的授权，从业人员经过商标权利人的培训并通过考核，法院一般会认可其鉴定资格，其出具的鉴定证明有法律效力。法院一般要求鉴定证明不仅确认商品的

真伪，还要说明鉴定方法、真伪的差异点，以此为依据判定商品的真伪属性。在此案中，被告宣称商品从国外进口，存在不同版本特征的正品，法院采取最严苛的标准，组织现场勘验，由客户亲自对查扣商品进行逐一鉴定并出具鉴定意见。

4. 涉案商品是国外进口，是否构成平行进口

这个是被告经常反驳的观点。其实很简单，如果要讨论平行进口，前提是涉案商品也是正品，而涉案商品是假冒品，不符合平行进口的构成要件。显然，只要是假冒品（并非权利人生产的商品），哪怕是从国外正常报关进口到国内，手续齐全，也不构成平行进口。

法院依申请组织现场勘验

系列案的第二年即 2022 年，法院没有组织现场开庭，也因为新冠疫情，仅通过电话沟通、网络庭审、文件传递的方式对各个焦点问题进行论证，本来年底举行的庭审，因为新冠疫情而搁置。

随着主体资格、授权书的有效性、诉权问题的逐个解决，我们判断核心问题只剩下真伪鉴定证明的效力了，法院、被告一直对客户委托的鉴定机构的鉴定证明存疑，但是如果把真假的区别毫无保留地写到鉴定意见中，必然导致客户鉴定的核心要点容易被造假者识破并利用，将会造成次生灾害。经过内部多次讨论，为提高案件审理效率，尽快查明案件事实，2023 年 1 月，我们决定向法院申请现场勘验。

考虑到货物查扣在海口海关的仓库，法院协调了海关部门，组织多方在 2023 年 2 月 17 日前往海关查扣现场进行勘验。为了更清晰地展示正品与查扣商品之间的差异，我们配备了 2800 万像素的工

业高清视频显微镜到现场，并且在勘验前在海口的正规经销商购买了正品手表作为参照。

当海关工作人员打开被查扣的手表外箱，现场人员都瞪直了眼，露出惊讶的眼神，只见很多手表标签不全、没有包装盒、没有说明书甚至几十只裸表套在一个塑料袋里，从事知识产权业务的专业人士，一看就知道这是假冒品的常见特征。其中一些手表附着防伪二维码，扫码后，跳转到假冒网站。显而易见，这些涉案手表的状态与正品存在巨大的差异，商家对购进货物的品质监管是严重缺失的。整整一天，我们对涉案的 1872 只手表进行了逐一勘验和鉴定，最终确认所有涉案手表均为假冒品，出具鉴定意见。

静待花开的一审、二审判决

2023 年 3 月开始，系列案陆续开庭，可以用"波澜不惊""驾轻就熟""运筹帷幄"来形容。得益于方图严谨的办案制度、证据制作流程、庭前各项内部会议，庭审效果很好，我也获益良多。

最终，一审法院参考并采纳了客户近 3 年的手表利润率来判定赔偿额，针对侵权情节最严重的商家，判决其向我方客户承担侵权金额约 50% 的赔偿款。

案件影响力

1. 案例的典型性推动海南法治的设计与完善——《海南自由贸易港知识产权保护条例》出台

该系列案中执法部门之间的协同联动为创新海南自贸港打击侵

权执法模式提供了探索案例素材，为2022年1月1日实施的《海南自由贸易港知识产权保护条例》提供了鲜活的司法实践，也体现了知识产权人的社会价值和贡献。

2. 案件入选海口海关2021年典型案例、央视报道采访

每年"315""426"前，各执法部门会盘点过往一年有代表性的案例，颁布经典案例，该系列案是海南自由贸易港知识产权法院成立后，首次与海关开展联合协作办案，也是海南行政部门联合协同执法的典型案例，被纳入《海口海关2021年进出口食品安全和商品检验典型案例》的案例10。鉴于案件的代表性、复杂性、先行禁令的创新性，央视对该案件进行了报道，原、被告双方律师也提出了各自的观点。

该案也入选《海南自由贸易港知识产权法院发布2023年度知识产权司法保护典型案例》的案例4。法院评述该案的典型意义：本案系在海南自贸港跨境贸易的背景下，强化经营者对商品来源的审查注意义务的典型案例。案件通过运用涉外证据规则认定主体身份、权利人鉴定意见采纳，以及结合经营者是否谨慎理性经营对合法来源抗辩进行审查，明确专门从事跨境销售服务的跨境电商企业，在交易过程中，谨慎选择品牌正规授权是其核心注意义务。合法来源抗辩是主客观条件同时兼备的赔偿豁免例外情形，需结合经营性质及经营主体规模进行判断，对推动专门从事跨境贸易主体尽到合法取得、授权链条清晰的谨慎经营义务具有典型意义。

看到判决的那一刻，心情无比激动，特别值得点赞的是，法院的判决论述精彩绝伦，释法说理充分，富有公平正义，对今后的类案审理有指导意义，不愧是海南知识产权诉讼案件中具有标杆意义

的优秀裁判文书。这也是我经历的最复杂的民事诉讼，有多个之最：开庭次数最多、法院沟通最多、递交文件数最多、过程最坎坷。回想起来，法院的严格审理也是对我们律师诉讼能力提升的倒逼。得益于法院的严审，我们对跨境电商售假的各个核心焦点问题所涉及的法律问题进行了深入地研究，查阅了无数案例，演练了无数次。

　　海南自贸港的建设，海南的高质量发展，离不开法治护航，我们都是为海南法治推动添砖加瓦的知识产权人。借用《海南自由贸易港知识产权保护条例》第 1 条作为目标与读者共勉："加强知识产权保护，激发创新活力，优化营商环境，打造国际一流的知识产权保护高地。"

从一条淘宝链接挖掘出来的假冒品"宝藏"产业链

文 | 凌美施

我加入方图的第一个知识产权日,正好是某假冒产业链刑事系列案的审理和宣判之日,回首这一年半以来的艰辛和努力,正好可以反映刑事案件处理的全貌,借此文细酌其中的心得体会,与大家分享。

线索来源、真伪鉴定、立案之路

知识产权刑事案件的线索来源可谓五花八门,有来自权利人、代理机构的市场调查,有经销商、消费者的投诉举报,有来自行政执法机构的自主调查、公安机关根据群众举报的立案侦查等。每一年,我们都要协助客户处理几十起上述类型的案件。因为涉及产品的定性,需要客观、严谨,我们(我之前入职的知识产权公司)建立了真假品的样品数据库、实验室,对正品的固有特征进行了分析、归类,通过对比收集到的不同来源需要鉴定真伪的样品,我们逐一对比分析,遂得出产品是否真伪的结论。这一过程,由不得半点的粗糙,也需要有一颗求真、求知的心。由于产品细小,通常需要用放大镜、显微镜来辅助，小伙伴常调侃自己因此造成眼睛的工伤，眼睛加速老化。玩笑开着慢慢就成真，感慨知识产权行业体面的背后，冷暖自知。

  2021年5月左右，作为权利人的代理机构，我们收到一份来自某公安机关的协助鉴定聘请书，缘由是一名消费者从网店买到可疑的假冒高档消费品，向公安机关举报投诉。收到样品后，我们对样品进行了分析，确认消费者购买到的产品为假冒品。公安机关很积极，表示对假冒品深恶痛绝，为维护广大消费者的权益，决定立案侦查背后的供应链网络，予以痛击。

  有执法机关的主动作为，我们当然非常乐意，同时并没有抱很大的希望。毕竟，立案侦查的案件也不少，但是否能彻底查清并收网，要看公安机关的办案能力、资源、人手等综合的因素。且，目前掌握到的只是一个网店，根据我们的经验，网店向上挖几层才有可能到达源头，而基于制售假者的隐蔽和强反侦查意识，这个过程异常艰辛、复杂和困难重重，我们也遇到过半途停止、久查无果的案件。

峰回路转、重拳出击

  经过几个月的调查，大约在10月，公安机关告知，该网络已经基本查清，涉及多个成品窝点、零部件、包装供应商，以及不同层级的经销商，分布在广东多个城市以及福建省。为了从根源上制止假冒品的生产和流通，公安机关表示，计划对全产业链条各环节的主要人员都进行立案侦查同时收网，需要权利人协助对零部件、配件、成品都进行鉴定,对涉案的经营主体确认是否有授权合作关系。收到这一信息,当时的我,立即表示会全力配合,但心里总觉得那么一丝担忧,这一全链条的计划是否冒险,同时收网公安需要出动多少警力?各嫌疑人的辩解肯定会很"精彩",此间种种都会影响到案件的成败。

　　清楚地记得,10月22日,我刚刚在上海开完一个痛苦的庭审(一个人作为原告代理人面对7个被告以及他们的律师,是我第一次独自参加庭审,唇枪舌剑,刀光剑影,疲惫不堪,但结果是美丽的)回来,就奔往现场协助。公安机关果然雷厉风行,同时对5个城市的十几个点位进行集中收网,涉及假冒品的产业全链条,包括4条组装窝点、包材、标签、零部件、电镀、销售等产品生产和销售的各环节,共查获超1万成品以及20余万零部件和包材。

　　整个行动从白天开始,一直持续到深夜,我们一直在协助对现场的产品进行真伪的鉴别,心里嘀咕,这次肯定要作战到深夜,对于不习惯熬夜工作的我,这是一种最高级别的惩罚。话说,做知识产权的警察真辛苦,之前多个夜以继日的奔赴和侦查,已经筋疲力尽,然后还要通宵达旦抓捕、审讯、检查清点货物,让嫌疑人指认现场,除短暂的抽根烟喝口水吃点饭外,完全没有休息的时间,而且,从他们的脸上,能感觉到他们的大脑一直在运作,神经紧绷,深感每一个职业的不容易。

　　凌晨1点,检查鉴别工作接近尾声,吃了点宵夜后,我们准备回酒店休息。突然,接到电话要我们去另外一个地点进行协助鉴别的工作,原因是经过审讯嫌疑人供出了一个新的仓库。如果是白天,听到这一消息会很兴奋,假冒品一件不剩地被查封是我们的期望,但当时身心无限疲惫的我们,却忍不住心里埋怨嫌疑人怎么不早点说,要搞大半夜的突袭。

最终,全链条的30多人落网,假冒成品和配件、制售假的工具全部予以查封。后续的一段时间中,市场上没有出现假冒品,假冒品市场消停了相当一段时间,痛击产业链的效果是非常明显的,正品市场也得到了维护。

阅卷、沟通

转眼到了2022年8月,案件经过补充侦查后移送到检察院、后移送到法院起诉,作为被害人的代理人,我申请了阅卷。通过阅卷,才全面地了解到案件的全貌——各人分工角色、制售假行业暗语、零部件来源、假冒品成本利润、销售网络、作案动机等。阅卷就像看不打草稿的侦探小说,原汁原味,警察的问话、嫌疑人的回答都看得我如醉如迷。再一次地,对公安机关的侦查水平油然起敬。

阅卷后,我与检察官、法官进行了沟通,表达了作为被害人的诉求。从该案件的沟通中,深感司法机关在保护知识产权权利人诉讼权利义务的方面,意识和实践水平有了很大的提升。在同一个城市的不同法院,1年多前我还遇到不给被害人旁听刑事案件的法官,但这一次,检察院、法院都积极地告知被害人诉讼的进程,听取被害人的意见,让被害人参与到刑事庭审中。这些都是创新的举措,作为积极维护自身利益的权利人,也深感权益被重视和合法保护。

当然，感触最深的是，作为正义的一方，我们要充分利用法律给我们提供的保护屏障，充分参与诉讼进程、与司法机关积极沟通，才能最大限度地维护好自身的合法权益。

对于嫌疑人因侵权行为对权利人造成的损失，司法机关也在庭前阶段向嫌疑人进行法律意识的教育，部分嫌疑人深切感悟到因自身的侵权行为对我方客户造成了严重的损失，同时也失去了自由的沉重代价，通过家属、律师亲自向我们表示歉意，并承诺真诚悔改，不再侵权。我相信，经过这次沉痛的教训后，这些人应该不敢再踏足违法犯罪的行当。

参 与 庭 审

该系列案从 2022 年年底开始，陆续开审，经历了疫情中的网络庭审以及疫情完全结束的线下庭审，最近的一场，是在 4 月 26 日——知识产权日，通过简易程序审理。

这一批嫌疑人，全部是零部件、配件供应商，经法庭询问了解，均通过在广州某批发市场开设档口销售用于制造假冒产品的配件，虽然部分产品无商标，但是其明知买家购买后用于制造知名品牌的假冒品的情况下，仍然选择提供给买家，形成共同犯意，构成了犯罪。

本着"教育为主、惩罚为辅"的政策，贯彻宽严相济的刑事政策，法院拟对其中部分犯罪情节较轻、认罪悔罪态度较好的被告人，判处缓刑，并听取被害人的意见。考虑到部分嫌疑人仍然从事零部件批发的生意，担心判处缓刑后容易重操旧业，我方表达是否可以对被告在宣告缓刑的同时，根据《刑法》第 37 条的规定，宣告从业禁止，预防再犯罪。法官针对我方的这一意见，休庭中进行了合议沟通，最后，考虑到侵权人的生计问题，以及缓刑中发现重复侵权的救济措施，决定不宣告从业禁止，但在宣判时，法官对侵权人进行了语重心长的提醒，告诫其重复侵权的后果，也给被告一段应遵法守法的深情寄语。虽然法官未能完全听取我方的意见，但我能从其警示和寄语中感受到法官对侵权人积极教育、感化和挽救，通达法理和人情。

后　语

这些侵权人所在的批发市场（所谓的"鬼市"），我近期深夜走访过，发现批发市场是关门的，但门口坐满了穿着顺丰快递工衣的人，每人一个小摊位，小桌子上是收款二维码，小凳子旁边是一个个封好箱的纸箱和黑袋子，贴着快递单号，像是刚收的快递，里面是什么不知道，貌似他们有固定的熟客，不需要招揽生意，来摊位的人手上也是拿着黑袋子或者密封的纸箱，放下，扫描付款就走。对于陌生面孔的我们，他们时刻保持着警惕。偶尔听到有人打电话"东西放在第几排货架的第几排，拿出来"之类的话，但是为什么在深夜交易寄快递，交易的是什么，除猜测外，寄快递的人是谁，他从哪里来，外人不得而知。这就是侵权产业链真实的交易场景，若不是通过执法机关强有力的侦查，抽丝剥茧，数据研判，环环相扣形成确凿的证据链，是无法调查和取缔的。知识产权保护任重而道远，我们为筑建知识产权高地的梦想继续努力！

由刑到民：如何追究帮助侵权者的责任

文 | 郭国印

这是何华玲律师正式执业后主办的第一个案件，也是当时乃至当下不太多见的成功追究帮助侵权者责任的案件。案情虽然并不复杂，但是关于事实证据的整理、法律的适用仍旧有着借鉴参考意义。

喜忧参半的开端

这是一个以刑事案件为前导的商标侵权案件。2012年，权利人佛山市顺德区 CSJ 实业有限公司（以下简称 CSJ 公司）在市场中发现一款假冒其第 1500065 号注册商标的玻璃胶产品，经调查后初步锁定制假者为自然人招某某，后原告向公安机关报案。公安机关经侦查、审讯后招某某如实供述其在租赁的佛山市 JN 电器有限公司的场所内制造假冒注册商标的玻璃胶的犯罪事实，经佛山市南海区人民法院审理后 [（2013）佛南法知刑初字第 22 号] 判决招某某有期徒刑 9 个月，罚金 5 万元。

犯罪人受到了应有的惩罚，案件到此似乎已经解决，然而并非如此。刑罚是对于国家和社会应当承担的责任，罚金并不会给到被害人用以赔偿被害人的损失。9个月有期徒刑加上5万元赔偿的刑罚，明显较轻，这样的结果让被害人以及案件代理人不免都感到遗憾。

另辟蹊径启动民事诉讼

刑事案件判决后，我们与当事人沟通后准备对制假者招某某启动民事诉讼，想通过民事判决要求招某某承担民事赔偿责任。但是经过调查了解，招某某偿付能力十分有限，而且招某某已经被判处刑罚，部分财产已经缴纳罚金，即便其被判处承担赔偿责任其赔偿的意愿也极低，民事案件最终可能很难执行。

在反复查阅刑事案件卷宗，了解招某某供述的犯罪事实后，一个公司的名称浮现出来：佛山市JN电器有限公司（以下简称JN公司）。招某某生产假冒商标的玻璃胶的场地就是JN公司注册登记的经营场地。进一步深入了解后发现，侵权行为人招某某在该场地实施侵权行为长达2年的时间里，JN公司并未要求招某某提供经营执照或其他经营性证件。据此，代理人认为JN公司并未尽到合理的注意义务，将自身的场地租借给招某某从事生产假冒注册的玻璃胶的行为存在过错，属于帮助侵权，应当与招某某承担共同侵权的责任。

庭审中针锋相对

案件诉至法院后，如启动民事案件所预判的一样，主要的抗辩力量来自JN公司。JN公司认为《商标法实施条例》所列举的帮助商标侵权的行为的成立包括主观故意和帮助行为两个条件。本案中

JN公司并不知悉招某某租赁场地实际是用于生产假冒注册商标的玻璃胶，只是单纯地出租场地，JN公司并未参与生产销售假冒商标的侵权产品，况且刑事案件中JN公司并未被追究刑事责任，因此CSJ公司主张JN公司与招某某构成共同侵权并不成立。

原告认为，被告招某某以经营为目的租赁JN公司经营场地长达2年之久，其间JN公司从未向招某某索要或督促其提供经营执照且从未去现场查看招某某实际的经营活动，可见JN公司并未尽到合理的注意义务。虽然刑事案件中JN公司没有被追究刑事责任，但是刑事案件证明标准远高于民事案件需要达到证据确实充分，排除合理怀疑的程度，民事案件达到高度盖然性即可。但即便如此，也不足以打消法官的疑虑。

因此在庭审中，何华玲律师有针对性地要求被告回答JN公司法定代表人招某森与被告招某某的关系。法官注意到这一点之后，也要求被告回应。被告JN公司回应称，JN公司法定代表人招某森与被告招某某属于表亲戚关系。得到这一信息后，原告代理人当即表示，根据原告提交的证明，被告招某某在2009年就曾因生产假冒原告注册商标的玻璃胶被行政处罚，因此原告认为，JN公司明知招某某曾有假冒注册商标的违法事实，在本案中仍然将经营场地出租给招某某使用，却从未尽到合理的管理审查义务，存在过错，因此将场地出租给招某某使用构成帮助侵权。

案件开庭后，我们向法院提交了详细的代理词，终于法院判决认定被告JN公司构成帮助侵权，判决JN公司与招某某一起承担侵权责任。

二审一锤定音

一审判决后,被告招某某、JN 公司不服一审判决提起了上诉。这个案件是何华玲律师执业后主办的第一个案件,虽然一审已经胜诉,但是就当时广东地区乃至全国范围的判例而言,认定帮助侵权的案件数量都比较少,因此案件仍然充满着不确定性。

二审期间,为进一步证明招某某与 JN 公司之间的关系,我们再次开始了调查取证,在调查中何俊律师了解到被告招某某的社保是由 JN 公司缴纳的,因此我们迅速地将该信息整理为二审证据并提交法院,用于证明招某某是 JN 公司员工。

虽然二审法院认为该证据不足以证明招某某为 JN 公司员工,因此对证据的关联性和证明目的不予确认。但是从整个案件来看,只要能够信息指向被告招某某与 JN 公司存在某种联系,那么就足以影响法官对招某某与 JN 公司构成共同侵权的内心确信,即便该证据没有被确认,但是在诉讼上已经达到了目的。二审开庭时间为 2014 年 9 月 3 日,13 天后即 2014 年 9 月 16 日,二审法院便迅速地作出驳回对方上诉,维持一审的判决。

追究帮助侵权者责任的经验总结

虽然《商标法》第 57 条第 6 项规定了故意为侵犯他人商标专用权行为提供便利条件,帮助他人实施侵犯商标专用权的行为构成商标侵权。在《商标法实施条例》(2014 年修订)第 75 条中将该帮助行为进行了类型化列举了如提供仓储、运输、邮寄、印制、隐匿、经营场所、网络商品交易平台等帮助侵权的行为。但是商标侵权本质仍为侵权，需要契合侵权责任法的一般归责的原则。因此要构成帮助侵权或者说共同侵权，必须具备行为及意思上的共同性。

本案就是从客观上抓住了招某某与JN公司之间不仅存在场地租赁关系，作为一个曾经有过假冒原告注册商标行为的主体与JN公司的法定代表人之间存在表亲关系，进而赋予了JN公司更高的注意义务——审查注意招某某是否在从事假冒注册商标的侵权行为。如JN公司没有履行该注意义务那么便可径直认定JN公司存在过错，在过错之下将自身经营场地出租给招某某用于实施侵权行为便是提供便利条件，属于招某某实施的侵权行为的一部分，具有可归责性。

因此，在追究帮助侵权者共同侵权责任的过程中，重点要关注的是帮助行为人与具体实施直接侵权的行为人之间是否存在意思联络，属于明知还是应知。帮助行为与直接侵权行为关联的紧密程度，是直接参与还是仅提供便利条件。按照这样的思路去搜集整理证据，就能逐步锁定帮助侵权者的责任。

鉴定平台不可靠，
海外代购蜕变与鉴定人员共谋精仿案

文 | 赖凯勇

在央视暗访曝光的镜头下，一场关于奢侈品界的假冒风暴再次揭开序幕，奢侈品假冒问题又成为造假的"重灾区"。朋友圈也开始有不少朋友们纷纷化身"侦探"，急切地向我抛出连串问号——那些价格看上去有极大吸引力却也让人在真假难辨间徘徊的海外代购、海外直邮、海外直采，乃至跨境电商这些五花八门的渠道所销售的产品，到底是真是假？

每当需要整理自己的从业经历来认真思考如何回答这样的询问，我的思绪便不由自主地穿梭回那些印象深刻的案件，特别值得一提的是那起让我深受触动的海外代购案，故事的主角"小X"和鉴定机构的内部人士串通一气，把假货做得跟真的一样，轻易地瞒过了鉴定平台审核，将这些假货公然当作真品销售的离奇案件。

今天，就让我以"小X"为引，带您走进这场现实版的"猫鼠游戏"，让我们一步步揭开这场海外代购的惊人蜕变，看看鉴定平台的内部人员是如何深入这场精心策划的"精仿"产品造假案的。

正品代购的初心与起步

2018年,在迪拜的璀璨灯火下,小X,一位怀揣出国梦想的年轻学子,正穿梭于这座沙漠中的奇迹之城。作为国内旅游专业的毕业生,小X成为一名迪拜的中文导游,他每天带领国内旅游团的国人探索这座城市的每一个角落,从奢华的购物中心到古老的黄金市场,每一站都留下了他热情洋溢的身影。

在繁忙的导游工作之余,小X意外地踏入了海外代购的生涯。起初,他只是利用自己带团认识的国内游客资源和当地便捷的购物渠道,为这些回国后的游客采购价格优惠的奢侈品。在代购初期,小X学习产品摄影技巧,将每一次的采购过程制作成精美的图文通过微信朋友圈分享给潜在的客户和导游同行,他始终坚守着为消费者提供正品的承诺,他精心挑选产品,严格把控质量,确保每一件商品都符合品牌标准。他的真诚和努力赢得了良好的口碑和稳定的客户群体,业务量也逐渐扩大代购生意为其带来了可观的收入。

回国发展与市场诱惑

2019年年初,小X由于个人原因选择回国发展,由于在迪拜期间认识积累了很多导游同行人员,也认识了很多迪拜商城的销售员,他发现国内消费者对轻奢产品的需求非常旺盛。意识到这是一个巨大的商机,于是小X开始寻找更多的货源渠道,继续以海外代购身份从事产品购买服务。

在这个过程中,小X无意中发现和接触到了假冒产品的市场。他发现不少客户投诉从他这里收到的代购产品和国内专柜正品相比差异明显，小 X 深感震惊与不安。他首先采取的是严谨的调查态度，亲自对比了客户退回的产品与官方正品之间的细节差异，通过细致入微地观察和比对，他逐渐意识到这些产品在多个方面均不符合正品标准，存在明显的瑕疵。为了进一步确认，小 X 联系过官方渠道，咨询了多位对奢侈品有深厚研究的专业鉴定师，并提供了相关产品图片和信息，这些努力让他逐渐揭开了假冒产品的伪装，那些看似完美的仿制品在专业人士的眼中却漏洞百出。经过一番调查和多方验证，他终于弄清楚自己从迪拜同行下单购买采购回来的那些价格便宜的产品是假冒品。

明白真相之初，他的内心充满了自责与懊悔，然而，就在这种道德与良心的拷问之下，利益的诱惑如同潮水般汹涌而来，让小 X 的心理防线开始动摇。他计算着假冒产品与正品之间的巨大利润差距，想象着如果继续从事这一"灰色"业务，将能在短时间内积累可观的财富，实现许多曾经遥不可及的梦想。这种诱惑让他难以自拔。

小 X 开始为自己找各种借口，试图合理化这一行为。他告诉自己，这只是暂时的权宜之计，等到积累足够的资金后，就会转型做回正品行业。他还安慰自己说，市场上假冒产品泛滥，自己只是其中之一，不必过于自责。

随着时间的推移，小 X 内心的挣扎逐渐减弱，取而代之的是对利益的渴望和对风险的麻木。他开始更加积极地寻找货源，扩大销售网络，甚至开始为自己的行为寻找辩护词，以应对可能的质疑和指责。最终，小 X 在利润的诱惑下彻底沦陷，选择了继续从事假冒产品的销售。

从采购到生产的蜕变

一开始小 X 是从上游供应货商处采购产品转售，产品进货价 1500 元转手销售价 2800 元利润还是挺可观的，但是在利益的诱惑下，小 X 的代购之路悄然发生了转变。随着深入接触了解，他通过行业内的人员了解到这些假冒产品的产地实际是在中国境内生产，国内的工厂直接供货价格低至几百元人民币，同时单纯的采购模式存在诸多限制。货源的不稳定、质量的参差不齐，以及日益激烈的市场竞争，都让小 X 感到前所未有的压力。他开始思考如何摆脱这种被动的局面，将主动权牢牢掌握在自己手中。

于是，小 X 作出了一个大胆的决定——从采购者转变为生产者。他开始积极寻找合适的国内生产商，同时也通过网络接触了更多的鉴定同行，不断学习探索深入研究正品与假货之间的区别，试图掌握更多关于真假产品的知识。在花费了 2 年多时间专心钻研真假品的不同之处后，小 X 逐渐掌握了一些鉴定知识。

那些隐藏在暗处，拥有仿制技艺的工厂成了小 X 一直想要寻找的目标。经过一番周折，终于与一个技术过硬、在行业工厂内工作过的技术人员建立了供货合作关系。在与生产商的合作中，小 X 展现出了前所未有的热情和专业。他不再满足于简单的采购与销售，而是亲自参与到产品的设计、生产和质量控制中。他利用自己多年积累的鉴定知识和对市场的敏锐洞察，指导生产商如何更好地模仿正品的细节和特点，指导他们提高产品的仿真度力求做到以假乱真。

为了提高产品的仿真度确保能通过国内一些鉴定平台的鉴别，小 X 与生产商共同研究材料、改进生产工艺，甚至模拟正品的包装和标识设计。在这个过程中，小 X 仔细比对每一款产品的细节：从精密的配件构造到细腻的产品工艺，从独特的品牌标识到精致的图案压铸。他记录下每一个识别点，整理成册，逐渐构建了一套属于自己的"真伪鉴定宝典"，随着鉴定能力的提升，他能够比较准确地识别出市场上的多种假货，并将其特点反馈给生产商，以便及时调整生产工艺策略。

小 X 与生产商的合作越来越紧密。他们之间形成了一条完整的产业链，从原材料采购、生产加工到销售渠道都实现了自给自足，为了更好地迷惑消费者，小 X 等人伪造了品牌授权证书、检验报告、海关进口手续等文书。一番工序下来，假冒产品看上去与正品别无二致。小 X 的假冒产品规模逐渐壮大，他开始在国内市场占据一席之地，甚至开始涉足打造行业鉴定专家的人设。

鉴定分享与人设塑造

在这个信息爆炸的时代，信任是稀缺资源，而专业知识则是赢得信任的最佳武器。为了进一步巩固自己在消费者心中的形象，小 X 开始在小红书等社交平台上分享自己的鉴定经验和知识。他运用自己多年积累的鉴定知识，结合市场上最新的假冒产品动态，详细剖析真假产品的差异，他一一拆解用通俗易懂的语言让读者能够轻松掌握鉴别技巧。他的帖子图文并茂通过这些精心策划的内容迅速吸引了大量粉丝的关注，小 X 的账号迅速崛起，这些分享不仅提高了他的知名度，还为他赢得了"专业资深鉴定专家"的美誉。

在这些分享中，他提醒消费者要警惕低价诱惑，学会辨别真伪，保护自己的合法权益。这些揭秘内容不仅增强了读者的防范意识，也进一步巩固了小 X 作为鉴定专家的形象。

为了拉近与读者的距离，小 X 还经常在小红书评论区或私信中热心回答读者上报图片并请求确认产品真假的鉴定问题。无论是对于新手小白还是资深行家，他都一视同仁，耐心解答。他的专业性和亲和力让他赢得了众多读者的信赖和好评。一些读者甚至会主动将自己购买的商品拍摄照片上传给他进行鉴定，而他也似乎总是乐此不疲地为他们提供服务。

他利用自己在小红书上树立的鉴定专家形象，开始悄悄地将自己的假冒产品销售给那些对他深信不疑的消费者。他会在鉴定分享中巧妙地植入自己产品的信息，或者在私信中直接推荐自己的产品。由于他已经建立了良好的口碑和人设，很多消费者都会毫不犹豫地选择购买他生产制造的假冒产品。

鉴定平台开店与勾结鉴定人员

通过观察年轻人的消费习惯，小 X 发现大部分人都喜欢在某鉴定 App 上购买产品，为了继续扩大销售量，小 X 选择在国内深受消费者信任的某知名鉴定平台上开店，这个鉴定 App 不仅能提供鉴定服务也可以直接售卖产品，吸引了大量的年轻消费者。但小 X 在平台销售的并非正品，而是他精心策划、自行生产的假冒产品，对自己研究鉴定生产出来的假冒产品其非常有信心。

在深入研究鉴定平台的规则，知道平台有真品、假品、无法鉴定三种鉴定意见，他巧妙地将目光锁定在了平台鉴定标准的灰色地带——"无法鉴定"这一分类上。通过研究平台的鉴定机制，小 X 发现平台对于一些品牌的产品，往往因缺乏足够的数据支持或技术手段，而难以作出明确的真伪判断，这成了他钻营的突破口。他对假冒产品的每一个细节进行精心打磨，从材质、工艺到包装，力求与真品别无二致，目的就是要让平台在鉴定时陷入"既非真品，又非假品"的尴尬境地，从而得出"无法鉴定"的结论。

起初，小 X 的策略似乎奏效了，店铺的销量节节攀升，他沉浸在成功的喜悦中。然而，好景不长，鉴定平台方逐渐察觉到异样，那些频繁在同一个销售区域出现"无法鉴定"结论的产品引起了他们的警觉。鉴定平台主动将这部分疑似产品通过采购测买送至品牌权利人公司进行权威鉴定得出产品为假冒的结论。这一举动让小 X 的伪装瞬间瓦解，他所销售的假冒产品被无情地揭露遭到平台下架并采取相应措施杜绝小 X 的假冒产品有机会继续销售。

正当小 X 疯狂努力想研究突破平台监管时，一个意想不到的转机出现了。平台的鉴定部门内部，因管理不善而滋生腐败，部分鉴定人员为了谋取私利，竟主动向小 X 抛出了橄榄枝。他们利用手中的权限和掌握的信息，私下透露平台对这款产品的鉴定审核要点，甚至直接提出参与销售分成的要求，承诺只要小 X 继续合作就能保证产品顺利通过鉴定。面对这样的"双赢"机会，小 X 没有丝毫犹豫，迅速与这些"内鬼"达成了不可告人的合作协议。

从此，小 X 的假冒产品生产工艺与平台的鉴定系统之间，建立了一条隐秘的"绿色通道"。他根据平台鉴定人员的提示，调整生产工艺，将每一处可能被识破的细节都做到天衣无缝。而那些被"特别关照"的产品，在经过一番精心包装后，再次堂而皇之地通过了平台的鉴定审核，源源不断地流向了毫不知情的消费者手中，信任鉴定平台的消费者再怎么也不会想到，通过平台鉴定为"真"的名牌产品竟是假冒组装货。

鉴定第一人和造假身份曝光

我们作为品牌方的维权代理人，日常工作中一直有持续对市场上的假冒产品做收集分析的研判和信息串并工作，在对小红书上的可疑账号进行了持续的监控和分析后。很快，小 X 的账号进入了我们的关注视线。

通过初步的判断，我们开始全面地收集小 X 店铺中发布的产品视频，逐帧分析其中的产品本体和包装细节。同时，结合前期掌握的可疑数据，在详细对比了正品与假冒产品在材质、工艺、包装等方面的差异。随着调查的深入，越来越多的证据表明，小 X 所售商品与列入监控关注中的某款精仿产品高度相似。

正当我们与品牌方权利人讨论处理方案时，一个意外的转机出现了。某地警方正在办理一起涉及假冒产品的刑事案件，告知我们案件中的主要角色小 X 对外宣称自封"行业鉴定第一人"，透露小 X 在与假冒生产商沟通中常常发布自己的"研究成果"，展示那些看似与正品无异的假冒产品，并高调宣称自己的产品"完美无瑕"，仿真度无人能及。小 X 再三强调其生产销售的假冒产品鉴定平台也无法鉴定出是假冒品的结论，警方联系上品牌方权利人请求配合对产品进行真假鉴定。

我们欣然应允，携带专业设备赶赴警方所在地对小 X 店铺中销售的商品进行了详细的鉴定，对鉴定样品的商标标识、机械件结构、生产工艺、包装盒、标签信息等全面进行了详尽的对比分析后，依据鉴定意见出具了权威的假冒鉴定报告。同时根据这个案件所在的区域和我们主动监测小 X 在小红书上信息发布的区域，通过产品对比和网络信息的情况，我们推断两者高度重合可能就是同一个人。

意识到警方正在办理的这起案件可能与我们监测的目标存在关联性后，我们补充了详细情况说明并配合警方深入进行研判和固定证据链内容的完善，对小 X 及其背后的制假售假网络展开了全面的打击行动。在一次精心策划的突袭中，警方成功捣毁了小 X 的仓库和销售窝点，一开始小 X 表现出震惊和不可置信，全程否认自己的违法行为，一直坚称自己并不知情，所售商品均来自海外正规渠道或信任的供应商。随着警方现场收集越来越多的证据，在查获了大量假冒奢侈品及相关销售记录，展示现场发现了被伪造的多个海外国家高达 90 家免税店的公章后，面对铁证如山，小 X 终于低下了头，承认了自己的罪行。随着公安机关的深入调查，这条以小 X 为首的打着海外代购与鉴定平台勾结的制假售假链条被彻底摧毁，多名涉案人员被依法逮捕，正义得到了伸张。

最后特别提醒，通过阅读本案例，如果在日常消费中你再遇到"名牌商品'骨折价'，正品海外直邮，支持 App 鉴定验货，假一赔十……"面对微信代购朋友圈和购物平台宣传的"诱人"广告，请保持高度警惕不要轻易冲动下单，以免个人财产遭受经济损失！

背 景 信 息

2023年4月11日，警方集约近40名警力，分组奔赴某省某市、某市某区同时开展收网行动，成功抓获涉案嫌疑人12人，捣毁生产厂房1处，仓储窝点2个，销售窝点5处，现场扣押成品4000余件，半成品和配件1万余套，涉案金额高达2000多万元。

2024年4月1日，经检察院起诉，这起涉案金额高达2000余万元的销售假冒注册商标的商品案宣判。法院以销售假冒注册商标的商品罪判处6名被告人4年6个月至10个月不等的有期徒刑。

一个QQ号侦破重大刑案

文 | 蔡文婧

方图的服务产品贯彻从调查到诉讼到执行一体化的标准流程，在方图的这1年多的时间里，除在诉讼案件的办理方面有所成长，方图律师的调查技能和对调查的执着也让我由衷敬佩。

这一次我们采访了花律师和陈律师一个假冒注册商标的刑事案件。这是一起由一个QQ号牵出一个犯罪团伙的案件，从中可以深刻感受到方图对于"极致"和"穷尽"的坚守。

缘起——1∶1的高仿

某日，某知名卫浴公司的法务找到我们，义愤填膺地描述了案件的经过：

客户的业务员在某地经销商走访时，意外地在经销商电脑未关的聊天页面发现有人向该经销商兜售客户1∶1的产品。无独有偶，接下来一段时间，侵权人广泛发送短信推销侵权产品，甚至公然将推销短信发送到了客户的高管、业务员、各地经销商和其他同行的手机上，"您好，我这边是广东卫浴厂家的小秦，提

供 ** 卫浴 1∶1 的产品，包括外包装，说明书，合格证等。价格优势非常大，非常适合像缺货，做活动，做工程等。我厂坚持三个原则。一、诚信　二、售后坚决负责到底　三、为客户资料的保密。如您有意或者有问题请联系我！最后祝您生意兴隆，打扰了。小秦。"简直是欺人太甚，公司领导勃然大怒，要求法务部一定要抓出幕后推手。

经过一番检索和探讨，我们嗅到了这个案件不寻常的味道。

1. 明目张胆，情节严重

花律师和陈律师执业多年，经验丰富，见识过许多老奸巨猾的侵权人，大多数侵权人都是在权利商标上进行细微的改变再使用，目的是让消费者不知不觉中产生混淆，像这么明目张胆地直接宣称 1∶1 的极其少见，并且还嚣张地广发宣传帖，实在是骑在老虎头上，毫无畏惧。这个案件可能不是一般的民事侵权案件，如果侵权人使用的是相同标识，很可能触及假冒注册商标罪，升级为刑事案件。

2. 推测侵权规模大

侵权人敢大范围发送推销短信，承接大单，可以初步推测他们有一定的生产能力和库存，有自己的生产车间。

3. 隐蔽性强

侵权人主要通过 QQ、短信的方式进行宣传，经过一番地毯式搜索，在网上没有找到任何的侵权线索，QQ 号和手机号成为这个案件唯一的突破口。

这起既明目张胆又隐蔽的案件，刺激着我们的神经，陈律师和花律师表示，这个侵权人太恶意太可恶了，必须把这个案件拿下，把这些嚣张的侵权人一网打尽。

端倪——如何钓出背后的老板

最初我们寄希望于调查公司，提供线索，希望他们能通过现有的蛛丝马迹，查找到背后的老板和窝点，然而最终一无所获，无功而返。一筹莫展之际，花律师辗转反侧，苦苦冥想如何拿下这些团伙，最终花律师决定亲自出马。

老将出手方知深浅。花律师从QQ号入手与对方取得联系，通过前期的沟通交流取得对方的信任，先后多次下单购买产品，打消对方的疑虑，方便后续进入工厂。如此一来二去，取得对方信任之后，花律师向对方提出想去看一下工厂，考察一下生产情况，同时谈一下后续的合作。

就这样，经过在QQ上的几番试探，花律师终于和对方达成合作共识，孙某、秦某接待花律师进入所谓的"工厂"——五金配件厂，进入工厂一番查看之后，发现里面是正规的五金生产厂，并不是我们要找的真正的工厂，然而对方越是遮遮掩掩，越证明其中有猫腻，顺着这条线索下去，一定可以找到一些蛛丝马迹。

看过工厂后，孙某、秦某在西餐厅热情招待了花律师，而此时，陈律师和另一位调查人员就等在餐厅楼下，等他们吃完饭分开之后，陈律师和小伙伴迅速开车跟上孙某、秦某二人，看看他们的落脚点在哪里，然而可能是二人警惕性太强，或是车流较多，也可能是第一次跟车小心翼翼，跟太近怕被发现，跟太远又容易丢失目标，陈律师二人跟着秦某在县城绕了三四圈之后，最终还是跟丢了。不过此行也不算毫无收获，记下了秦某所驾驶的车牌号，该车牌号在日后的调查中发挥了重要作用。

迷雾——真正的工厂在哪里

至此，调查再次陷入僵局，秦某警惕性很高，反侦查意识较强，不会轻易带我们进入工厂，且经过跟车失败之后，很难说他有没有发现我们的意图，再次接触可能会有暴露的风险；跟车失败，线索中断，这次遇到了一个很狡猾的对手，如何破解僵局找到工厂的所在，成为亟待解决的难题。

当时孙某、秦某二人与花律师交谈中，花律师询问对方仓库在哪里，对方表示仓库在月湖镇（注：月湖镇位于东市），但因为浓重的口音，花律师听成了夜湖镇，陈律师则表示当地没有夜湖，只有芷湖，应当是芷湖镇（注：芷湖镇位于西市）。月湖镇与芷湖镇在地理上相隔甚近。于是，办案团队在芷湖镇周边进行了摸排，但是没有什么新的发现。

在案件调查陷入"瓶颈"之后，办案团队重新将目光放在五金配件厂上，因该厂虽为正规配件厂，但也完全有能力生产侵权配件，且秦某等人既然会选定该地址接待看场，则该厂应与秦某等人有某种关联。办案团队以五金配件厂为中心，重新整理思路开始调查。

办案团队经过调查发现，孙某为 QQ 收款人，孙某和金某为夫妻关系，五金配件厂为金某所有，而经常停在配件厂前的车辆正是当天陈律师等人跟丢的那辆车，也是金某经常在使用，这辆车成为案件目前唯一的突破口。

坚守——找到关键证据

有时候最笨的方法可能是最有效的方法,办案团队经过一番合议,孙某和金某夫妻二人极大可能是犯罪团伙的主要控制人,跟着金某的行踪,一定会有新的发现,于是办案团队开始轮班跟紧金某的车,从他的停靠地点中寻找蛛丝马迹。

功夫不负有心人,在跟着金某几乎逛遍整个东市和西市,前往各个物流点、工厂集中地、卫浴批发城、餐厅、机场之后,一个地点"月湖镇"跳入眼帘。这个地点迅速引起了花律师的警觉,此时方恍然大悟,原来孙某、秦某交谈中提到的不是夜湖,而是月湖!两位主办律师果断拍板,调查力量立刻、马上聚焦到月湖镇。

某一天,金某驾车前往东市月湖镇一栋门窗紧闭的建筑前,并且该建筑前同时出现了孙某名下的一辆货车。办案团队发现的这栋建筑是三层的自建房,常年门窗紧闭、遮蔽严实,只有后门开放,非常可疑,且经过询问附近居民,该建筑内晚上经常传出加工声音,这极大可能就是组装加工的窝点。

自建房的调查难度很大,相关人员非常警惕,调查小组根本不可能进入建筑拍摄证据。于是调查人员兵分两路,一路继续跟着金某,看看是否有其他可疑的地点,另一路则在该建筑附近连番蹲守,24小时不间断紧盯建筑动态,跟这栋可疑建筑一起过上了日夜颠倒的生活。秦某、孙某、金某等人多次来到该建筑,终于,某一天夜里,金某转移了一批货物,货物包装上使用了客户的商标。调查人员对调查所得进行了拍照取证,并将这些可靠证据提交给警方,至此,案件取得重大进展。

收官——多方的认可

警方收到线索后非常重视，迅速响应，结合我们提供的证据，公安机关迅速定位犯罪嫌疑人及涉案场所，有力侦破此个恶性案件。金某等人认罪，以假冒注册商标罪被判处有期徒刑，追缴赃款赃物数百万元。在过程中，负责刑警向办案团队表示："从未有哪个律所哪位律师，在公安侦查前，做到如此翔实的证据，为我们快速破案提供了有力的帮助，你们做得很不错！"

一件看似平常的委托，一个不起眼的线索，办案团队不放过任何细节，也从不轻言放弃。没有线索那便找线索，一天没有进展那就守两天，最终协助警方破获了这起侵权范围极广、危害性极大的恶劣刑事案件。也正是通过这一个案件，客户看到了方图律师的专业能力和职业操守，获得了客户的高度信任与认可，为双方长期合作奠定了良好的基础。

第三章
不正当竞争案件篇

判赔 2400 万元装潢侵权案，难点究竟在哪里

文 | 何 俊

启 动 案 件

"如果因为担心败诉风险而无法作出维权决定，那么权利始终不被确定，权利的边界也更加模糊不清。"这个案件当初是否启动，其实客户存在巨大的顾虑。原因是涉嫌抄袭的企业，规模非常大，在业界也属于头部企业。客户担心发起诉讼后，被告的反制能力非常强，可能会导致案件败诉，或者出现不好的舆论导向等不利局面。

我们也充分理解客户这个顾虑，比如，在专利案件中，对方的反制能力比较强，通常会导致被反制诉讼，比如格力与美的之间的专利战。但装潢案件其实比较少出现这个局面，除非大家互相抄袭。而对方有没有足够的诉讼应对能力，其实这个也是有迹可寻的。我们查询了对手企业历年来的知识产权诉讼，发现他们曾经的诉讼质量并不高，甚至还有维权败诉的案例，聘用的律师也不是行业内公认的专业律师。那么这种情况下，他们想找到厉害的知识产权律师来应诉，难度还是比较大的。

案件是否会赢，绝大部分还是取决于案件本身，比如装潢是否构成近似？而不是取决于对方是个小企业，还是个大企业。而且这个案件有个前提是，涉嫌侵权的这家企业，不止抄袭一款产品的装潢，而是抄袭多款产品装潢，在市场所有的侵权个案中，这家无疑是最为严重的，不仅抄袭款式多，而且销量非常大。对于客户来说，如果放任这种侵权置之不理，而是选择那些容易打败的小企业起诉，那么也很容易造成一种专捏软柿子的维权导向。

尤其在装潢不正当竞争案件这个领域，权利的边界是通过诉讼来确定的。所以我们在案件探讨中问了客户一些问题：公司究竟是想毫无任何风险地拿到一个胜诉判决，还是希望通过司法判例的方式对市场上侵害公司权益的行为有较大威慑力？是针对那些特别像的个案找个软柿子捏一捏，吓唬一下其他人？还是通过对有争议的个案大胆进行尝试，勇敢开拓权利的疆土，划清权利的边界，让竞争者不要想千方设百计地靠近和模仿自己的品牌和装潢？大企业的模仿由于销量巨大，通常对公司的利益损害是最大的，公司却放任不管，去打击一些小企业，这是否是真正地保护公司合法权益？

在我们之前处理的案件中，有一些案件是存在巨大定性争议的，案件一天没有结论，权利的边界就一天是模糊的。但我们通过诉讼拿到胜诉判决后，其实是将权利的边界进一步界定了。所以有一些案件具有开疆拓土的意义，这是真正值得企业去做的好案件。

这样几番讨论下来，客户领导层终于下定了决心。好的案件一定是需要律师去推动客户来作决定的。

梳 理 案 情

"不是每一款装潢都那么像，此时主观恶意就是最大的诉讼利器，诉讼图表则是主观恶意的放大镜。"案件在最初做方案的时候，我们发现有 5 款侵权装潢的存在，但经过全方位的取证后，发现竟然远不止 5 款装潢，而是达 11 款装潢之多。但对于我们的风险则在于，不是每一款装潢抄得都那么像。其中有 3~4 款装潢相似度达到 90% 以上，但也有部分装潢的相似度大约是 70%，因为被告也很聪明，在装潢元素的替换以及装潢元素的排列上做了一些小小的改变。

那么如何降低这些装潢近似判定的风险呢？我们做了以下几件事情。

第一，将多款装潢放在一个案件中起诉，而不是单个装潢案逐个起诉。一方面是一个案件主张多款装潢权利，即使个别装潢未被支持，也不能改变案件胜诉的基调。另一方面非常重要的是，同时抄袭多款装潢对于法官来说，是被告恶意抄袭最好的主观恶意证据。而在单案中，法官很难注意这种事实的全貌，从而加大案件的风险。由于装潢近似认定是比照商标侵权的近似认定，因此主观恶意的证据特别重要。比如，在多个有巨大争议的商标近似认定案件中，就是通过主观恶意来确定侵权的。

第二，找出被告在抄袭之前的历史装潢，并且与现有装潢进行比对。我们在取证中找到多款对方以前用的装潢，发现在配色背景、构图元素以及组合方式上与该公司一款热门产品的装潢非常一致，但在近几年该公司多个产品装潢开始发生变化，变化后的多款装潢开始与我们客户的产品装潢非常相近。比较有趣的是，对方在案件中主动提交了被告各个产品的历史装潢证据，起到了帮我们补足这块证据的作用。他们主张现有装潢和历史装潢具有延续性，但我们将历史装潢和现有装潢做成与产品一比一的比对图后展示在法官面前，可以发现二者其实是完全不同的。

第三，让诉讼图表以更有利的方式呈现给法官。在庭审前的证据交换环节，对方律师带来了大量的实物产品放在法院的地面上，希望以此来证明市面上有很多相同或类似的装潢产品，进而攻击我方权利装潢的显著性。法官为此不得不蹲在地面上一瓶一瓶拿来看，这种体验实在一般。所以我当时在想，我们的诉讼图表有没有可能更加直观呢？我想到律所活动曾经做的指示牌，然后安排我们同事将装潢比对表按照产品一比一的大小打印出来，用一个架子撑起来。

第二天的庭审现场，出现了三块一人高的指示板，第一块是我方产品与主要知名品牌产品对比表，证明各大品牌产品装潢差异比较大，装潢设计空间很大，权利装潢的显著性高；第二块是权利装潢与被控侵权产品的比对表，可以看出多款产品抄袭了原告的不同权利装潢；第三块是被控侵权产品历史装潢与现有装潢的比对表，可以发现历史装潢的背景颜色、构图元素以及组合方式与现有被控侵权装潢都存在极大的不同。法官只要抬头就可以轻松看到，这种体验无疑比蹲在地上看产品要好得多。在案件的二审中，我记得审判长在看到我们的图表后，说到律师在这个案件中相当用心。并且在庭审中，不断追问被告，为什么要改变原有的历史装潢，变成与原告比较像的装潢呢？

这个案件最后认定了 11 款权利装潢属于具有一定影响力的装

潢，10款装潢构成侵权，完全超出我们最初的预期。

确 定 策 略

"分案策略至关重要，是实现2400万元高额判赔的关键。"

这个案件在2022年年初准备起诉的时候，我们按照方图的办案制度，举行了案件的立案会议。这个会议的作用在于审查起诉状的缺漏，审查起诉证据是否存在重大缺漏，审查起诉管辖的适配性。当时这个案件已经在全国各地取证完毕，发现被告的侵权规模巨大，因此起诉金额暂定为1500万元，管辖就是原告所在地，看起来各项情况都不错。

但是在开会过程中，我们就发现两个问题。第一个问题是在一个案件中起诉11款装潢，法官要审查11款的装潢的权利证据和侵权证据的事实，这个工作量实在是太大了。所以要减轻法官的工作量，那么就不能把全部的装潢放在同一法院去审理。第二个问题是，佛山法院的专业性虽然毋庸置疑，但是当时还未有过超过千万元的判决，我们也正好有个千万元诉求的案件，在证据非常全面的情况下也未被支持，想来法院要突破这个千万元判赔估计有很大的难度。

所以在立案会议上，办案组充分考虑这两个问题后，决定采取分案策略。将11款装潢分成两个案件，一个起诉5款，另一个起诉6款，每个案件的标的均为1500万元。而且我们决定将另一个案件放在素有知识产权高地之称的苏州市中级人民法院，因为这个法院从2016年开始就陆续有多个过千万元判赔的案例，对于高判赔案件有充分的经验。不仅如此，其上级法院江苏省高级人民法院的审判水平非常高，当年我们有个案件对一审 100 万元判赔不服，上诉到江苏省高级人民法院后成功改判至 370 万元。这个策略后来被证明是非常正确的。

佛山市中级人民法院的案件排期比较早，早早地在当年的 6 月就开庭了，但迟迟未能出判决。当年佛山知识产权庭法官处理知识产权案件的同时还是处理大量的房产案件，精力十分有限，而且第一次面对这么高标的的案件，心中肯定还是会有诸多疑虑。尤其在知道我们还有另外一个关联案件后希望先看看其他法院怎么判。外地法院的案件因为对方提出管辖权异议，迟迟未能开庭，直到第二年的 2 月才开庭。但案件的审限已经很紧张了，所以法官在问过几次调解情况后就开始写判决了。2 个多月后，苏州市中级人民法院的判决先出来了，判赔金额 1200 万元！我们把这个判决同步给佛山市中级人民法院法官后，很快佛山的判决也下来，同样是 1200 万元！

很多时候感觉做好一个案件，就像打仗，要排兵布阵，要用好策略。

就好像当年做的一个案件，因为产品的原因，我们把案件分成一个驰名商标跨类保护案和一个普通商标侵权案。当时的考虑是担心驰名商标案的周期太长，导致案件久拖不决。后来普通商标侵权案在 2 年的时间走完全部诉讼程序，而且判决中关于最难的个人责任主体的认定直接在驰名商标案件中被参考，果然驰名案件花了整整 4 年的时间。好的策略可以成功化解诉讼风险，并且实现超出预期的诉讼目标。

最后的彩蛋

这个案件出现了一些我们难以理解的被告应诉操作，比如对方发起了一个接近亿元的反制诉讼，以自己涉嫌侵权的装潢作为权利起诉我们在这个案件中的权利装潢，结果被一审和二审法院直接驳回起诉。这其实也印证了我们最初的一些判断，一个知识产权诉讼经验不是非常丰富的企业，在这样的高难度案件实现比较妥当的应诉，这个难度还是比较大的。所以对于大企业而言，诉讼资源的配置能力，其实也是靠实战来积累的。

泄密狙击：
佛山首例商业秘密行为保全案件办理手记

文 | 何 俊

2014年5月29日前后，《人民法院报》《南方都市报》《羊城晚报》《珠江商报》《南方日报》《新快报》《佛山日报》多份报纸公开报道"为防离职骨干泄密，海天公司申请行为保全""佛山中院作出新民事诉讼法颁发后的首份行为保全裁定"等新闻。因为每个新闻中都有出现"海天公司代理人何俊"字样，还闹出了被当事人海天公司误会我接受媒体采访的乌龙事情。这也是我们目前办理案件中获得媒体关注度最高的一个案件了，确实有着不同凡响的纪念意义。

案件的由来

2014年3月的一个晚上，我接到海天公司法务负责人的一个比较奇怪的咨询。她说有个工作10多年的老员工申请离职，因为这个人离职前种种异常表现，让他们感觉到有很大的泄密风险。这种情况下有可能起诉商业秘密侵权吗？我当时感到有些不可思议，因为在没有任何泄密行为证据的情况下，法律维权显然有些难以走通。所以当时在电话里了解具体情况后，觉得这可能只是一般的事件咨询，并没有太放在心上。

但是过了两天后，公司的一位老总直接给我打电话，约我们到公司专门洽谈此事。谈过之后我们才知道，这对公司而言是一个天大的事情。因为这位老员工是10多年的技术骨干，掌握着公司很多核心技术秘密和经营秘密，却在离职当日突然表示工作电脑丢失，结合其离职之前多天的异常表现以及配偶正在起诉海天公司侧面情况，公司领导层认为该员工存在极大的泄密风险。一旦上述商业秘密泄露给竞争对手，那么对公司而言将会造成不可挽回的经济损失。但是，法律上的维权障碍也很明显，侵权行为的成立往往是以发生了侵权行为为前提的，此时还未有证据证明员工已经泄密，当时的感觉，这种情况下若想维权成功简直就是不可能完成的事情。

当时公司副总在见面中直接指示，希望有一种诉讼措施可以达到让对方不能泄密的目标，而律师要能够帮助公司找到解决方案。于是我们带着这个任务连续做了两天的研究和梳理，终于在第三天我们就约公司副总汇报了案件方案。此时的我们可以说是胸有成竹，因为找到了上海法院审理的两起比较相似的商业秘密行为保全案例，其中一例是国内首例商业秘密行为保全案。通过研判这两个案件的具体证据和法院裁决，我们也刷新了眼界，发现当商业秘密处于被泄露的风险情况下，权利人可以通过向法院申请行为保全裁定来防范风险的发生。由于方案中清晰地介绍了上海案件的可借鉴性，也分析了受理法院佛山市中级人民法院的各项优势和可能存在的风险，海天老总在听完方案汇报后，立刻拍板决定，按照我们的诉讼方案去做，但是一定要快。

整个案件的承接过程，让我们深刻感受到，律师面对客户提出的问题，千万别轻易说不可能。我们很多律师会受限于自己的眼界和经验，经常跟客户说这个不可能，那个不可能，并且自诩为对客户负责。但客户需要的是解决方案，单纯地告知风险或者不可能，并不能解决客户的痛点问题。所以此时更需要倒逼自己，从客户角度多维度思考解决方案，研判各种方案达成目标的可能性，如此当一个又一个难度较高的案件得以解决后，我们才能成为解决难题的专家，从而最终拥有他人不可替代的从业优势。

21 天，取得行为保全裁定

4 月 8 日办理委托合同手续后，团队就立即投入紧急的起诉文件准备中。从接案到立案，整理出过千页的商业秘密案件证据，而且还单独准备了行为保全申请文书，花了整整 6 天时间，4 月 14 日就将盖章材料提交了法院立案。这种速度，完全是因为案件的紧急性所致，每多一天，海天公司商业秘密泄露的风险就大一分。

但正如我们在立案前所预料，这个过程并不是非常顺利。因为法院在新的《民事诉讼法》颁布后，还没有遇到过行为保全申请这种新型事务，于是立案庭和业务庭多次沟通。平常 15 分钟可以快速搞定的立案，这个案件硬是花了 2 天时间，写了一份立案沟通函件和一份公安处理情况的说明，解决法院对于公安前期介入的一些顾虑后，终于在 4 月 16 日确定立案，17 日办理了缴费和担保事宜。

之后这个案件被转入业务庭审理行为保全的必要性，我也因此开启了每天与主审法官电话沟通案情的办案模式。这应该是我处理案件中与法官打电话最多的一个了。确实也是没有办法，客户那边很着急，他们期待能够尽快地拿到行为保全裁定，管控泄密风险。我每天都能感受到客户方面这种急切的需求，作为接受委托的律师，我们必须把客户面对权利被侵害的恐惧和不安，合理地转达给案件法官。但是跟法官沟通是要有技巧的，不能每天重复那几句话，因为其实没有任何一个法官是愿意听你每天在那催促他办案的。说实在的，这么多年过去了，我自己已经想不起来每天绞尽脑汁说的那些话了。但办理了这个案件之后，我就给团队专门培训了一堂课叫《如何给法官打电话》，说了自己的一些心得体会。

皇天不负有心人，终于在立案后第 21 天，我们收到了法院颁发的行为保全裁定书。客户一颗悬着的心，终于因此而放下了。法律是很奇妙的，对吧！当一些案件得以公正解决的时候，真的能够带给企业很强的安全感。

法律适用与争议焦点的辩驳

新的《民事诉讼法》第 103 条第 1 款规定，人民法院对于可能因当事人一方的行为或者其他原因，使判决难以执行或者造成当事人损害的案件，根据对方当事人的申请，可以裁定对其财产进行保全、责令其作出一定行为或者禁止其作出一定行为。这是本案法院颁发行为保全裁定的重要法律依据。而对于商业秘密案件而言，为什么行为保全尤为重要呢？这是因为商业秘密一旦泄露，具有不可挽回的后果。

而本案中的被告，有一个比较重要的侵权事实在于其在职期间违反公司规定，非法获取并转存了很多公司的商业秘密文件。当然作为商业秘密案件，举证是尤为关键的，司法实践中很大一部分商业秘密案件会因为原告举证能力不足而败诉。为此我们从商业秘密点证据的归纳整理，到保密措施的举证，在立案准备期间就充分进行研讨和确定，最终确定了六大部分证据清单，过千页的证据。而海天公司前期报警，警官在被告私人电脑中发现大量公司商业秘密文件的证据，通过法院及时调取，也对案件起到非常好的铺垫作用。

在后来的案件庭审中，有两个争议焦点比较值得讨论。一个是被告代理人一直强调文件是被锁定的，于是衍生出一个问题：被锁住的商业秘密还是商业秘密吗？对方当然认为不是，而我们则一方面证明了很多文件并未被锁住，另一方面也采用了一个比喻来反驳被告这一观点。如果一个人偷了锁住钱的保险箱，即使他打不开同样也是偷窃。何况，开锁技术是因人而异的，只要找到合适的人，解锁是完全可行的。另一个争议焦点是法官当时比较疑虑的点。他认为供应商名单与一般的客户名单不一样，因为供应商处于乙方地位，是被挑选的，海天公司取得市场上的供应商名单并不需要付出很多的劳动。对此，我们提交很多供应商选择的制度和流程文件证明每一个合适供应商入库，均需要实地考察并经过试用合格才能最终成为供应商。之后再专门撰写了一份代理词，说明多个相关的案例均认为供应商名单也构成客户名单经营秘密。案件判决后，关于这两个争议焦点，我们在判词中发现法官真的采纳我们代理词中的观点，非常开心。

案 后 反 思

对于知识产权行为保全案件，即使在案件办理完后若干年后的今天，事实上这类案件还是非常少见，很多法院并不愿意轻易尝试。而我们当时之所以给客户大胆提出建议，一方面是因为我们团队一直对承办新型案件非常感兴趣，每当遇到新型案件会兴奋，会明知险阻却想要挑战。而另一方面我们对受理的法院有着相当的了解，因为他们有着精湛的专业经验，我们没有虽然直接沟通过对此类新型案件的倾向性，但我猜测某种程度上，他们和我们有着同样的专业追求。好的案件，绝对不是律师单一的功劳，而往往是法官、律师、当事人三者共同努力才能有的结果。

聊天记录如何成为索赔利器

文｜陈建南

黄豆酱引起的风波

海天公司是国内调味品行业的龙头企业，旗下有一款很受消费者欢迎的产品"黄豆酱"。海天公司持续投入大量广告对其黄豆酱产品在全国范围内进行较大规模的宣传，海天黄豆酱产品 2015～2017 年的销售额已达 36 亿余元，相关行业协会出具的证明亦显示海天酱类产品 2015～2017 年的市场占有率居全国首位。从以上数据可以看出，海天黄豆酱产品在中国境内已具有一定的市场知名度，并为相关公众所知悉，属于《反不正当竞争法》上的知名商品。

2017 年上半年，海天公司陆续接到经销商反馈，市场上有一款装潢非常近似的黄豆酱产品，生产厂家是浙江中某公司，媒体也报道有消费者产生了误购。

浙江省德清新闻网于 2015 年 6 月 30 日刊登了一篇名为"黄豆酱似'孪生兄弟'"的报道。该报道称，一位武康市民郭女士向记者反映，其在超市购买黄豆酱时，因包装极为相似，她本想买"海天"牌的，结果错买成了"中某"牌。

经记者核实,郭女士买的这瓶"中某"牌黄豆酱的外包装与"海天"牌极为相似,包装上的颜色、字体和图案几乎一样,细看才有所区别。而且超市将这两种品牌的黄豆酱放在同一货架上,顾客不仔细看根本无法分辨。

郭女士表示,先不说这两种黄豆酱的质量是否有区别,如此相近的包装,难免误导消费者将它看成是同一种产品。总不会是这两家厂的外包装设计碰巧相似了。商品经济需要竞争,但竞争应在提高产品质量和服务方面下功夫,不能在包装上打得火热。同时她提醒大家,购物时务必仔细分辨,以免买到不是自己想要的产品。

面对市场上出现的装潢混淆情形,客户委托我们向法院提起不正当竞争诉讼。

调 查 取 证

接受委托后,我们立即展开紧锣密鼓的取证工作,分别到江苏、浙江等地进行调查,购买到了多款被控侵权产品。产品的标贴标注浙江公司名称,同时被告销售人员告诉调查员,被告在重庆还有一家工厂,于是调查员立即赶往重庆公司购买取证。

调查员到了现场,接待人员告知现货不多,但是现场对方很热情地赠送了几瓶被控侵权产品以及产品目录等。调查员在与对方销售经理聊天的过程中,对方透露其具体销量,"我们每年黄豆酱的产量 3000 吨左右,总公司每年的产量大概 8000 吨"。我们以此作为计算依据,请求法院判决被告我方经济损失 370 万元。

一审判决没有采信销量数据进行精确计算，而是适用法定赔偿

将两者的装潢进行比对，两者标贴正面的图案、颜色及其文字的排列组合方式十分相似，足以使相关公众对商品的来源产生误认，法院认定两者属于相近似的包装装潢。

本案中，我方主张应将被告重庆公司的销售经理薛某陈述的侵权商品的销量作为确定赔偿数额的主要依据。但是一审法院认为，该销售人员并非浙江公司的工作人员，其陈述的销量并无其他证据加以佐证，故一审法院没有支持我方的赔偿计算方式。

据此，一审判决浙江公司赔偿 100 万元。如果单纯从金额来看还是不错的。但是本案的另一个被告重庆公司没有被判决承担责任，且法院没有采纳我方提出的赔偿计算方法，判赔金额与我们起诉的标的 370 万元还存在较大的差距。本案是可以尝试进行精确计算赔偿金额的案件，于是和客户商量后，我方提起了上诉。

二审判决改判

二审面临两个突破，一个是如何追究重庆公司的侵权责任？另一个则是判决金额如何才有可能改判？

突破一：通过完整的证据链认定被告重庆公司实施侵权行为。（1）重庆公司在其网站首页、《产品目录》以及公司展厅所陈列的广告牌上，均对被控侵权产品进行了展示。（2）"火爆食材招商网"上有重庆公司及被控侵权产品的招商宣传广告。（3）当地政府网站 2017 年 7 月 17 日刊登的《某某日报》报道称"重庆公司在去年又

新增黄豆酱生产线";记者在报道中还写道:"走进重庆公司的厂区,一阵阵浓厚醇香的豆酱味迎面扑来。"(4)在工厂现场确实也发现有"酱园",主要用于晒酱,也进一步佐证了重庆公司实际生产了黄豆酱产品,否则根本不会在工厂中设立专门的酱园。(5)调查员至重庆公司要求购买黄豆酱产品时,该公司接待人员称"现货不多",且重庆公司销售总监薛光兵在微信聊天中称"我们每年黄豆酱的产量大概3000吨"。

最终,二审法院认定重庆公司不仅拥有黄豆酱产品的生产设备,而且实际生产被控侵权产品并对外宣传销售,使用了标注生产商同为浙江公司的涉案包装、装潢。

突破二:被告销售经理在微信自认的被控侵权产品的数量,应予采信。

根据被告重庆公司销售总监薛某的陈述,重庆公司的黄豆酱产品属于晒酱,周期长、供不应求,产量高达上千吨。作为销售总监,薛某属于企业高管,必然对公司黄豆酱的生产、产量等各方面均非常熟悉,其陈述被告黄豆酱的产量是合理的,具有可信性。

最终,二审法院支持我方的上诉理由,认定薛某作为重庆公司的销售总监,其对本公司产品的种类及产量均应知悉,故其有关重庆公司黄豆酱年产量的陈述内容,应当采纳。其为顺应客户而随意虚报的说法,不能支持。退一步讲,即便有夸大成分,也应对自身的不诚信行为承担责任。

二审法院在此基础上,认定重庆公司黄豆酱产品年产量为3000吨。以该3000吨及被控侵权产品在飞牛网的销售价格7元/瓶为依据,即便假设每吨产品因装瓶及破损等造成的合理损耗为2000元,则

3000 吨中某黄豆酱产品的销售总额为 5100 万元〔(1,000,000 克÷365 克×7 元－2000 元)×3000 吨〕。黄豆酱产品的利润率酌定为 10%，则 3000 吨中某黄豆酱产品的年获利总额已达 510 万元。二审法院全额支持了海天公司主张的 370 万元赔偿金额。

若 干 思 考

本案最值得关注的问题是对于被告销售经理的陈述的销售数据，一审法院以该陈述的销量并无其他证据加以佐证而没有采信。二审法院则认为该陈述应当采纳，其为顺应客户而随意虚报的说法，不能支持。退一步讲，即便有夸大成分，也应对自身的不诚信行为承担责任。

因此在调查取证需要注意获取被告侵权规模的相关数据，包括销售数量、销售金额、销售区域、加盟费用等信息，作为赔偿损失时精确计算的依据。本案就是通过被告销售经理的微信聊天获取到被告被控侵权产品的年销量，为法院精确计算打下了基础。

在诉讼过程中，由于这些数据由被告单方面掌握，在我方已经尽力举证的情况下，可以向法院申请责令被告提交财务账册。在被告拒不提交账册的情况下，法院可以依据侵权规模的有关数据作为损害赔偿计算依据。

在最高人民法院颁布的相关司法文件、裁判要旨以及相关参考案例中，对于被告侵权规模的相关数据，法院可以作为侵权赔偿的考虑因素。

一、最高人民法院司法解释及司法政策

2020年11月16日，最高人民法院公布《关于知识产权民事诉讼证据的若干规定》，该规定第31条规定，当事人提供的财务账簿、会计凭证、销售合同、进出货单据、上市公司年报、招股说明书、网站或者宣传册等有关记载……可以作为证据，用以证明当事人主张的侵害知识产权赔偿数额。

2020年9月14日，最高人民法院公布《关于依法加大知识产权侵权行为惩治力度的意见》，该意见第8条规定，人民法院应当积极运用当事人提供的来源于工商税务部门、第三方商业平台、侵权人网站、宣传资料或者依法披露文件的相关数据以及行业平均利润率等，依法确定侵权获利情况。

最高人民法院知识产权法庭裁判要旨摘要（2022）之29，侵权人对外宣称的经营业绩可以作为计算损害赔偿的依据。专利权利人主张以侵权人对外宣传的经营规模作为损害赔偿计算依据，侵权人抗辩该经营规模属于夸大宣传、并非经营实绩，但未提交证据证明其实际侵权经营规模的，人民法院可以依据该对外宣传的经营规模作为损害赔偿计算依据。

最高人民法院在"西门子案"[（2022）最高法民终312号]，被告宣传的获利情况包括：（1）被告生产、销售规模巨大，多篇新闻报道显示被告每年的销售额为15亿元。其中，2015～2017年营销峰会均在几个小时内达到三四亿元的签约额。（2）通过各地市场监督管理部门的查处情况可知，被告生产的标注"上海西门子电器有限公司"的洗衣机产品销售范围非常广，涉及四川、江苏、陕西、湖南、云南、河南、贵州、广西、重庆等全国大部分省、直辖市。同时,被告宣称其全国经销商有 1500 多家,终端经销网点达 58,000 家,进一步证明其产品销售范围广。(3) 从被告申请的 3C 认证证书涉及的产品型号数量可知,其生产的被诉侵权产品型号众多,数量较大。

被告虽然主张上述数据并不真实,但是被告并未对上述报道提出过异议、进行过澄清或诉诸法律途径解决该不实报道。在被告拒不提交相关财务证据的情况下,法院将在案的媒体报道内容作为销售总额的计算依据,并按照 1/15 计算被诉侵权产品的销售额占比,在综合相关案件因素的基础上,全额支持西门子公司提出的 1 亿元赔偿金额。

二、江苏省高级人民法院的《关于实行最严格知识产权司法保护为高质量发展提供司法保障的指导意见》以及典型案例

2019 年 8 月 22 日,江苏省高级人民法院公布《关于实行最严格知识产权司法保护为高质量发展提供司法保障的指导意见》,该意见第 24 条规定,侵权人公开的经营信息可以作为确定赔偿数额的依据。侵权人已经公开的商品销售或服务经营状况、纳税记录、营业收入或获利状况,以及其他经营业绩的信息,除该信息明显不符合常理或者侵权人提供证据推翻外,可以作为证明其侵权规模、经营业绩或获利状况等确定赔偿数额的相关依据。

2019 年江苏法院知识产权司法保护十大典型案例之四,"普利司通案"[(2019)苏民终 1402 号],该案裁判要旨:在确定侵权赔偿数额时,侵权行为人对外宣传表明其经营规模大,且有一定基础事实予以印证的,应当责令其提供实际生产、销售侵权产品数量的相关证据,如其举证不能,可作出对权利人有利的推定。

被告在官方网站中宣传其具有年生产 30 万套两大类别、三大系

列近百个规格型号的农用轮胎和 100 万套摩托车轮胎的生产能力。被告在庭审中辩称上述宣传具有夸大成分,但未提供其实际生产、销售数量或经营规模的任何证据。

同时,被告在商标异议行政诉讼案件中提交的经销合同表明其产品仅 3 年间的经销总额就达到 6570 万元,足以印证其生产、销售规模。

从以上规定及案例可以看出,原告要取得较高的赔偿金额,应当积极举证。确因客观原因不能自行收集的证据,及时依申请出具调查令,必要时可以依申请调查收集。

法院对于精确赔偿也是持积极的态度。江苏省高级人民法院的《关于实行最严格知识产权司法保护为高质量发展提供司法保障的指导意见》第 22 条规定,能够通过当事人提供的证据具体计算损害赔偿数额的,一般不适用法定赔偿方式。引导当事人及其诉讼代理人尽职调查收集证据,积极提供因侵权行为而产生的损失额、获利额,或者许可费标准等相关证据,避免过度依赖和采用法定赔偿方式。

薄板双雄？不正当竞争终食苦果

文 | 蔡文婧

开 篇

某天，客户在视频网站上发现一则熟悉的视频，视频内容是客户的陶瓷薄板生产线、生产设备、工艺流程的镜头，以及客户的生产技术副总裁、总工程师、研发中心总经理等的工作实验、员工工作的镜头，定睛一看，这个视频打着"BB薄板"的名义，内容却是完全照搬客户的宣传视频，连员工都不放过。

无独有偶，客户又在行业知名报纸《陶城报》上看见一篇报道，标题赫然写着《雾里看花，陶瓷薄板双雄记》，作为薄板产品的研发者，客户竟不知何时行业内多了一家做薄板知名企业，还能够与之并称"双雄"？该篇报道着实过分，自称是BB大中华区销售总经理的何某某在接受记者采访时，通篇发言如下：

"**** 一天产量四五千方，我们一天产量7.2千方"

"**** 薄板厚度是5.5毫米，我们薄板厚度是4.8毫米"

"**** 经销店就是放几块样板，除了薄板还卖其他东西，我们专业做薄板，店面装修都是专业的"

"****推出了 900 毫米×1.2 米的薄板后，到现在全国各地只有一个经销商在做，我们在去年 10 月开始推出做，只用了 3 个月的时间就有 20 多家经销商"

"****是以大规格尺寸和传统陶瓷的表面效果通过一些公共关系从工程渠道切入，我们是从家装切入，以工程突破"

……

看到这种盗用视频、在报道中通过拉踩竞争对手抬高自己的行为，客户怒不可遏，找到我们，希望能够找出这个"BB 薄板"的幕后黑手，维护自己的权益。

"BB 薄板"究竟是何方神圣

接到案件后，最重要的一件事情是找到"BB 薄板"背后的侵权者，根据已有的线索，我们向视频网站发了律师函要求删除，视频网站下架了侵权视频，但是找不到侵权视频的发布者。

紧接着我们在网上开展了第二轮检索，发现在 BB 薄板的网站上有多篇文章将 BB 薄板与客户的产品进行对比，并对客户的产品进行贬低，网站中还直接将客户的宣传文章中的主体变成 BB 薄板公司，文章内容一模一样，抄袭手段与盗用视频如出一辙。经过检索发现，该网站的注册人是深圳公司，网站上自称 BB 薄板品牌运营商的"意大利皇家国际建材有限公司"的联系方式和联系地址则位于佛山。我们向深圳公司和意大利皇家国际建材有限公司分别寄送了一份要求停止侵权的律师函，意大利皇家建材公司以"BB 薄板品牌运营商"的名义向我方出具《道歉承诺函》，承诺删除相关视频，BB 薄板的网站也已经停止运营，除深圳公司浮出水面外，其他侵权人仍然隐匿在背后。

随后，我们又发现了 BB 薄板另一官方网站，网站上面有 BB 薄板产品的送检报告，报告上赫然写着送检人是佛山某陶瓷薄板公司，我们在网站上对该公司进行了搜索，发现该公司曾参加行业会议，并被多家媒体报道其 "BB 薄板陶瓷薄板" 获得 "生态创新产品奖"。无独有偶，最初该网站并未备案，一段时间之后我们发现 BB 薄板的网站由佛山某陶瓷薄板公司登记备案，网站负责人为何某某，因此，佛山某陶瓷薄板公司被我们锁定。

为了进一步查清及锁定侵权人，我们向当时的禅城区工商局针对意大利皇家国际建材有限公司在佛山的地址提起工商投诉，因为该地址是无证经营，在工商局的要求下，意大利皇家国际建材有限公司向工商局提交了佛山某贸易公司的营业执照以及 "义大利皇家国际建材有限公司" 的香港注册证书，据查，佛山某贸易公司与佛山某陶瓷薄板公司的股东重合、注册地址非常近似，仅门牌号不同，实际上是 "一套人马，两块牌子"。

至此，BB 薄板背后所有的主体终于浮出水面：佛山某贸易公司是最早成立的公司，后来为了经营 BB 薄板，专门成立了佛山某陶瓷薄板公司，以陶瓷薄板公司的名义进行对外的经营、宣传，佛山某陶瓷薄板公司、佛山某贸易公司、深圳公司均是义大利皇家国际建材有限公司 "BB 薄板" 的销售代理商，义大利皇家国际建材有限公司指认称侵权视频均是由深圳公司所发布。

"义"与"意"之争

该案法院在判决中认定 BB 薄板在宣传中直接使用原告的宣传视频及文章内容,在采访中对双方产品进行不当的对比,构成虚假宣传、损害商誉的不正当竞争。

除此之外,本案中一个有趣的争议焦点:实际在我国香港注册的主体名称为"义大利皇家国际建材有限公司",而各被告无论在网站、报纸等各种场合,均对外宣传为"意大利皇家国际建材有限公司",被告辩称这是对企业名称的合理使用,这种行为并没有明确指向性,没有针对原告,也没有对原告造成损害,那么这种行为是否构成不正当竞争呢?

二审法院的判决对该问题进行了详细的论证。
(1)我国香港企业在内地从事生产经营活动,需要进行核准登记,领取营业执照,而无论是"义大利皇家国际建材有限公司"还是"意大利皇家国际建材有限公司",均是没有获得批准在内地从事生产经营活动的合法主体。(2)在内地,意大利国名有唯一的称谓"意大利",相关公众不具备将"义大利"等同于"意大利"的认知基础。(3)根据有关规定,即使是经过核准登记领取营业执照的我国香港企业,经营活动中也应该按照其在香港合法开业证明载明的名称"义大利皇家国际建材有限公司"使用。(4)意大利是世界陶瓷强国,将"义大利皇家国际建材有限公司"使用为"意大利皇家国际建材有限公司",容易引人误解,不正当地获取市场竞争优势,直接损害了原告的利益。

庭审图表的迭代

本案中,因为涉及三个主体,不同主体涉及不同的行为,如何向法官清晰地阐述各被告之间的关系及对应的侵权行为,是对代理律师庭审技巧的一大考验。

作为一个 12 年前的案件,在这个案件中,我所代理人第一次尝试使用庭审图表来辅助陈述事实,针对这个案件的特殊性,代理人制作了主体关系图。回过头来看,当时的图表比较简单,只有简易的框线和箭头。

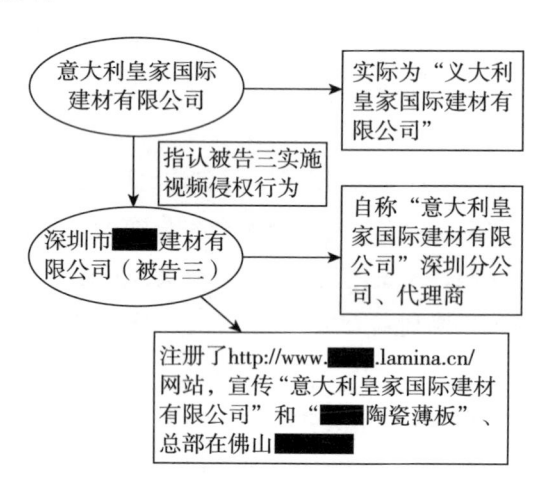

```
意大利皇家国际建材有限公司 ──→ 实际为"义大利皇家国际建材有限公司"
         │
         │ 指认被告三实施视频侵权行为
         ↓
深圳市■■建材有限公司(被告三) ──→ 自称"意大利皇家国际建材有限公司"深圳分公司、代理商
         │
         ↓
注册了http://www.■■.lamina.cn/网站,宣传"意大利皇家国际建材有限公司"和"■■陶瓷薄板"、总部在佛山■■
```

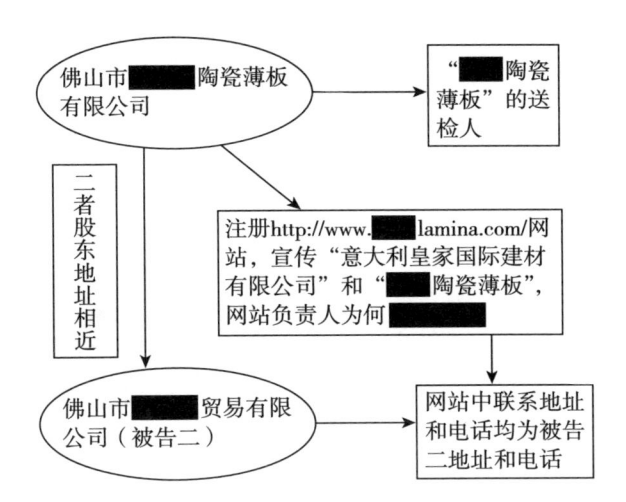

```
┌─────────────────┐         ┌─────────────┐
│ 佛山市███陶瓷薄板 │────────▶│ "███陶瓷    │
│ 有限公司         │         │ 薄板"的送   │
└─────────────────┘         │ 检人        │
        │                    └─────────────┘
    ┌───┴───┐
    │二者股 │    ┌──────────────────────────┐
    │东地址 │    │注册http://www.███lamina. │
    │相近   │───▶│com/网站,宣传"意大利皇家   │
    │       │    │国际建材有限公司"和"███陶 │
    └───┬───┘    │瓷薄板",网站负责人为何███ │
        │        └──────────────────────────┘
        ▼                    
┌─────────────────┐         ┌─────────────┐
│ 佛山市███贸易有限│────────▶│ 网站中联系地│
│ 公司(被告二)    │         │ 址和电话均为│
└─────────────────┘         │ 被告二地址和│
                            │ 电话        │
                            └─────────────┘
```

经过这么多年经验的积累,我们的庭审图表不断地迭代升级,慢慢地用不同的颜色、不同形状的文本框来指代不同的主体或行为,使读者能够一眼进行区分。从功能出发,庭审图表追求的不是花里胡哨,而是一目了然,能够清晰、简洁明了地将复杂的事实阐述清楚,就完成了庭审图表的使命。

三被告共同侵权关系

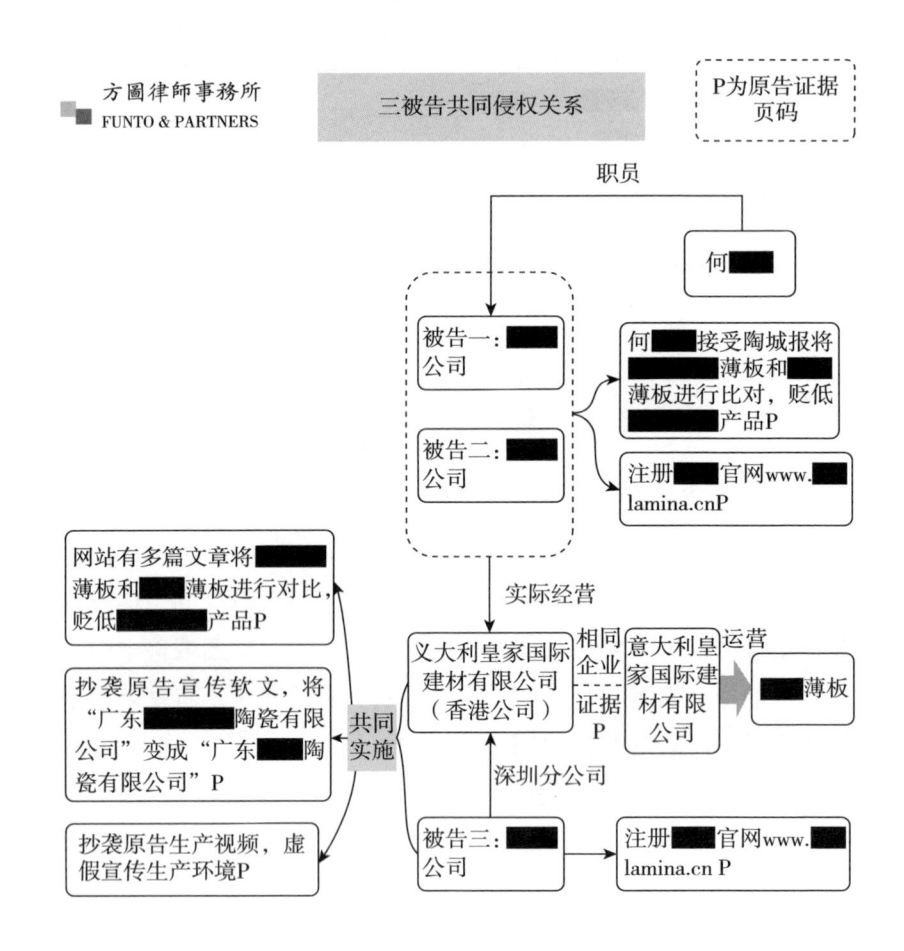

方圆律师事务所 FUNTO & PARTNERS

P为原告证据页码

- 被告一：■公司
- 被告二：■公司

职员 → 何■

何■接受陶城报将■薄板和■薄板进行比对，贬低■产品P

注册■官网www.■lamina.cnP

实际经营 → 义大利皇家国际建材有限公司（香港公司）

相同企业证据P → 意大利皇家国际建材有限公司 —运营→ ■薄板

深圳分公司 → 被告三：■公司

注册■官网www.■lamina.cn P

共同实施：
- 网站有多篇文章将■薄板和■薄板进行对比，贬低■产品P
- 抄袭原告宣传软文，将"广东■陶瓷有限公司"变成"广东■陶瓷有限公司"P
- 抄袭原告生产视频，虚假宣传生产环境P

第三章 不正当竞争案件篇

```
方圆律师事务所              被告一、二互为关联公司同为          P为原告证据
FUNTO & PARTNERS              ▆▆薄板实际运营者                页码
```

- www.▆amina.com网站注册人P
- 何▆▆为上述网站负责人，并对外推销▆▆薄板（被告一职员）P
- 官网上检测报告显示：▆薄板产品送检人P
- 以"▆▆陶瓷薄板"获得行业奖项被报道P

被告一：▆▆公司 ⟷ 被告二：▆▆公司 → 对▆▆薄板实际经营地工商投诉，经营人提供了被告二营业执照P

1. 经营地址相同，只是门牌号相差一个门牌号P
2. 股东相同P
3. 被告一注册网站中联系地址和电话指向被告二P

↓

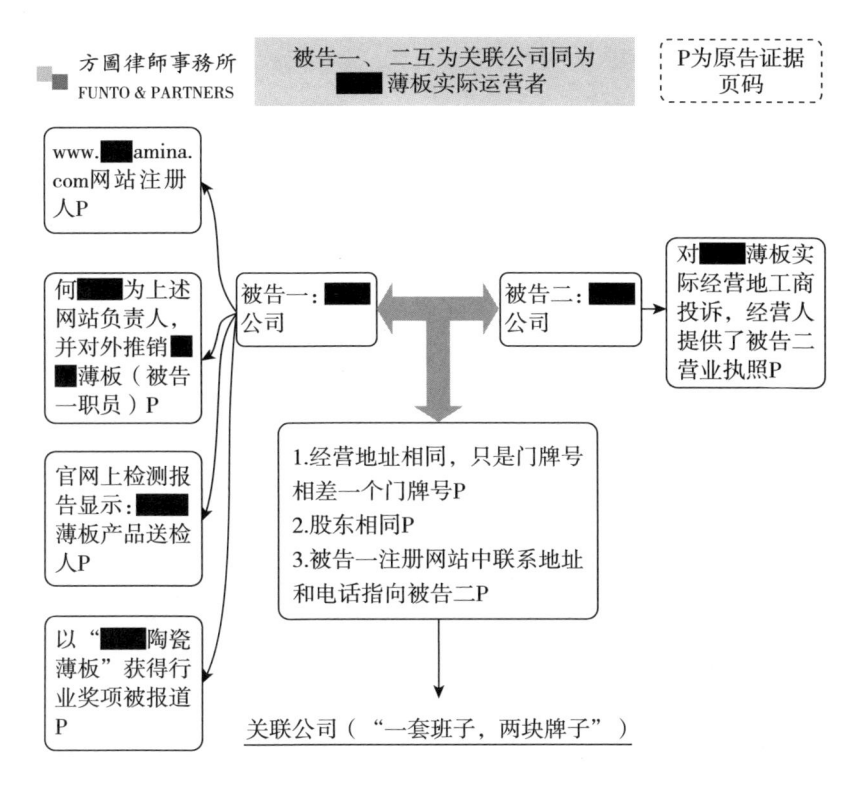

关联公司（"一套班子，两块牌子"）

　　这个案件发生时，对于"意大利……公司"这种没有明确指向性、受损害主体不特定的虚假宣传行为是否构成不正当竞争的问题，没有明确的法律规定，全国法院也没有太多支持的案例，办案团队敏锐地发现了其中潜在的法律问题，并且在案件中大胆主张，在庭审结束后也通过多份代理词对这个问题进行了详细、深入论述，最终获得了胜诉的结果。

　　在办理有争议案件时，我们要大胆假设、小心求证，每一份文书都是不断说服自己、加强自己内心确信的过程，先说服自己，才能坚定地、有理有据地说服法官，取得想要的结果。

门店整体营业形象被模仿的法律保护

文 | 吕晓彤

有一天,客户咨询我们一个奇特的案件。被告一没有使用原告商标,二没有使用原告企业名称,三没有进行虚假宣传。但是被告非常巧妙地在展厅门头、名片、产品系列名称及型号、图册等处处模仿原告,向原告致敬。

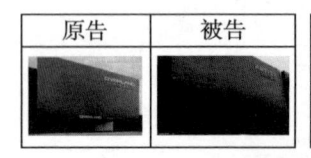

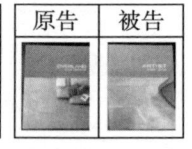

原告	被告	原告	被告	原告	被告

不得不说,被告真的非常聪明,仿冒的手段别出心裁。是否侵权,如何维权,这是一个难题!

策略的选择——大胆假设,小心求证

诉讼路径的选择是重中之重,它是破解问题的关键。

门店装潢、产品包装、产品名称、宣传手册……这些看似很分散细小的部分,结合起来就是一个主体对外的营业形象,于是我们将各个抄袭的行为结合起来,作为一个整体的仿冒性行为。

有趣的是，当时在讨论案件时，律所对于这一侵权行为性质的认定出现了两派意见。一派认为，这一行为比商标侵权更为恶劣，因为其抄袭的元素更多，从而形成整个大的营业风格难以区分的后果，应该予以更加严厉的法律惩治。另一派认为，多元素仿冒的行为在法律认定上尚具有争议，可能相对于商标侵权而言风险点更大，未必能得到高判赔结果，甚至是胜诉判决。

主办律师何俊律师显然属于第一种观点，敏锐地发现案件的可诉空间，认为案件具有超强典型性，不但有得打，而且对于其他企业尤其是陶瓷行业具有很好的示范作用。

大胆假设、小心求证，确定了诉讼方向，下一步就着手大量的检索工作，来印证道路的可行性。由于案件的新颖性，何俊律师本人在案件启动前就已开展了大量检索工作，并且在庭审准备中将检索报告进行梳理，制作法律依据表，法官适用法律提供充分路径。

一、查找法律依据

原告的整体营业形象，经过长时间、大规模的宣传，以及业内的认可和良好的销售业绩，具备《反不正当竞争法》意义上的"一定影响力"。因此被告从多个方面抄袭原告的整体经营形象的行为，最直接的对应的条款为《反不正当竞争法》第7条第1项，"擅自使用与他人有一定影响的商品名称、包装、装潢等相同或者近似的标识"。同时根据当时有效的《最高人民法院关于审理不正当竞争民事案件应用法律若干问题的解释》第3条规定，由经营者营业场所的装饰、营业用具的式样、营业人员的服饰等构成的具有独特风格的整体营业形象，可以认定为《反不正当竞争法》第5条第2项规定的"装潢"。

其次，即使被告抄袭的某些标识不能纳入原告经营整体形象，那么由于《反不正当竞争法》第 7 条还设有兜底条款即第 4 项："其他足以引人误认为是他人商品或者与他人存在特定联系的混淆行为"，孔祥俊在《反不正当竞争法新原理分论》第一章仿冒混淆行为第五节"仿冒混淆行为的兜底条款"提到可以纳入兜底条款的三种情形，其中包括整体行为性的仿冒混淆行为，即有些仿冒混淆行为不是擅自使用被仿冒对象的特定标识，而是通过使用多个相关性识别元素构成一种系统性和整体性的混淆。本案中被告对于原告的抄袭仿冒，正是通过使用多个相关识别性元素的方式，从而达到一种系统性和整体性的混淆。因此本案被告的行为是一种整体行为性仿冒混淆行为，应当纳入《反不正当竞争法》第 7 条第 4 项的适用范围。

二、检索案例

对于整体营业形象被认定为《反不正当竞争法》保护的"装潢"的在先案例，在餐饮、服装行业皆有涉及。如在广东省高级人民法院 (2017) 粤民终 1700 号判决书：法院认为上述深圳博柏利公司、莱尔利奥公司在店面外部、店面内部的墙面装潢及展会展位装潢采用了与博柏利公司、博柏利上海公司装潢高度相似的格子图案的装潢，其外部装潢和店面内部装潢使用的格子图案与博柏利公司具有极高知名度的经典格子图形的装潢在整体构图上高度近似，视觉上基本没有差异，容易造成消费者混淆，误导消费者，应当视为足以造成和他人知名商品相混淆。

同理，我们认为，对于陶瓷行业经营者来说，其门面装潢、产品包装、宣传册、产品名称、名片、价格牌等形成的独特风格对消费者来说具有辨别不同品牌或经营主体的作用，应被认定为整体营业形象。

证据的制作——夯实证据基础，可视化呈现

对于新类型案件，在法官都没有十足把握的情况下，就要提供充足的素材来支撑我方的观点，以辅助法官更好地认定事实作出判定。前期证据材料的制作，十分笼统，无法鲜明地突出侵权事实和争议焦点。公证书厚厚一沓，不利于侵权事实的呈现，也会模糊法官的视线。更重要的是，整体营业形象涉及多个元素，这些都应当具有在先使用证据，以及尽可能收集在先知名证据，加大胜诉空间。由于案件新颖，收集证据较以往案件截然不同。制作证据的小伙伴表示焦头烂额，因此，后期介入案件中的何华玲律师，一翻阅材料很不满意，于是撸起袖子，开始了周末加班梳理证据的漫漫长路。

首先，我们将每个元素的证据分门别类，在更清晰地呈现的同时，也防止万一法官并不认定各元素形成整体的营业形象，也能对单个元素进行保护。若想要证明被告的侵权行为成立，则要先证明我方各元素的在先使用且具有知名度。以产品名称来说，原告所选用的产品名称及型号均具有特殊的含义，但被告在8款产品上均采用与原告一致的名称及数字编号。于是对于每一款产品，我们均向法院提供了详细的在先使用及媒体报道证据。此外，为了我方的诉讼标的能得到法院的支持，我们还提交了大量的经销商证据以证明被告的侵权规模巨大。而由于当时很多的证据原告当事人并未向我方提供，所以我们在网上进行了地毯式地检索、收集和整理。另外，为了让侵权事实更加直观明晰，我们制作了侵权比对图表，将原告和被告的各个营业元素制作成可视化的表格进行对比，两种极

为相似的装潢放在一起，视觉效果更为明显，从而使被告的抄袭事实一目了然。

我查看了该案的计时情况，何华玲律师在某日放假时有长达8小时的证据制作计时，即使当时的她已怀有身孕，仍然加班伏案进行证据制作，无论是原告品牌知名度证据、原告每个元素的在先使用证据，还是被告的侵权证据、被告的营业规模证据等，都细致梳理，无一放过。这一份忘我的专注和用心，是助力案件胜诉的一大催化剂。

庭审的表现——复杂简单化，见招拆招

如果说前期准备都在奋力"磨刀"，庭审则是关键的"亮剑"环节。好的庭审效果能直中对方要害，达到事半功倍的效果。

作为在庭审中身经百战的资深律师，大、小何律师在传授其"武功秘籍"时提到，前期办理案件是"简单复杂化"的过程，但庭审时务必"复杂简单化"，即将复杂的案件事实简洁明了地呈现给法官，如此才能"先声夺人"，定下整个庭审的基调。由于这个案件涉及的侵权元素众多，容易造成混乱，为了明确诉请保护的范围，当时开庭我们就向法院提交了一份侵权行为比对意见表，同时也向被告提交了一份，上面清晰地列举了被告的每个侵权行为。哪些元素近似，如何近似，各个部分具体有序，一清二楚。一开庭，我们就拿着比对表向法庭展示各个侵权的元素，列明诉请内容。通过这份表，帮助法官认定复杂的案件事实，也为后续的庭审厘清方向。

同时，应对被告出其不意的各个"招数"也需要保持沉着冷静，处变不惊，逐一击破。庭前被告提交了一份厚厚的证据，着重强调我方主张的产品名称为"通用名称"。我方一看，里面全是模糊的百度检索照片，而且毫无重点，凌乱无比。而且对于庭前已经花了大量精力在全网进行360度检索的我方律师来说，一眼就看出这些在先使用的证据反而指向于原告出处，恰恰证明了这些产品名称是由我方最先开始使用。于是被告的证据恰好给我们提供了一个契机，让我们抓住其中的漏洞，将该证据朝着有利于我们的方向进行梳理。在庭审上，面对对方的慷慨陈词，我方律师淡定地进行质证，一一反驳，让面红耳赤、激动不已的对方瞬间哑口无言。

最终，本案经过一审、二审，佛山市中级人民法院认定，原告主张权利的门店外立面、商品装潢、产品宣传册、名片等共同构成的整体形象具有显著的区别性特征，属于有独特风格的整体品牌形象，被告对各要素的模仿、抄袭行为既欺骗了消费者，又损害了原告的利益，构成不正当竞争，并判令被告赔偿原告经济损失50万元。

可以说，这是我们在新类型侵权案件中的一次大胆且成功的尝试。应对复杂的新侵权模式，一方面需要基于法律和事实积极开拓创新维权路径，另一方面也要依赖于尽善尽美的庭审准备及扎实的庭审功力，只有两者结合，方能在每次探索中节节突破！

如何保住使用了十几年的企业字号

文 | 陈洁雅

一个企业，从酝酿到真正立足于世，就像孩子在妈妈肚子里从孕育到呱呱坠地的过程，充满期待又战战兢兢生怕出错。到企业真正准备持证上岗时，创始人妈妈都会想为其取一个闪亮、独特的字号，让众人过目难忘的字号，所以字号里当然蕴含着创始人妈妈们对其的期许和满满的爱。

有一天，你兢兢业业经营了十几年，投入了不可丈量的心血和精力的企业，好不容易一步一个脚印走上康庄大道，却遇到司法诉讼，要求你变更企业字号，不准你继续使用。你将如何保住该企业字号？

我们办过这样一起字号侵权案

那一天，我们接到当事人的咨询：我当初创立企业，起早贪黑、亦步亦趋走到今天，曾遇到多少艰难险阻、过关斩将，企业也曾多次获奖，产品深受众多客户的欢迎和喜爱，我从未想过通过攀附别人从而助力自家企业上升，怎么就成为被告，一审判决怎么就要求我变更企业的字号呢？

听了当事人的介绍，抱着为当事人排忧解难的信念，我们调阅了一审的案卷，仔细研究了一审时的原告证据材料，与当事人详谈了案件的来龙去脉，发现了极有可能逆转整个案件的重要材料和线索。

该案中，原告、被告的企业字号是完全相同的，而原告成立于 1995 年，我方当事人即被告公司成立于 2003 年。在 6 年后的 2009 年，HX 公司曾委托被告公司加工、生产被诉侵权产品，而这个 HX 公司与原告公司的股东高度重合，是原告的关联公司，也就是说，原告应当至少在 2009 年就知悉并认可被告使用该企业字号，且与被告有间接的业务往来，即加工、生产被诉侵权产品。然后原告在事隔 8 年后的 2017 年，向法院起诉被告字号侵权。

经过多方调查和慎重考虑，我所承办了该案的二审。作为被告，我们的诉讼方案：对双方企业知名度的变化进行动态对比、同时强调对我方有利的时效观点。我所主办律师在二审庭审中，突出强调原告从 2009 年以来的近 10 年，从未对被告使用该企业字号提出异议这一关键事实，被告甚至还一度与原告关联公司产生业务往来。

办案团队在组织证据时，特别补充了我方从 2010 年以来的知名度证据，为被告企业成立后所取得的知名度呈现逐年上升的趋势打下扎实的证据基础，还针对原告企业 2009 年以后其知名度随着经营主体变更、相关主体的经营不善、宣传投入不足而导致的知名度下降或者弱化等进行着重强调和质证。

从而希望对法官的心证形成这样的影响：被告方在字号上并无

侵权故意、无"傍名牌"的主观意图，也不是以侵权为业的职业侵权人。在原告方字号知名度随时间变化而逐渐下降或者弱化的情况下，被告凭借自己的诚信经营、努力进取、持续投入，而取得自己的字号和商誉的发展壮大，从创业至今实属不易。对于被告因辛勤经营而取得知名度应当给予合理的保护。

特别是原告方早已知悉其字号与被告相同，仍任由其关联公司HX公司与被告公司合作往来，近10年来从未提出异议，这种怠于行使其权利的行为，其本身也具有一定过错。最终二审法院改判我方不构成不正当竞争，我方的企业字号得以继续使用。

这起字号侵权案引发的思考

二审判决成功帮助客户留下了使用十几年的字号和商誉，有助于企业的正常生产和经营。试想一下，如果企业字号被禁止使用，将会对企业造成极大的影响，甚至会影响到企业的生存。

事后复盘，我们很有感慨，以下问题值得进一步深入思考。企业字号侵权纠纷，应当如何确定权利的边界？作为原告方，应当如何及时行使权利和如何避免对自身不利的情形，要把实际情况多与专业律师沟通商议，以便做出最佳的诉讼策略和方案？作为被告方，又应如何应对原告的诉讼请求，如何举证、质证，才能保住自己的字号商誉，或者降低赔偿额？

1. 字号相同，使用在先且有一定知名度的原告就一定能把被告的字号撤掉？就一定能得到高额赔偿吗？应当如何确定权利的边界

其实不尽然，法院判决时采纳了我方意见，秉持注重利益平

衡、合理划分权利界限、正确把握诚实信用的原则，合理规范企业间的竞争行为。如前述企业字号构成不正当竞争纠纷中，法院结合被告方的企业名称已注册了 15 年并已积累了一定的商誉，原告、被告又同处佛山市，原告至少于 6 年前与被告存在间接的经济交易，在应当知悉被告企业名称的情况下而在较长时间里未对此提出异议等事实，基于诚实信用原则考量认定被告不构成字号侵权的不正当竞争，驳回原告请求停止使用其企业字号的诉讼请求。通过该案的裁判，维护诚实信用、公平有序的市场竞争环境，并倡导企业在市场竞争过程中要坚持诚实信用原则，合理行使权利。

2. 作为原告，如何及时主张自身字号权益？一定需要以诉讼方式吗

我们的意见：在发现被字号侵权时需要及时维权，至于维权的方式，可以是委托专业律师向被告发送律师函，也可以是向企业登记机关提起行政举报投诉要求其尽快整改，还可以通过诉讼的方式主张自身合法权益，无论何种方式，建议听取专业人士的意见，避免因证据保全不及时或者不完善，而错失维权最佳时机，甚至失去合法权益的司法保护。

有时候，虽然原告得以成功认定被告侵犯其企业名称权，但因其怠于行使权利，被告的侵权责任有可能会被减轻。

最高人民法院在（2015）民提字第 6 号案中认定："一审判决在认定山东赛信公司应当承担的损害赔偿责任时，未能考虑以下两方面因素：一是济南赛信公司于 2006 年即与山东赛信公司进行过交易，对山东赛信公司在企业名称中擅自使用赛信字号，实施不正当竞争

行为的情形已经知晓，但济南赛信公司长期怠于通过诉讼等方式主张其合法权益，迟至2012年方提起本案诉讼，未能及时制止山东赛信公司的不正当竞争行为，因此，济南赛信公司对其因山东赛信公司不正当竞争行为所受损失亦有明显过错，根据《中华人民共和国侵权责任法》第二十六条的规定，应适当减轻山东赛信公司承担的责任。"

佛山市禅城区人民法院在（2019）粤0604民初7760号案中认定："被告广州碳歌公司于2016年成立，成立之初即与原告广西碳歌公司进行交易，之后更发展为经销关系，故原告在2016年已知晓被告在企业名称中擅自使用'碳歌'字号实施不正当竞争行为，但原告怠于通过诉讼等方式主张其合法权益，迟至2019年才提起本案诉讼，未能及时制止被告该不正当竞争行为，因此，原告对其因被告该不正当竞争行为所受损失亦有过错，根据《中华人民共和国侵权责任法》第二十六条的规定，应适当减轻被告承担的责任。"

也就是说，若被告有证据证明原告早已知晓被告存在，且一直怠于通过诉讼等方式主张其合法权益，很有可能会被法院认定：原告未及时制止被告的不正当竞争行为，而存在过错，从而减轻被告的法律责任。

3. 作为被告，如何避免成为适格被告？如何在不幸成为被告时，保住自身的字号

我们的意见：加强知识产权管理意识及能力，及时进行相关的知识产权诊断，提前做好知识产权防护墙。在企业名称核准申请时，对于可能侵犯他人字号的行为或者对象提前进行大数据搜索和了解，要进行合理的避让。万一不幸成为被告，要积极配合专业律

师，或者及时取得原告的谅解、进行谈判和解，或者找到原告早已知悉被告自身存在的证据：比如曾与原告有业务往来、比如曾为原告的经销商、比如与原告的关联公司有重要业务往来等，当然这些证据材料的证明力及作用需要听取律师的专业意见，万不可心存侥幸而错失最佳处理时机和最佳处理方案。

那些令人深思的字号侵权案

前面提到权利边界的问题，我们可以研读近年来一些令人深思的字号侵权案件，是如何确定字号侵权的权利边界的。

1. 用他人字号作为搜索关键词构成字号侵权

在双方之间存在直接竞争关系，原告方存在一定知名度，被告方无正当理由使用原告方的字号作为搜索关键词，吸引相关公众点击，提高潜在的商业交易机会，显然具有通过该不正当竞争行为获利的主观恶意，实施该行为的客观事实，将造成降低原告的潜在商业交易机会及收益的法律后果，认定为构成字号侵权。

最高人民法院在（2015）民申字第3340号案中认定："一方面，中源公司、中晟公司将畅想公司的企业名称和字号设置为关键词没有任何正当理由，且它们之间存在直接的竞争关系，在畅想公司在外贸管理软件行业具有一定知名度的前提下，中源公司、中晟公司显然具有利用畅想公司商誉，不正当获取竞争利益的主观故意，中源公司、中晟公司主张关键词属于公有领域，任何人均可使用，其使用他人商标及字号作为关键词本身并不违法的理由不成立。另一方面，在搜索结果中首位出现'富通天下'广告推送，极有可能吸引相关公众的注意力，诱导相关公众去点击中源公司、中晟公司的网站，增加该网站的点击量，从而给该两公司带来潜在的商业交易机会，也使畅想公司失去了潜在的商业交易机会，损害畅想公司的利益。"

2. 生产的产品不构成类似商品，即使字号相同也可能不构成字号侵权

对字号权益的保护应当是有一定限制的，不能无限制地延伸、无限定地扩张，比如，字号相同的两个企业，在生产销售的产品不相同也不类似的情况下，即使字号完全相同，也可能不构成字号侵权。

最高人民法院在（2014）民三终字第1号案中认定："通常情形下企业字号获得《中华人民共和国反不正当竞争法》第五条第（三）项保护的前提是被控侵权人生产销售的产品与企业生产销售的产品相同或者类似，本案被控侵权卫浴产品与全友家私生产销售的家具产品不构成类似商品，故原审法院依据《中华人民共和国反不正当竞争法》第五条第（三）项的规定对全友字号予以保护，认定全友卫浴在生产经营中使用全友字样侵害了全友家私的字号权构成不正当竞争错误。"

3. 使用行政区划名及行业名，可能不构成字号侵权

在企业名称中冠以行政区划名或者行业名属于常见现象，在企业另有其他更显著的字号名作为企业简称时，不容易使用相关公众产生混淆误认，因此可能认为不构成字号侵权。

最高人民法院在（2021）最高法民申5965号案中认定："登冠品信公司［全称：登冠品信（天门）泵业有限公司］的企业名称由

'登冠品信'字号、所在地县行政区划名'天门'加括号、所属行业'泵业'及组织形式'有限公司'组成，符合法定的企业名称命名规则。相关公众不会将'天门泵业'作为登冠品信公司的简称，登冠品信公司名称与天门泵业公司（全称：湖北省天门泵业有限公司）的全称具有显著区别，现有证据不足以证明相关公众会将二者混淆。登冠品信公司使用含有'（天门）泵业'字段的企业名称也不违反公认的商业道德，未扰乱市场竞争秩序。天门泵业公司无权禁止湖北省天门市的企业依法将'天门'作为所在地行政区划名，将'泵业'作为所属行业名使用在企业名称中。登冠品信公司名称中的'（天门）泵业'字段即是该公司对'天门''泵业'词汇在前述本意语境下的合理使用，并非对天门泵业公司'天门泵业'简称的使用，并未侵犯天门泵业公司的名称权或损害其他合法权益。"

4. 知名度由各自经营、持续投入取得，无侵权主观故意，知晓对方存在而未提出异议，可能不构成字号侵权

双方在各自领域各自经营，各自取得自身的知名度和商誉，而非攀附对方声誉所得，被告又未突出使用原告字号宣传自身企业，且明确知晓对方存在而从未提出异议，综合考量后可能会对原告对其字号给予保护的要求给出否定性的评价。

最高人民法院在（2020）最高法民申 3978 号案中认定："原审判决认定河南新天地公司未侵害天地公司企业名称权的结论是否具备事实与法律依据。首先，根据原审法院查明的事实，天地公司与河南新天地公司企业名称中的字号确存在一定差异；其次，原审法院亦查明，在天地公司与河南新天地公司共存经营期间，各自在经营范围内承建防腐、防水施工工程，取得了各种荣誉和行业认可，

河南新天地公司所获荣誉等均与其施工质量有关，而并非攀附天地公司的市场声誉所获得。河南新天地公司也从未单独突出使用'天地'二字宣传其企业。且双方于共存期间明确知晓对方企业存在，但并未就企业名称有关的问题提出异议。据此，原审法院在综合考虑上述事实的情况下，认定河南新天地公司使用'新天地'字号的行为未侵害天地公司企业名称权的结论，具备事实与法律依据。"

最后一个案例，与我所承办前述字号侵权案有不少类似之处，或可成为被告保留企业字号的参考，如果大家对本案有更好的处理方案或者遇到其他经典的字号侵权案，欢迎一起探讨。

一波三折的字号侵权案庭审故事

文 | 谢 莉

笔者曾承办一个不正当竞争案件,当时在查看判决结果时心里非常忐忑,原本以为这个案件判决结果不会很好,但是结果出乎意料,法官非常给力,基本支持我们的全部诉求。

案件曲折,判决不易。接下来,我来讲讲该案件如何获胜。

我们代理的是广州某洋(简称),对方是广东某洋(简称),而且对方在清远又设立一家清远某洋公司(简称)。起初我们认为这个案件只是简单的字号侵权,通过前期调查取证未发现这家企业生产销售"某洋"字号的产品,只发现这家企业虽然成立较早,但是变更为广东"某洋"字号是2015年,相比南北"稻香村"案件等历史事实清晰多了。按理说,这么简单的案件对于我所来说信手拈来,诉前会议时就笃定胜诉结论毫无疑问。

俗话说"好事多磨",此案虽小,但经历也够坎坷丰富。首先立案时碰到阻碍,法院以被告不在管辖法院地区内为由拒绝立案,因为被告在立案前几个月将经营场所变更到清远,但它当时的侵权行为发生地在花都,法院觉得我们应该去清远立案。但我们是谁?我们是方图人,一般认定的不会轻易改变,凭着我们执着的精神,经过与立案法官的多番沟通,列出初步证据认定此法院有管辖权,法院最终同意立案,算是我们打击对方成功迈出一步。

岁月如梭,在我们埋头深耕其他案件的时候,此案传票不合时宜到来。收到传票离开庭时间仅有4天(中间有个周末),这么短的时间做庭审准备时间显然很匆忙,陈律师和我立即召开庭前会议,发现此案并非立案前那么简单。我们原告字号是有一定知名度,但最早使用该字号是具有关联的原告前法人股东,我们并未将其一并列入原告,这个漏洞也成了被告在庭上攻击我们的武器之一(虽然杀伤力不大)。而且,我们并没有买到对方生产带有"某洋"字号的产品,仅从对方注册的企业名称方面判定对方侵权,证据稍显薄弱,对判赔的结果可能达不到预期。

自然而然,周末加班补充证据,补充了我方原告的知名度证据,同时也将我方字号的历史沿革梳理清楚,让法官对广州"某洋"字号有着更深刻的认识。几天时间里,我们紧张地做着庭审准备工作,一直临近开庭那天早上,发现还有好多没有做完,来不及做,只好用所内的口头禅"没有完美的庭审"来安慰自己。

此案传票上显示"简易程序"审理,安排庭审时间为上午9时45分,开始我还庆幸这个时间不是太早,不用像以前的庭审需要很早就起床,所以我跟陈律师带着小秦实习律师拖着大箱子(知识产权律师的标配)浩浩荡荡地踩着点从佛山来到广州,以为会很顺利地开完庭。后来到了法庭才知道,我们的庭是那天早上安排的第二个庭,早到的我们无奈地旁听完法官审理的第一个庭,整整 2 小时,远远超过我们案件的开庭时间。

终于轮到我们开庭了,我们认为法官将这个案件看得很简单,很快就会结束。所以我们觉得应该让法官重视此案,按照庭前会议商量决定的策略,当庭请求变更诉讼标的,将标的 50 万元变更为 100 万元。对方律师瞬间不高兴了,庭审上火药味十足,质证攻击力"特强",所有证据的"三性"均不认可,连政府网站的真实性也质疑,导致法官"善意"提醒被告这个没必要否认吧。由于我方知名度证据较多,对方计较地质证,上午时间全部用来质证,但还没结束。显然此案需要二次开庭,法官也欣然地将简易程序转为普通程序。

那时我突然觉得松了一口气,本来就是匆匆忙忙地准备庭审,还当庭收到对方的答辩状和证据,同我们证据一样,厚厚的一沓,需要有点时间消化,第二次开庭也正好给我们更好准备的时间。

仔细看了对方的答辩状和证据后,陈律师发现对方也真的是神助攻,我们本来就没有直接证据证明被告生产销售侵权产品,被告在答辩状中自认了。而且,对方的部分证据也能够为我们所用。此外,我们也有足够时间向法院申请调查令,到市场监督管理局调取关键证据。同时,还对被告财产进行保全,确保案件胜诉后执行有望。

果然,功夫不负有心人。陈律师持调查令亲自去市场监督管理局调取原告投诉被告擅自使用他人有影响力的企业名称,市场监督管理局也对被告经营场所进行检查,开具《责令限期变更企业名称通知书》等文件，发现调取出来的文件起到了关键性作用，里面详细记载了被告经营场所的面积，生产设备，仓库存放标有广东"某洋"字号标签的产品及被告承诺变更字号的承诺书。虽然我们没有买到广东"某洋"字号产品，但已经有强有力的证据证明对方生产销售带有"某洋"字号的产品。再加上对方多次企业名称均带有"某洋"字号，对方名片、企业门口招牌商业性使用"某洋"字号证据，及相关公众误认被告与原告存在某种关联，造成混淆，被告主观恶意等一系列的证据，足以认定被告攀附我们"某洋"字号的知名度，构成不正当竞争。

一切准备就绪后，第二次开庭如期而至。与第一次开庭的心境不同，第二次开庭踌躇满志，觉得我们在庭上能"暴打"对方。庭上，双方武器均已亮出，很明显我们占优势，可能是我方的炮火太过猛烈，对方略显被动，不是编故事就是不断攻击我方没有权利主张"某洋"字号，我方"某洋"字号不知名，市场上存在众多"某洋"字号的企业，"某洋"是通用名称。幸好我们庭前准备工作不是白做的，对于敌人的炮火一一进行反击，列举了我方企业的"某洋"字号与原告已形成稳定的对应关系，在广东省已经享有非常高的知名度证据；同时，也针对市场上存在多个"某洋"字号权利是历史原因形成，并不影响我方权利保护的事实进行阐述等。

由于庭审比较激烈，对方言辞过于激昂，我的情绪也猛然高涨，自己多次想跃跃欲试发言但也告诫新手的自己不要冲动，有师父在，他们庭审上占不到任何便宜，且法官也善意提醒对方控制情绪，但庭上氛围还是相当热烈。果然，往往激烈的庭审让时间过得很快，完全没有第一次开庭的那种无聊，第二次开庭就在双方激烈的交战中落幕了。

按照我所的惯例，庭审后的代理词赶紧趁热打铁地着手启动。我梳理整个案件，查看庭审笔录，聚焦庭审焦点，查找案例，写了一份长达20页的代理词，经过陈律师的修改后提交给法官，安安静静等待此案的判决。想着法官之前认为这是个简单的案件，侵权事实很清楚，应该很快就判下来。所以，我这边赶紧打电话问法官什么时候可以出判决，法官答复说，这个案件比较复杂，没那么快下判决，等着吧。这焦急的等待啊，谁知一等就整整等了差不多10个月才等来了久违的判决，而且中间一度让我们有种败诉的危机感。

就在前2个月，我们的其他客户收到了一份此案主审法官的败诉判决（非我所代理），虽然与此案案情存在不同，但案由相同，判决书中能体现法官对这类案件的审判的观点，发现法官对市场上多个相同字号共存，主张保护具有一定影响力的字号要求具有唯一性。这恰恰是与我们的观点是对立的，我和陈律师担心法官写我们案件判决时仍存在这个观点，那我们的案件有可能会败诉。为此，陈律师和何律师特地去客户那边告知了案件败诉风险。同时，为了让法官赞同我们的观点：保护具有一定影响力的字号并不苛求该字号具有唯一性。我立即又写了一份补充代理词，经过陈律师修改后提交给法官，同时，陈律师也多次与法官沟通此案件中我们的观点。我感觉如果法官看了我们的代理词，判决应该会是好结果。

差不多2个月后，我们收到法院下发的判决，法官基本支持了我们的诉求，与那个败诉判决中的观点不同，认定广州"某洋"是具有一定影响力，市场上其他相同字号的"某洋"与本案无关。同时也认定被告广东"某洋"存在"搭便车"的主观意图，客观上容易引起相关公众的混淆或误认，构成不正当竞争。对方肯定是不服，上诉了，但由于本案一审事实已非常清楚，法律适用正确，二审法院驳回对方上诉，维持原判。

　　此案虽历经时间长，中间坎坷波折，但结果出乎意料，客户非常满意。这也让我从中明白一个道理：很多事情一开始认为很简单，只要自己愿意相信，愿意投入心思去对待它，结果有时候还可能超乎预期。

三份代理词，把权利说清楚

文 | 邓晓琪

这是一件让笔者收获颇丰的案件。虽然当时只是作为跟案助理而非主办律师跟进该案，也未能上庭，主要跟进案件的辅助性工作，但回想起来，这个案件收获成功的过程带给笔者的收获及启发是非常丰富的，不仅限于专业方面，还包括执业自信方面。

基本案情：投诉 vs 诉讼

客户的"珠江"字号经过十几年的宣传使用，在电缆行业内已具有一定的知名度和影响力。令客户非常困扰的是，行业内一些企业为了"搭便车"，在同一行政区域内使用与"珠江"相同或近似的字号，客户积极向市场监督管理局投诉，要求相关企业变更名称。

然而，若仅进行投诉，侵权者的侵权成本太低，无法起到警醒作用。"搭便车"的企业越来越多，有的企业甚至在接到市场监督管理局的责令变更通知后，仍不进行整改变更。于是，客户开始委托律师对相关"搭便车"企业提起民事诉讼，要求其停止侵权并承担赔偿责任。客户委托我们办理的也是这样一起字号侵权案件，被告的字号是"珠江传奇"，其完整包含了客户的"珠江"字号，且已被市场监督管理局责令更名，但仍大量生产含其字号名称的产品。

案件的三大难点基因

因被告在 2017 年成立时，客户的"珠江"字号（2009 年注册成立）在行业内已具有一定知名度，其"花城牌"商标早于 2012 年获得"广州市著名商标"，于 2015 年获得"广东省著名商标"，加之被告已被市场监督管理局责令更名，若只是单纯的字号侵权，这个案件看似没有争议。然而，事情并没有这么简单。

这个案件天生有三大难点基因：(1) 客户的"珠江"字号并非最早使用，有其他在先注册使用的企业，如最早于 1991 年成立的 A 公司；(2)"珠江"是一条河流的名称，本身而言显著性不高；(3) 除客户外，同样使用"珠江"字号的 B 公司在行业内相同时期亦具有一定的知名度和影响力。基于案件的以上基因，案件的办理过程并不简单，是一场硬仗。

字号并非最早使用，不具合法性

在本案一审中，为主张我方不具备合法的权利基础，被告提交了大量目前已注册的含"珠江"字号的企业信息，数量高达 34 家，有的企业注册时间比我方注册时间早，有的企业注册时间比我方注册时间晚。其主要目的有二：一方面主张原告字号不具有显著性，另一方面主张原告字号并非最早、权利不合法。

针对该点，我们对被告提交的企业进行了逐一梳理，梳理出具体的信息列表，提交法院，以证明在同一行政区域内比原告注册时间早的含"珠江"字号的企业仅有 A 公司一家，并进一步提交相关证据证明原告与 A 公司存在关联关系，且在原告成立时，并无任何一家含"珠江"字号的企业产生了具有一定影响的企业名称的禁用权，原告字号不存在任何不合法问题。"并非最早使用"的问题得以解决。

关于字号的显著性

来到了第二个难点基因，原告"珠江"字号的天然显著性不高，其是一条河流的名称，加之被告提交的大量企业名称均含有该字号，为避免可能的风险，主办律师立即又补充提交了一份代理词。通过补充代理词进一步解释原告字号虽天然显著性不强，但经过原告多年的经营使用和广泛宣传，已在行业内具有较高的显著性。亦进一步举例，大量缺乏显著性的商标或者字号通过长期使用广泛宣传均可以产生显著性和识别性，比如"哈尔滨"啤酒、"青岛"啤酒、"长城"红酒、"中华"牙膏、"小肥羊"火锅、"六个核桃"饮品、"五粮液"白酒等。现有证据已足以证明原告的"珠江"字号经过长期的使用宣传，已在电缆行业具有较高的显著性。

焦点中的焦点：字号主张权利是否要求唯一性

接下来，来到本案焦点中的焦点，虽现有证据可证明原告的

"珠江"字号在行业内已具有较高知名度，具有一定影响力。但非常巧合的是，同一时期，有着相同字号的 B 公司在行业内具有与原告同等的知名度，且其还同时拥有"珠江电缆"的注册商标，被告据此主张"珠江"字号权益应归 B 公司所有，原告没有诉权。

虽 B 公司成立的时间早于原告，但基于其与最早使用"珠江"字号的 A 公司为关联公司，且在原告成立时 B 公司并未具有知名度，两者通过经营形成了同时期具有同等知名度的境况，这明显是属于善意共存。"珠江"字号的权利只能属于其中一家公司？善意共存的两家企业能否单独主张权利？为充分说明原告具有一定影响的字号应受保护，主办律师在多份代理词中展开了论述。

首先，主办律师在代理词中正面详细论述了原告的"珠江"字号在电缆行业内已具有较高知名度，在被告成立时已构成具有一定影响的字号，应受法律保护。

其次，为进一步清晰阐述共存情况下的权利主张，主办律师在补充代理词中从法律的构成要件出发，充分阐述保护具有一定影响的字号所需满足的条件仅包括"先于被控字号使用"和"具有一定影响力"，法律上并不要求该字号具有唯一性，并列举了相关的支持案例。

从这两个角度出发很好地解决了原告诉权主张的问题，权利共存必然导致不同权利的禁用权会发生重叠，侵权人的行为也很有可能同时侵害了不同权利人的合法权益，共存的现实不应当影响各自权利的保护。

三份代理词，把权利说清

对于诉讼案件的办理，大家通常觉得最重要的阶段是庭审，法庭是双方律师的主战场，也是充分向法官展示观点的重要环节，的确非常重要。不过就本案而言，我在作为助理跟进本案的过程中，认为起到关键胜诉作用的是主办律师在庭后提交的三份代理词。这三份代理词为这个案件的胜诉打下了非常扎实的基础。

案件的第一份代理词是庭审结束后提交的，按所里惯例，主办律师在庭后都会提交详细的代理词，代理词的内容主要是对案件中的各个焦点作全面论述，包括侵权认定部分、赔偿责任部分、各被告承担责任部分等。本案也不例外。

而针对本案，由于察觉到其中的争议性，在庭后主办律师不仅提交了一份代理词，还补充提交了第二份、第三份代理词，补充的两份代理词均是针对案件可能存在的争议点，具有针对性。

正是通过庭后的这三份代理词，让法官清晰了解到我方诉求的主要事实和理由，最后，支持了我方的字号权利主张的诉求，并判决被告赔偿原告经济损失及合理维权支出合计160万元。

后　记

如前面所提及，搭客户字号便车的企业不止一家，客户启动的打击字号侵权案件不止一件，客户在委托我们办理这个案件的同时，也另外委托了其他律所办理两个类似的打击字号侵权的案件，三个案件由三个不同法院审理。

最终，这三个案件中，只有我们代理的案件在一审中胜诉！可见其争议之大。这个案件的胜诉异常珍贵，为后面维权打下坚实的基础。而关于另两案一审判决驳回原告诉求的主要原因，其中一案认为，使用"珠江"作为企业字号的并非仅有原告一家，无法证明"珠江"与原告产生直接的对应关系；另一案则认为，难以认定原告的"珠江"字号在电缆行业内的影响力早于B公司形成。可见其争议点仍围绕在善意共存的企业能否各自主张权利的问题上，而相应的答案我们已经在我们代理的案件中给出。而后，客户亦委托我们代理上述两案的二审，也已成功逆转。

一段聊天记录引起的恩怨情仇

文 | 陈铭沛

打开方图官网浏览一下新闻动态栏目你就会发现,方图绝大部分的案件均是代理原告发起诉讼维权,鲜少有代理被告的案例。但今天我们要介绍的这个案件不仅是方图少有的代理被告的案件之一,而且这个案件当年还入选了佛山市中级人民法院的知识产权典型案例。与常见的因侵权而引发的知识产权维权案件不同,本案的起因于一段在阿里旺旺上的聊天……

当客户第一次来到律所与办案小组见面的时候,我们能够深深感受到他的愤怒与委屈。刚一坐下,客户便开始滔滔不绝地向我们诉说事情的来龙去脉:原告和客户是生意上的合作伙伴,合作时间已经有4年了,具体来说原告是生产厂家,而客户是原告的授权经销商之一。客户在淘宝上开了两家店铺,原告的产品是淘宝店铺的热销产品之一。在过去的4年里,客户至少也为原告带去了几百万元的收益,可以说原告与客户本来是利益深度绑定,互相合作无间的一对好拍档。

但是事情的转变是从几个月前突然收到淘宝客服

发来的一份投诉信息开始的。事情发生的那天已经差不多到年底了，离新年元旦还有大概20天，早上客户一边打开电脑一边盘算着忙完这段时间要好好过一个元旦假期。进入淘宝后台后跃入眼中的却是淘宝的几条消息：店铺数个商品因侵犯了他人的注册商标而被下架了，让人难以置信的是投诉人均是原告！客户第一时间找出原告出具给他的特许授权书和进货单据进行申诉，同时也跟原告进行联系，想搞清楚是不是哪个环节摆了乌龙。

淘宝在收到客户上传的授权书后，很快就判定客户申诉成功，客户也以为事情就这样过去了。但是刚过完元旦假期的第二天，客户的另一家网店同样收到了淘宝发来的投诉消息，跟上一次一样，投诉的理由仍是商标侵权，投诉人仍然是原告，而跟上一次不同的是，这次的授权书已经过期了……原告给客户出具的授权书期限只到上一年底，所以在新的一年来临之后，也就意味着不能再用旧的授权书进行申诉了。此时客户选择了一个大胆的做法，用另一家网店的授权书替代被投诉的网店，并上传申诉。这一次当然也跟上次一样申诉成功了，但是原告为什么一而再地对客户进行投诉？原告却一直含糊其词，只是回复说在内部沟通，并没有给出一个合理解释。

正所谓事不过三，原告第三次出招时，客户收到的不再是淘宝后台的信息，而是本案的起诉状。看完起诉状以及原告的证据材料后，办案小组恍然大悟原告为何要一再针对客户进行投诉并不惜走向法庭。起诉状内容中除跟淘宝投诉内容一样控诉客户商标侵权外，还加多了一条控诉客户商业诋毁，而商业诋毁的理由是来自一段客户淘宝店铺的客服与顾客在阿里旺旺上的几句对话。

顾客：我要买你家卖得最爆的那款产品！

客服：别买了……

顾客：为什么？

客服：质量问题太多，准备下架了。买我家的另一个牌子吧。

看完材料后，基本案情已经很清晰了，但是办案小组仍然觉得不解的是，为什么客户的员工要诋毁原告的产品呢？"不是诋毁，这是有事实根据的。"客户一边解释，一边向办案小组出示了最近一段时间原告商品的退货记录：最近8个月中，有记录的因质量问题而产生的退货已超过70单，每天店铺都要忙于处理各种退货投诉。

针对原告所提出的两个侵权案由，办案小组分别进行了详细的分析论证。针对商标侵权问题，办案小组认为应该以授权书到期前后划分成两个时间段进行分析。对于授权书到期前，客户从原告处购买正规产品，获得原告的授权进行销售，那当然也就有权在网店中使用原告的商标。

但是授权书到期后，是否就当然地失去了使用原告商标的权利呢？答案是否定的。

在客户销售的商品是属于正品的情况下，客户在网店中使用原告商标的行为属于指示性的合理使用范畴，作为消费者在网店中看到商标，并不会认为这个网店是商品的生产商，也就是说这种使用方式并不会破坏商标识别商品来源的主要功能，这时的使用行为并未超出合理范围，也就不构成侵权。当然，这里有一个很重要的事实需要举证，那就是如何证明客户所销售的产品是来源于原告的正品？为了证明商品来源，办案小组与客户又进行了一次深入交流。

办案小组：现在还有多少库存产品？最后一次入货和对账、支付货款是在什么时候？

客户：我们没有库存的，采用的都是一件代发的模式。一直都有给他们下单，前几天才刚对完账。

办案小组：哦……诶，等等，授权书不是已经过期好几个月了吗？怎么现在还能下单发货？

客户：是的，他们有个下单系统，我们有对应的账户密码，只要在下单系统里面下单了，他们就会发货。每个月对一次账，然后安排转款。

在了解到这个至关重要的信息后，那对于证明产品来源的问题就容易解决了。办案小组马上安排在客户的网店上下单，客户接到订单后登录原告的下单系统相应下单，并在几天后顺利收到了货物。当然少不了的是通过公证程序将以上下单、收货的过程公证下来。在证明了产品是属于正品，并且原告和客户直到起诉后仍然保持着正常的贸易关系，那是否拥有授权书只是一个形式上的问题，事实上原告已经用行动默认了与客户之间延续着授权关系，使用商标的正当性更是毋庸置疑了。

而针对原告所提出的商业诋毁的问题，就必须从商业诋毁的构成要件进行分析。首先，商业诋毁的主体必须是竞争者，原告是生产厂家，客户是经销商，虽然他们属于上下游的关系，但也仍然属于竞争者的范畴之内。其次，商业诋毁行为主观上是故意贬损竞争对手的市场竞争能力，客观上是通过捏造、传播虚假事实或者误导性信息，从而对竞争对手的商誉进行恶意贬低。但在这个案件中，客户网店的客服人员向顾客所陈述的内容是有一定事实依据的，客户向办案小组展示的退货记录就是那段对话的源头。问题的关键在于，虽然有退货记录，但是这些记录属于客户单方面制作的证据，只有孤证的情况下很难说服法官相信这是事实。所以办案小组又再一次与客户进行了交流。

办案小组：顾客买到有问题的产品一般你们是怎么处理的？

客户：那当然先通过旺旺沟通看能不能远程解决了。

办案小组：沟通的聊天记录还有吗？

客户：有是有，就是可能不太好找，要花点时间。

办案小组：那如果远程解决不了，下一步是让顾客把商品寄回来给你们？

客户：不是，寄给我们也不会修，我们让顾客直接寄给工厂，并且将顾客给的投诉信息和运单号整理成表格发给工厂。

于是，办案小组又忙了起来，一边与客户整理收集过去几年的退货信息，另一边查询每一笔退货订单的快递信息，并且将这些信息作为证据提交给法院。

在客户的全力配合下，办案小组最终向法院提交了详尽扎实的证据，使后续庭审及判决均取得了不错的效果。案件经过两级法院审判，最终认定客户并不构成侵权。特别是关于商业诋毁方面，法院指出客服与顾客之间的对话是在旺旺中的"一对一"聊天，并未向不特定的第三人进行传播，而且客服所发表的评论是具有一定事实基础而作出的评价，不属于捏造事实的范畴。在正常的商业活动中，相关的经营者和公众在不捏造事实贬损他人商誉的前提下，拥有对他人产品或服务进行商业评价的言论自由，相关产品或服务提供者亦应对他人基于一定事实或仅因为个人喜好、情感、价值判断等进行一般性评论也应持有一定的容忍义务，并据此改善或提高自身的产品质量和服务水平。

案件虽然最终获得胜诉，但客户与原告之间的合作关系也随着案件走向了终结。正如法院所说，原告对于这段引起诉讼的聊天记录，如果从一开始能够理性看待，并且因此改善自己的产品质量，说不定故事的发展就能走向另一个方向。诉讼是解决纠纷的最终方式，但并不一定是最好的方式，产生矛盾的时候不妨多冷静一下，想想到底问题出在哪里，可能会有另一个能够双赢的解决办法。

第四章
专利案件篇

专利诉讼中"生产商"的认定标准及举证责任

文 | 何华玲

2022年，我们代理的一起发明专利案，被最高人民法院录入《中国法院2022年度案例》一书，理由：确立了"商标法意义上生产者与专利法意义上制造者之间的界限"。

本案中，各方对于"商标持有人能否认定为专利产品的生产商""确能证明产品来源于第三方的情况下，产品包装上标注的制造商能否认定为生产商""专利侵权诉讼生产商认定的标准"等复杂法律问题均有激烈辩论及大量举证，判决对上述问题给出了清晰裁判，确立了专利侵权诉讼生产商认定的标准，值得深度探讨。

被诉产品花样多，生产商认定显复杂

Ni**（某汽车公司）商标：本案被诉产品系便携式咖啡机，部分被诉产品及包装上突出印刷有"Ni**"商标。虽然我们也知道Ni**是造车的，不造咖啡机，但从证据角度来看，还是可以主张汽车公司为生产商，毕竟委托生产也是生产。

生产商：**——我方最早购买的一款产品包装上，除"Ni**"商标外，还印有"生产厂商——某优可公司"，彰显其为生产商的强势地位。

"三无"产品：我方从被告公司（办公室非工厂）、阿里巴巴网站上购买的多款被诉产品上，无商标、无制造商、无联系方式。

最强合法来源举证：汽车公司提供了详细证据，证明产品是从某礼品公司购买的，某礼品公司是从某优可公司购买的。某优可公司提供了详细证据，证明产品是从第三方购买的。上述证据包括聊天记录、合同、汇款凭证、发票、发货单等，堪称史上最强的合法来源举证。

从本案的多个被控产品来看，生产商可以指向：（1）汽车公司，产品及包装上的商标持有人；（2）某优可公司，产品及包装上标注的生产商；（3）第三方，某优可公司能够举证证明产品来源于案外人。

法官的审判逻辑

通过阅读最高人民法院《中国法院2022年度案例》（17知识产权纠纷）【法官后语】部分，笔者剖析法官的审判逻辑如下：

第一步：产品及包装上的商标、企业名称所指向的主体，可以构成专利法上制造者的初步证据。

首先，产品上标注企业名称，毫无疑问系彰显其为生产商的含义，何况本案对方明确标注"生产商：某优可公司"，因此通过产品锁定某优可公司为生产商系直接证据。其次，商标的基本功能系识别商品来源，产品上的商标持有者即产品的提供者，因此通过商标指向生产商也没有问题。

上述推理的法理依据可参见《最高人民法院关于产品侵权案件的受害人能否以产品的商标所有人为被告提起民事诉讼的批复》（2020年修正）规定：任何将自己的姓名、名称、商标或者可资识别的其他标识体现在产品上，表示其为产品制造者的企业或个人，均属于《民法典》和《产品质量法》规定的"生产者"。

需要说明的是，该批复能否适用于专利案件是具有争议的，有的案件法官援引该批复，认定商标持有人为生产商。有的案件则予以否定，如最高人民法院在（2012）民申字第211号广东雅洁诉温州蓝天公司专利案，认为该批复适用的是产品质量问题纠纷。笔者认为，在没有相反证据的情况下，产品上标注的商标、企业名称指向的主体即制造者，此时权利人已完成初步的举证义务，举证责任转移至被告。

第二步：被告提出相反证据。

如上文所述，原告已完成谁是生产者的初步举证义务，举证责任转移至被告，被告如需证明其并非生产商，应当提交相反的证据。问何为相反证据，该证据应当达到的证明标准是什么？本案中，汽车公司和某优可公司均提交了相反证据（产品来源证据），且从来源指向性而言，都非常清晰。但最终法院判决某优可公司为生产者，汽车公司为销售者。

为什么同样在产品上标注了指向性信息（Ni** 商标，某优可公司名称），并均提供了产品来源证据，但在法律责任认定上截然不同呢？这需要提到一个概念——何为专利法上的制造？制造等于提供技术方案？何为专利法上的"制造"？专利法没有详细说明，北京市高级人民法院《专利侵权判定指南》（2017）第 99 条第 1 款指出："制造发明或者实用新型专利产品，是指权利要求中所记载的产品技术方案被实现，产品的数量、质量不影响对制造行为的认定。"

最高人民法院在其审理的（2012）民申字第 197 号敖某与飞利浦、深圳和宏公司等再审案中指出："制造专利产品"，对于发明或者实用新型来说，是指作出或者形成覆盖专利权利要求所记载的全部技术特征的产品。上述理解综合考虑了"制造"一词本身的含义和《专利法》第 11 条的立法目的。在委托加工专利产品的情况下，如果委托方要求加工方根据其提供的技术方案制造专利产品，或者专利产品的形成中体现了委托方提出的技术要求，则可以认定是双方共同实施了制造专利产品的行为。

结合上述规定及案例，通俗而言，就是谁提供了技术方案或提出技术要求，谁就是专利侵权产品的制造商。可以这样理解，专利法区分了物理上的生产商和法律上的生产商，关键在于谁提供了技术方案，而非谁生产了被诉产品。

第三步：分析证据的证明力。

回归到本案，该案【法官后语】中认为产品上的商标或企业名称指向的主体构成了商标法意义上的生产商，是否构成专利法意义上的生产商，则需要区分两种情形：一是物理上的生产商，即商标或企业名称主体同时也是产品实际生产商，该情况下属于专利法意义上的生产商。二是法律上的生产商，即商标或企业名称主体本身并不生产被诉产品，而是委托第三方生产。此时，则需要进一步查明，是谁提出了案涉的技术方案，举证责任转移至被告。

案涉产品来源：汽车公司——某优可公司——第三方。针对汽车公司提交的证据，法官认为"可以证明其提供被诉侵权技术方案的可能性较小"。针对某优可公司提交的证据，法官认为"虽能举证产品来源，但难以证明被诉侵权技术方案并非其向案外人提供"。我们将二者进行比较，发现一个很有意思的事情，在证明标准的要求上，一个是"不能证明有"，另一个是"不能证明没有"。

汽车公司	某优可公司
不能证明有 （提供技术方案的可能性较小）	不能证明没有 （难以证明没有提供技术方案）

前者采用了优势证明规则，能够理解。但后者某优可公司"难以证明技术方案并非其提供"，这句话我真的看了很久。

法院判案逻辑：一审判决：（1）产品包装上记载生产商为某优可公司；（2）生产商为某优可公司；（3）某优可公司如否认生产，需要：一是举证产品来源，二是证明技术方案并非其提供；（4）某优可公司提供了产品来源第三方的证据，但没有提供技术方案亦来源第三方的证据；（5）某优可公司系生产商。

二审判决沿用了相同的判断标准，且在证据的证明力上要求更高。二审判决：（1）产品说明书并非技术方案，说明书系第三方制造，不能证明技术方案系第三方提供；（2）第三方发送的车间、工具、注塑模具照片，不能证明系第三方提供了技术方案；（3）第三方发送产品测试报告，测试报告不能说明技术方案由谁提供。

启示：从上述论证逻辑可知，在已有初步证据显示被告为生产商时（如产品包装标注生产商信息），对被告科以的举证责任是比较重的。被告提交产品来源的证据还不够（司法实践中被告此时往往认为胜券在握），还要证明技术方案并非其提供，亦即被告具有两重举证责任：一是物理上并非其制造，二是法律上并非其制造（未提供技术方案）。我再看回本案判决时，真的觉得法官把问题说得很清楚，可以说是树立了类案标准。

办 案 心 得

现在拿着判决说案件，感觉清晰简单，但在当年判决出来之前，内心惶恐。

不利事实：一是在被告公司进行购买公证时，被告带我们去的系办公室，而非工厂，所以本案实际未能在工厂取证。二是我们在网店、Ni***经销商等多个渠道先后约五次购买的被诉产品，仅最初购买的产品上标注了"生产商：***"信息，其余产品均未标注任何生产商信息，部分甚至是"三无"产品，连商标信息也没有。上述复杂事实无疑给案件增加了很大难度。

产品 1	产品 2、3、4、5
生产商：********	无商标、无制造商、无联系方式

当断则断：从上文介绍可以看出，我们最初主张汽车公司也是生产商。但大家都知道汽车公司是造车的，而不是造咖啡机的。法官会不会天然就认为汽车公司不是生产商，也不可能提供技术方案？结合被告证据及庭审情况，我认为汽车公司很难定性为生产商，加上第一被告某优可能否抓到本身也存在较大争议。所以，从

诉讼策略上，我们就果断舍弃了 Ni***，专心攻击某优可公司，也说服了客户降低对起诉 Ni*** 的预期。

关键事实的抓取 1：虽然只有一次购买的被诉产品上显示生产商为某优可公司，但毕竟有一次。所以我们在代理案件中，一直紧咬该事实，从一审、二审判决的逻辑来看，该点对整个案件定性起了非常关键的作用。如果不能抓紧重点，很容易导致最有力的武器淹没在纷繁要素中，将案件变成论"三无"产品的生产商认定，这显然对我们是不利的。

关键事实的抓取 2：在某优可公司交的一大堆产品来源证据，其 N 份下单沟通的聊天记录公证书中，我们发现了"被告证据恰恰证明原告观点……"的一点，某优可公司下单时发给第三方工厂的产品图片上赫然印有"Ni***"标识，说明某优可公司下单前，已生产出被诉产品，技术方案来源于某优可公司，而非第三方。

任何一份证据，不会只证明一个点，他必然能证明多个点，甚至是多个事实，也往往不会完全只有利于某一方。所以关键在于谁能够对证据做出更有利的解读，并说服法官，以及在筛选证据时，权衡利弊，"两害相权取其轻"！

现有技术抗辩，
如何追寻到 10 年前的关键证据

文 | 何 俊

大概在 2018 年 9 月 25 日，收到富华法务打来的电话，说是公司被起诉专利侵权了。他发来了案件材料后，催我赶紧出方案，尽快到公司与老总进行洽谈。那时我怀孕 5 个多月，正处于精力不济的状态。但是明显感觉到客户对于案件的焦急状态，于是加快进度花了 2 天的时间研究案情做出了法律服务方案。

客户那边主管法务的老总气场很强，一看就是资深的职场女强人。她说话不多，但很有逻辑，眼神锐利，感觉如果是那种忽悠型律师肯定在她那里是很难过关的。我们分析了案情本身，因为客户披露的合同证据线索显示，在专利申请日之前这个技术产品就已经通过销售公开，所以我们认为可以从现有技术抗辩这一点入手来进行抗辩。

不过我认为法务老总被我们真正打动的也许并不是观点本身。她说对我们的认可主要来自两点：

一是方案展示的清晰逻辑和自信。二是我们对承接的案件是有要求的，一般自己认为风险太大的诉讼不会轻易承接，因为败诉会影响自己的业界声誉。

在正式确定合作之前，法务老总又带我们去见了公司的大老板，这是一位在佛山顺德本地非常有名望的企业家。大老板对原告提起这个诉讼极为不满，他说不明白中国的法律究竟是怎么回事，这种已经在业界公开使用的产品为什么还能被申请专利得到国家的授权，甚至还用来起诉竞争对手呢？所以，他最后向我们提了一个要求：何律师，这个诉讼只能赢不能输。这不是钱的问题，是公平正义的问题。

我当然不能向他保证结果，只是点点头，说我们一定尽全力帮公司来争取公平正义的结果。说实在的，见了大老板之后，公司法务团队和我们外部律师都感觉压力山大。

曲折艰难的取证

开庭在即，取证时间从哪里来？客户收到开庭传票时，也同时收到案件的开庭传票，时间很紧。如果在开庭前没有把握拿到现有技术抗辩的有利证据，那么开庭就会相当的被动。所以，为了争取时间，我们和客户一致决定要先提起管辖权异议。但很快，管辖权异议申请就被法院驳回，而且法官助理特地打来电话告诫，如果为了拖延诉讼时间而提起管辖权异议，那么败诉的情况下法院会考虑加大赔偿的力度。所以法官助理奉劝我们不要贸然提起上诉，继续拖延诉讼时间。

为此，我们经过慎重思考后，走了如下两步棋。第一步棋是提出开庭延期的申请，以及申请法院调查令的申请，这步棋的目的是让法官看到被告确实需要时间来进行证据调查，而不是以管辖权异议来拖延案件时间。第二步棋是在提起上诉的同时，与法官助理沟通，如果开庭延期被同意，那么我们就撤回管辖权异议上诉。这么做也是迫不得已，如果不听法官助理告诫，那么后期沟通上肯定会不顺畅，甚至带来案件风险，但是不上诉又不能保证延期申请一定会被法院同意。所以我们采取了有条件撤诉的方式与法官助理积极沟通，终于赢得开庭时间延后 4 个月的开庭通知。

很快，我们发现第一个取证思路走不通。本案被控侵权产品是一种带有保温效果的集装箱，因此最初客户提出的证据线索是现有技术产品证据，即案外人在 2009 年 7 月签订的一份《购销合同》复印件和图纸附件，还有当时合同双方往来的部分邮件，以及集装箱船级社证书。除此之外，还有数家网络媒体的报道，可以证明购销合同中集装箱产品在 2009 年 11 月 13 日进行了公开首发。但是仅凭这些证据要打赢官司确实很难，原因：购销合同和图纸都没有原件，原告不会认可这些证据的真实性。而且图纸是否完全公开涉案专利的全部技术特征，也还不能完全确定。如果购销合同和图纸不能与涉案技术形成唯一对应的关系，那么媒体报道的公开也就没有任何意义。

在这种情况下，只能在已有的证据线索的基础上继续深挖证据。于是我们根据当时案外人签订购销合同事实的时间顺序列出了每个时间点的证据收集目标，从合同由来、到往来洽谈、再到图纸制作、合同签订、安排生产、申请验箱、举行首发仪式、取得集装箱证书多个环节去获得证据。但这个方向从 10 月到 11 月底，律师和客户专利部门以及法务部门的人员开了几次会议，客户方面当时了解这个事实的老总跟案外人多次沟通，但是始终推进难度很大。

开了几次会议但实施结果因为需要案外人的配合,并且相关证据时间过于久远,证据收集并不顺利。估计原告也是吃准了这一点,才敢于大胆提起诉讼。

2 个月,终于拿下关键证据。

在第一条取证思路走不通的情况下,代理律师团队和企业法务团队的确都有些一筹莫展。当时法务团队几乎每天都在微信沟通群中提要求提建议,但是经过律师团队一一讨论后感觉都难以解决关键证据的问题,不能起到说服法官的作用。

直到有一日,法务团队提出一个意见,让我眼前一亮。原来所有在铁路上运营的集装箱根据箱号都是可以查询运输轨迹的,就像查询快递一样。这个信息告诉我们就是,在专利申请日之前制造销售的那 100 个集装箱可以根据箱号去一一查询运营轨迹,从而找到那些关键的证物。于是,我们立刻按照客户提供的线索,对 100 个集装箱进行了查询,然后制作了 100 个集装箱的近期轨迹表。这样我们就发现其中有一部分集装箱还在正常地运营,并且有集装箱就在广州的铁路运输站点。这真的是令人惊喜的证据线索!

但当时心里还是不敢确定的,就派出调查人员前往广州铁路运输站点去核实,果然找到目标箱号的集装箱,技术特征与案外人购销合同图纸附件基本一致。找到实物之后,我们担心集装箱不会在停靠站点长久停留,因此立刻预约熟悉的公证员前往取证。而且因为很怕取证拍照的时候不能把这个产品实物的技术特征拍完整,我们特地对调查人员进行技术培训,并把每个技术特征都在之前的踩点照片上标注出来,让他们在公证拍照时候,务必拍摄到关键的部位。但即使是如此小心，首次公证拍摄的照片仍然有部分并不合格，为此律师在审核之后为了保险起见，又紧接着安排了第二次公证。

在取得这个关键的公证书后，我们又发现公证的证物的制造日期是 2009 年 11 月，与专利申请的月份一致，但看不出来日期是在前还是在后。虽然这批实物可以结合购销合同复印件，说明其销售时间在专利申请日之前，但对方一定会抓住《购销合同》没有原件的漏洞来攻击我们。因此我们继续对集装箱进行跟踪查询，发现在郑州东站有一个原告当年参与制造的冷藏集装箱，于是又再次派遣调查人员前往郑州东站进行公证取证。这次取证的集装箱不仅技术特征与专利技术完全一致，而且制造日期非常清楚标明是 2009 年 8 月，铭牌上还清晰标注了购买这个箱子的箱主和原告作为制造商的名称。

至此，我们对案件的抗辩开始有了非常充足的信心。

庭审中与对方律师的博弈

一审开庭之前，我们对案件做了很多准备，预设各种原告可能攻击的点。由于原告聘请的律师均为具有较多专利案件代理经验双证律师，我们猜想对方的优势在于技术，可能会抗辩我方提出的证据与被控侵权产品不一致，不能作为现有技术抗辩。

针对这一种可能性，我们反复地对公证书对应产品特征的照片一一进行核对，每次遇到技术上不太明白的地方就向客户公司技术部请教。

当把技术特征完全消化了之后，我们就专门绘制图表，将被控侵权产品的特征与现有技术证据中的照片进行做了特征比对图，可以一目了然地看出二者技术特征基本一致。

然而开庭当天的情况和我们预想的有很大不同。原告律师在法庭上很痛快地承认了我方证据中的现有技术产品特征与被控侵权产品的特征一致。反之，他们的攻击点主要放在我们现有技术的公开时间上。比如对于我们用证据链来证明整个销售公开事实的一组证据，对方采取了分拆证据一一反驳的策略，强调每个单独证据都无法证明公开的时间，因此我们提供的证据并不能充分证明现有技术公开的时间。

原告律师的这种策略也算是无奈之举。因为本案的现有技术实际上在申请日前的三条事实线上都公开了，每个完整事实单份证据要证明技术已经公开并不成立，多份证据组合起来却已经充分满足民事证据证明标准，达到了高度盖然性原则，足以让法官形成对事实的心证。

所以，作为有经验的律师，在明知现有技术是客观事实的情况下，只能抓住单个证据证明力不足的点大说特说，希望借此减弱法官对于盖然性事实的印象。

对此，我们的应对策略则是以下三点：

一是强调每一组证据已经形成完整的证据链。

二是由于原告也是现有技术产品的制造方，请求法院责令对方提交当年的销售合同。

三是从法律上论证现有技术销售公开的认定。

虽然从获得关键证据那一刻，我就确信这个诉讼我们一定会赢。但是诉讼风险的不确定性总是会让我们对于庭审本身充满了敬畏，期待能够在庭审将事实和法律呈现得更加清晰。

果然，这个案件庭审后等待判决那段时间，原告律师主动致电过来要求和解，大幅地降低了赔偿的要求。当时，从诉讼的风险角度而言，内部也有意见促成和解。

但我觉得那么不容易取得的可以制胜的证据，已被我们掌握有这么好的筹码，当然要给客户争取最有利的条件。除非对方不要求任何赔偿，那么就没有和解的必要。于是我们拒绝了原告的和解方案，安心地等待一审判决。没过多久，我们就拿到一审驳回原告全部诉讼请求的判决书。

如当事人预料的那样，原告依然选择了上诉到最高人民法院。上诉状写得很长，但只有一个新观点。他们提出，我们在一审阶段提供一份图纸，图纸的边角上有一行字很小的英文，翻译过来是不允许复制和传播的含义，就是保密条款。客户的法务部对此仍然是非常重视，而且他们也提出了一个让我们不能盲目乐观的点。

在疫情的情况下，特别是北京法院，很多案件都选择了远程网上开庭，甚至是书面审理，而这个案件最高人民法院通知了现场开庭，是否二审对一审的判决存在比较大的疑虑呢？

客户的疑虑是有道理的，因为我们也有另一个专利案件对方提出上诉，最高人民法院通知了书面审理。所以针对这个问题我们主动与法院书记员联系，表示因为我们有一个代理人身怀六甲，可否改成远程开庭？

但法院回复说远程开庭必须双方当事人同意，但对方作为上诉方强烈要求现场开庭。当我们把这个原因告诉当事人后，他们暂时放下了心头的紧张。

比较有意思的是，在一审败诉的情况下，二审中的原告提交了大量想证明几个被告共同侵权的证据。我觉得这大概也是当时二审决定现场开庭的一个原因，因为二审证据比较厚上诉状也很长，或许让法官第一感觉是案件争议可能比较大。二审法官当时也有点吃惊，她和我们一样大概以为是反驳我们现有技术成立的证据，但是发现不是，还特意在法庭上问了一句。

而在质证过程中，对方提交的一份证据原件引起了我们的注意。这份证据是一份招标书，上诉人并没有完整作为证据提交，只是截取了一部分作为证据提交。而原件招标书中却清晰有一页是既往业绩，其中正好有他们当年销售涉案现有技术产品的交易时间，这也是一审我们要求其披露但是他们拒绝披露的事实。

抓住这一点，我们再次强调一审判决我们主张现有技术产品在专利申请日之前销售事实是确凿无疑的。同时，我们还将一审中法院认为部分没有确认的首发仪式公开的事实进行了展开，这一点也得到了二审法院的认同，在判决书确认了现有技术产品在首发仪式公开使用的事实。

案 后 思 考

对于客观事实有利但暂时并无确凿证据支持的案件是否应当承接？

本案在承接下来，大家因为取证而压力巨大的时候发生过争论，就是我们对案件有多大的把握才能选择去做？应该说，本案在给客户做应诉评估方案的时候，我们提出了现有技术抗辩理由，在当时是缺乏充分的证据的。只是客户提供的线索显示的客观事实让我们相信这是可能走通的路径。

这种情况下，胜诉的把握最多在六成。败诉会导致律师和律师事务所的声誉受损，我们的合伙人经常也会对自己提出不能有败诉案件的要求。所以，在方图律师事务所，对要承接的案件是需要进行严谨的诉讼评估才敢接受委托的。这也是方图律所的败诉案件比较少，胜诉率比较高的一个主要原因所在。但是针对本案而言，如果我们因为当时缺乏确凿的证据败诉风险很大而选择不接，那是在过分珍惜羽毛的心态下对客户的不负责。

案件难点解决本身也是律师的价值所在，比如本案中对于现有技术取证的难题解决，正是方图律所善于运用调查取证能力的一个价值体现，换作其他的律所未必可以做到深入挖掘，及时完整做好多个省市的现有技术产品公证。对于定位于疑难复杂案件的律所而言，每一个案件本身都充满了不确定性，所以不能强求每一个案件都具有超过 80% 的胜诉把握。

曾国藩有句话是这么说的：先静之，再思之，五六分把握即做之。这个其实就是我们做疑难复杂案件的律师对于接受委托案件的可以参考的。

由于对案源的需要，市场上有很多律师其实并不会先评估而后接案，而是不管三七二十一先接下来再说。还有律师认为，有些被告明确会输的案子，也是需要律师来代理的。这话当然不假。而我们对于那种分析后认为诉讼空间不大的案件，会选择坦然告知，建议另选方式处理。

比如一个被告来咨询，我们评估后认为案件争议性不大，律师在案件中发挥的专业作用有限，但败诉面临的赔偿不会很高。这时我们会建议客户主动与原告和解，选择最低的经济成本来解决案件，否则很大可能性是支付的律师费比赔偿额还要高，不划算。

这种对承接案件的负责任思维，实际上是合伙人比较统一的。但究竟有几分把握就可以承接，大家并没有深入讨论过。也可能是律所败诉的案件真的不多，所以大家对于赢的要求会非常高。直到发生这个案件，让我们心中开始了思考。

凡事要有一个度才会达到平衡。凡作为律师而言，对赢得诉讼要有强烈的自我要求，但也要允许自己输。通俗一点来说，就是既要拼尽全力去赢，但也不需要怕输。结果本身并不是我们律师来决定的，我们要去做的事情，是在每个案件中去穷尽各种可能性，帮客户做最大范围的争取。

对于方图而言，过程总是要比结果更重要，因为过程是我们可以去做的，而结果大多时候是努力就可以得到的，但有的时候也并非如此。

专利诉讼：论单点突破的正确姿势

文 | 何华玲

这是一个拍案叫绝的故事，也是一段惊心动魄的历程！

2019年7月的某一天，我接到最高人民法院知识产权庭法官的电话，通知我们次日到东莞某工厂对被控侵权产品（饼干包装线）进行现场勘验。接到电话的我，心潮澎湃！没有想到二审还能去现场勘验，而且还是最高人民法院。

这是一起发明专利案，客户（被告）一审败诉后委托我们代理二审。我们经分析后认为本案具有以下难点：（1）一审开庭两次，且引入技术调查官，说明技术复杂。（2）一审认定等同侵权，等同侵权何其复杂，在一审败诉的情况下，局面相当不利。（3）客户此前申请宣告专利无效。（4）除"物料源"外，本案具备其他全部技术特征，且被控产品具备"物料源"。（注：物料源即物料的源头，在专利权1中描述为"用于供料的物料源"）

技术拆解原告涉案专利权1对物料源的描述：包括2条以上的送料通道，送料通道相互独立，并每条送料通道各自均包括至少一个用于供料的物料源。涉案专利的物料源系：(1) 多个；(2) 相互独立。而我方物料源仅 1 个，自然也不能相互独立。

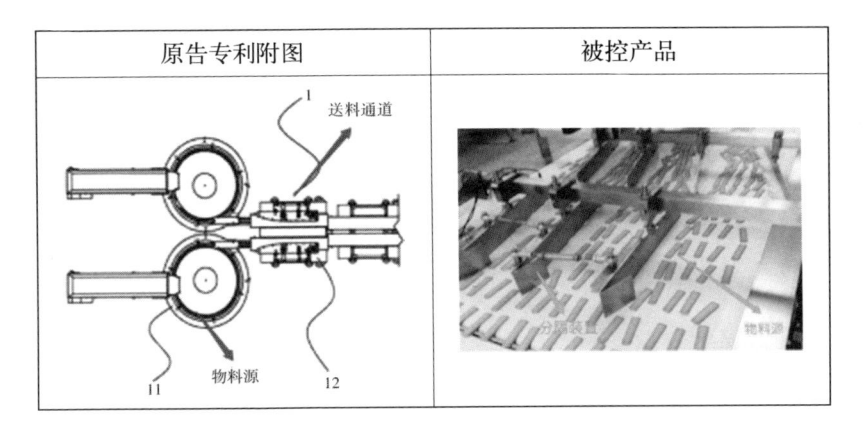

原告专利附图	被控产品

事情当然不会这么简单，问题在于被告的物料源上有很多个分隔板，形成了多条通道。这些通道是否可以认为是多个物料源？

一审判决认为："被诉侵权产品输送带经过隔板进行分隔后实质上形成多通道输送物料的物料源，每一条分隔后的物料源通道即形成一个供应物料的物料源，并分别供应对应的送料通道，与涉案专利技术方案'每条送料通道各自均包括至少一个用于供料的物料源'手段基本相同，实现功能、效果也基本相同。"由此认定二者构成等同。

我认为这份一审判决还是有待商榷的。

为什么"皮带+分隔板"形成多通道，不等于多个物料源

所谓被告，有了论据就是抗辩，没有论据就是狡辩。论据在哪里？权利要求的字眼实在宽泛，对被告十分不友好，我们需要从说明书找论据。

1. 一就是对多的否定

多年前，我听过温旭律师分享一个专利案时说"一就是对多的否定"，这句话让我特别印象深刻，光荣地成为代理词中的某个小标题。

具体而言，我们需要解决两个问题：为什么我是一？我如何否定多？针对第一个问题，首先，原告是"多"：原告涉案专利权1明确记载，包括2条以上的送料通道，每条送料通道各自均包括至少一个物料源，这个很理解，原告必然是"多"，此乃实锤！其次，我方是"一"：原告的物料源就是一条皮带，"皮带说"贯穿了我们整个诉讼过程，一条皮带就是一个物料源，针对第二个问题，一审判决说虽然只有一条皮带，但是皮带上有多个分隔装置，形成了多个物料源的效果，构成等同。

如果我们继续拿着图片纠缠二者如何不同，说一天也说不清，何况对方有一审判决支持。所以我们要跳出现有的战局，找到靶点。要运用"全局思维"，从技术背景+现有技术缺陷+发明目的+发明点来理解原告专利，再通过阐述被控产品来反证二者的区别。

背景技术	只有一条送料通道；或者一个物料源配多条送料通道
现有技术缺陷	只有一条送料通道，送料速度慢；只有一个物料源，供料速度慢
发明目的	提高供料、送料速度，以提高饼干等物料的包装效率

发明点：(1) 增加送料通道；(2) 相应地增加物料源，使理料速度（饼干等输送速度）成倍增加。

通过上表可知，原告涉案专利的发明点在于，通过增加送料通道，以及与之相匹配的物料源，使得供料、送料都成倍增加，提高工作效率。据此，案涉产品每增加一个物料源，其理料速度都应当有所增加。这点在其涉案专利说明中亦予以明确解释：涉案专利说明既然单通道理料在处理"一袋多物料"的情况不尽如人意，那便增设多条通道同时往袋里供料，且每一条通道都独立配有至少一个供应物料的物料源，使理料效率成倍地增长，以抵消"一袋多物料"带来的影响，最终使理料系统达到生产效率等于或接近供料效率的效果。

抓住这一点就很好论述，为什么被控产品是一个而非多个物料源了。因为一审判决的核心观点在于，被控产品"多个分隔装置形成多通道"，与多个物料源构成等同。假定该结论为真，则每增加一个分隔板，供料速度应当成倍增加，但我们从下图可以看出，被控产品的物料源是由"一条输送带＋分隔装置"构成，供料速度实际取决于输送带（皮带），跟分隔装置没有半毛钱关系，更不可能出现，加一块分隔板，速度就会成倍增加的情况。

被控产品的物料源

假设隔板隔开的通道为一个物料源，每增加一个隔板，能否使理料速度增长？

当我们提出这些观点后，法官归纳争议焦点："物料源是否构成相同或等同的问题，也就是上诉人一直强调的数量的问题。"庭审至此，我和另一位代理人麦晓君律师对视一眼，互相看到彼此眼里的火花，终于，法官充分注意到这个问题，并且强调"数量"作为争议焦点了。革命尚未成功，但只要有可能成功，我们就要继续努力！

2. 形象代替抽象，破解独立和非独立的僵局

如果单从前文中图片来看，各通道之间看起来挺独立的，一审输得不算冤枉。但我们做专利案件不是凭本能直觉，而是要深挖技术手段背后的原理，拓展其可呈现的功能、效果，才能把技术说清楚，把案件说清楚。

独立和非独立在功能、效果上是具有很大区别的，这个问题我们得说清楚，否则只有论点没有论据，看起来像狡辩。毕竟在知识产权领域，关于物理上不能分离，功能上能够分离之类的传说，分分钟能让侵权和不侵权、近似和不近似瞬息万变。（1）白 + 黑说。我方的论据，由于原告专利的物料源是独立的，所以理论上可以 A 物

料源放白色饼干，B 物料源放黑色饼干，而被告只一条皮带，皮带直接连接饼干生产线，无法黑、白并行。(2) 速度说。既然原告专利的物料源独立，那不同物料源的供料速度会有所区别，甚至 A 物料源发生障碍时，B 可以继续运作，只是供料、送料速度成倍降低。但被告只一条皮带，一停俱停，一损俱损。

关于这一点，并非我方无端揣测，恶意曲解。涉案专利说明[0009] 如是说"各个通道的物料供料速度出现差异的时候，物料较难同步输出至汇合点"。法院把这一段写入了判决书，认为根据该记载说明：用于供料的物料源之间，可能会出现不同步的情况，进而进一步说明涉案专利每条送料通道的物料源相互之间是独立的。

案 件 启 示

1. 技术比对：专业表达 + 白话比喻

办理专利案件，理解技术很重要，但表达技术同样重要。能理解技术之人常有，懂表达技术之人不常有。所以，某种程度上，表达技术比理解技术更为重要！

首先，在解读权利要求时，应当一切论点都是有出处的。比如我们称原告涉案专利的物料源是独立的，系基于权利要求中的内容，但如果只是不断重复，这样的观点缺乏论据，也就缺乏说服力，需要到说明书中找答案。通过通读说明书，发现说明书中提及"各个通道的物料供料速度出现差异的时候"(划重点：供料速度)，遂严肃抠字眼，放大此点来支撑我方观点。并且这句话还得再次解读,为什么这句话说的是物料源独立,而不是仅指送料通道独立。因为其中提到"物料供料速度出现差异",而权 1 对物料源的限定描述系"用于供料的物料源"。环环相扣,环环深入,才能形成一个严密的逻辑圈。

在专业表达方面,可以多将自己的文书和法院判决进行比较。找出法官在论述技术时使用的逻辑和论据是什么。比如在解释专利技术时,法院的段落通常分为"首先,从权利要求的描述来看……其次,从说明书的记载来看……"重点在于法官所选择的支撑其论点的论据是什么?这需要我们细细比对,看看自己的观点是否被采纳,以及虽然被采纳,但法官的论述有何不同?为什么判决的论述显得更清晰、简洁、令人信服?

有的时候,我们可能提了 10 个点,法院依照其中 2 个点进行了判决。这就有意思了,这恰恰说明我们对观点的不自信,而不自信系源于对每个点缺乏足够深入的剖析,以找出最锋利的那把刀,只能把所知的所有点都提出来,然后一切就看造化了。这其实是很危险的,重点不突出,就好比刀锋藏在刀鞘中,缺少锋芒。10 分威力只起了 2 分作用,白白浪费了一把好刀。

其次,单有专业表达还不够,尤其是庭审中,技术文字实在太生涩了,理解起来非常有局限性,一定要配合口头比喻,让技术生动起来,让人秒懂。比如关于皮带 + 分隔板形成多通道,是否等于多个物料源的问题,我们举例一个衣柜里有多个分隔板,难道就变成多个衣柜了吗?比如关于物料源是否"独立"的问题时,我们举例皮带无法分割,不存在独立说。比如独立的物料源可以一边白饼干，一边黑饼干；独立的物料源还可以单边操作，比如一边出现故障停止了，另一边继续工作；独立的物料源速度不同，必然有一条快一条慢，世上没有相同速度的两个事物。但非独立的物料就与此相反，不能同时放不同物料，不能分开行动，不能高低速度。深入浅出，案件才能妥了。

2. 庭审展示很重要

能够获得最高人民法院法官去现场勘验的机缘，我们在庭审中唾沫横飞固然重要，但我认为以下两个小动作也起到了很好的助攻作用。

一是争取当庭播放现有技术视频。二审期间，我们提交了一组证据说明被控产品的物料源系现有技术，请求当庭播放现有技术的饼干生产线视频。法官认为我们提交的公证书附彩色照片，现有技术产品结构清晰，看公证书即可。但要理解枯燥的工业机器，当然是实物＞视频＞照片＞文字，所以我们还是坚持请求当庭播放视频。我们当时并不知道最高人民法院知识产权庭播放视频必须用法庭的设备，而不能用代理人的电脑（应当是为了保持庭审视频的完整性），所以没有提前申请。好在法官人很不错，基于我们坚持，当场让技术员上来调试，播放视频。

二是要求再次播放一审法院保全的证物照片。一般来说，一审已经判决，二审的争议焦点是非常集中的。双方当事人都会集中火力到某一争点上，往往也不需要再次呈现证物的完整形态。但是当法官问及我们是否需要播放一审保全的证物照片时，我们非常果断且明确地要求播放。作为一审败诉的被告而言，让二审法官多看一下证物，才能多一线生机，否则就靠着双方在庭上的语言阐述，二审法官天然地更相信一审法官的判断而不是律师的辩词。因此，需要二审逆转的专利案件，一定要想办法把涉案技术的照片、视频让二审法官看到且看进心里，让技术比对从头来过，才能打破一审僵局。

3. 要尊重对手

本案原告涉案专利同时申请了实用新型和发明专利，并同时起诉了被告侵犯两项专利。其中，发明专利案一审委托了其他代理人，实用新型案则找到我们。在实用新型案开庭时，发明专利案已开完庭数月，发明案代理人也到现场旁听。庭审技术比对中，原告代理人和客户发明案的代理人成了好朋友。我们质疑一句，原告代理人就反驳说要不问下发明案代理人，言下之意就是我们压根儿不懂。庭后，虽然大家都有点沮丧。但我一直坚信我能打赢这个案子，这个念头也一直伴随着我整个办案路程。在客户发明案败诉后想要转委托我们时，我毅然接下这个案件的二审。明知山有虎，偏向虎山行！

一切都不需要争论，只需要给出结果。现在回头来看，当时的场景只是寻常。同样的技术方案，对方已经开过庭，且身为专代在理解技术方面有天然优势，难免带有几分优越感。发生当时的情况，更多的原因还是在于自己研究不够，不自信，情绪才会受到影响。棋逢对手，受益匪浅！

最后，想说一个老生常谈的词"穷尽"。比如我和麦晓君律师代理词写了四份＋，比如一审担心发明案出现不利判决影响实新案，我们对发明案进行了阅卷、旁听开庭、撰写代理词。比如客户听了一些声音质疑我们时，我们始终牢记：穷尽，方能问心无愧！能坚定信念就坚定信念，不能坚定信念就坚定行为。

查封证物被破坏，
记一起与被告斗智斗勇的发明专利侵权案

文 | 陈洁雅

办理专利权侵权纠纷案件，需具备两个要素：一个是权利基础，即具有法律效力的专利权；另一个则是被诉侵权产品。这也就是俗话说的"没有对比，就没有伤害"，因为我们需要用相关权利要求文件和实体产品进行两相比对，才能得出侵权与否的结论。通常，作为生产方被告都会在专利权上大做文章，想尽办法去申请专利无效以进行不侵权抗辩，又或者想方设法去寻找在先专利、在先销售产品以进行现有技术抗辩。可是这次，我们碰到的是一个胆大包天的被告，他不走寻常路，他在被诉侵权产品上大费周章，使出了釜底抽薪之法，看你权利人如何做成无米之炊。

回忆篇——开庭的那一天

2013年的某个开庭之日，夏日炎炎、酷暑难耐，我们的何俊律师顶着怀孕五六个月的大肚子，和法官、书记员、被告及其代理人等一众来到使用方被告的工厂，厂区里的机器仍在轰隆隆地开工中，漫天尘土飞扬、嘈杂不息。大家伙寻找了半天，却发现此前法院做证据保全时查封的八条被诉侵权生产线，仅剩一条留存，且全部封条不翼而飞。于是，生产方被告极力辩解道，该设备并非其生产、制造，这与此前法院查封机器设备并不相同，不能用于侵权比对，更不能以此定案。是哪个胆大妄为的人拆解了法院查封的机器设备？

在客观环境如此不堪的情况下，是什么令我们的何俊律师，仍然坚持顶着身孕、扯着嗓子在现场完成了专利侵权比对，并让我们的团队在后期诉讼中逆转败局，大败被告方！

当然是与被告方斗智斗勇的决心、不放弃调查追寻的信念和夯实的专业基础，让我们步步为营，扭转不利，转危为安，获得了这个专利权侵权案件在当年 65 万元的高额判赔。

过程篇——波折重重的庭前、庭中和庭后

1. 庭前——类案换将、另案设备被拆

这是一个发明专利侵权的案件，权利人的几种不同类型的机器设备，被同一生产方仿冒抄袭，他不仅生产、制造甚至还以远低于权利人的价格进行销售，于是权利人找律师发起了第一起专利侵权诉讼。而当年这位律师以一笔较低廉的律师费接下此案，可能由于成本问题等各种原因，权利人苦闷于其案件分析不到位、证据保全不完善，且案件进展未主动积极沟通等，于是当事人在发起第二起专利侵权诉讼时果断弃用该律师，而选择了当时律师费是其 20 倍的我们团队。作为专业的知识产权诉讼团队，我们不仅关注自身被委托案件的情况，同时也会积极了解和跟进其第一起专利侵权诉讼的情况。经了解，该案开庭时，竟然发现法院查封的被诉机器设备已

全部被拆解，无法进行技术对比，这不得不引人联想是这个奸诈狡猾的生产方被告在背后做的小动作。

2. 庭中——设备又被拆、使用方声明又声明

鉴于此生产方被告的"前科"，我们一边积极努力地申请沟通法院进行本案的证据保全，另一边更是制定了多种的预防方案。没想到对方故技重施，同时竟然绕过我们的多个预案，拆解掉了七条被诉侵权生产线，还好我们技高一筹，成功保住了最后一根独苗——关键的一条生产线。于是才有了前面我们身怀六甲的何俊律师，在使用方被告厂区那样嘈杂、漫天尘土的现场，扯着嗓子坚强地就这独苗完成了技术比对的经典场景。不过，毕竟全部封条都已不翼而飞，勉强保存下来的侵权产品用于比对，确有瑕疵，还是要进一步夯实证据，才有可能逆转败局。

不放弃调查追寻的信念，是我们办案的宗旨。我们经过多方了解调查，终于找到另一个涉案机器设备的使用方。又是一个烈日当空的夏日，我们的陈建南律师带上该案的审判长及承办法官，去到该使用方厂区对相关机器设备进行拍照、录像，并在审判长及承办法官的主持下，当场与该使用方就涉案机器设备的购买情况、使用情况等签下笔录，该使用方当时还提供了相关的购买合同。本以为这下证据确凿，对方应该无法狡辩了。没想到的是，在第二次开庭时，我们竟然收到该使用方盖章出具的一份自认其自行改装过相关机器设备的《声明》。眼看被告方布下的又一陷阱，我们的团队临危不惧，冷静地分析过情况后，认为该使用方如此反复应该是受人唆使，且并未意识到自身的法律责任和法律后果。

于是，我们草拟了一份《律师函》发给该使用方，向其力陈其向法庭的供述前后不一致的法律责任和法律后果、如因此认定其为制造商的责任承担问题及其中的利害关系。该使用方辗转反侧、几经思量，最终又出具了另一份《声明》提交法院，当中澄清了其出具的前一份《声明》是受到了生产方被告的唆使和影响，真实的情况应以当初的现场调查取证为准。至此，相关的证据和案件事实的查明慢慢向有利于我方的趋势发展。

3．庭后——提供计算判赔的依据

最后，我们当然要锦上添花，为最后的胜利奠定坚实牢靠的基础。其实在 2013 年，知识产权领域是习惯以法定赔偿来判决侵权责任和损害赔偿的，当年我们抱着为当事人争取高额判赔、利益最大化的初心和想法，提供了第三方会计师事务所出具的审计报告，证明我方当事人近三年的利润率，且以使用方的购买合同明确了被诉侵权生产线的售价比我方专利产品售价低了近 1/4，生产方被告抢占我方当事人市场份额较大，且侵权获利较大，我方理应得到高额的判赔。因此，法院最后参照了我们提供的这些数据，给出了当年高达 65 万元的高判赔额。

虽然此案历经一波三折，但凭借着我们与对方斗智斗勇的决心、不放弃调查追寻的信念和夯实的专业基础，让我们步步为营，扭转不利，转危为安，最终巧为无米之炊，逆转了败局！

番外篇——换将反思

我方当事人的第一起专利侵权诉讼的律师被换将之事，除了前述当事人提到的案件分析不到位、证据保全不完善、案件进展未主动积极沟通的问题让我们时刻警示自己应尽可能避免犯下类似的错误外，其案件中其实还有些插曲值得我们反思和注意，与大家共勉：

1. 交证据前应仔细审查证据的双面性，多思多想

当时该第一起专利侵权诉讼因参照我们团队案件的证据材料，向法庭提交了审计报告以证明我方的销量及利润情况，却未注意到在审计报告中，出现了我方当事人的产品早在相关专利申请日之前就已经在销售的情况，而被认定为现有技术，导致本已无侵权产品比对的状况更加雪上加霜。

2. 对案件的风险进行预判，提醒当事人调解的及时性和必要性

至此，该第一起专利侵权诉讼案件的风险已经相当大了：被诉机器设备全部被拆解、无法进行技术对比，且又被认定为现有技术。被告方此时提出调解意愿，并在法官的主持下当庭调解，我们认为此时律师应该把握好时机，提醒当事人适时与被告方达成一致。

3. 调解前做好准备，提醒利弊所在，请当事人选择合适的条款

面对调解，我们认为应提前做好准备，比如哪些条款是坚决不可让步的、哪些条款是可进可退的，应提前做好调解方案并提出明确的意见，及时提醒当事人利弊所在，让其做出利益最大化或者说是最合适的抉择。

只有一个技术特征的区别,如何在最高人民法院逆风翻盘

文 | 麦晓君

这是一个最高人民法院二审改判的案件。这个案件后面其实还有一个很复杂的案件,我们在办理过程中,也贡献了很多"英勇操作"。

勇之操作一

2018年5月,一开始我们只代理了实用新型专利侵权民事案(下称实新案)的被告,应诉方案也仅针对实新案的起诉材料来分析。我们信心满满地觉得可以用不侵权抗辩,即使侵权,由于实际侵权时间只有2个月,也不应苛以太高的赔偿(原告起诉100万元)。但是,在向客户详细了解案件背景之后才知,原来原告还以同案申请的发明专利起诉请求临时保护期使用费20万元(下称发明案),而且已经开过庭了。

同案申请的发明案如果判定侵权,势必对实新案造成极大影响。不能眼睁睁地看发明案任意发展,于是,勇之操作一就在于,除准备实新案一审外,还一并关注发明案的一审,包括但不限于阅卷,务必了解

法官和对方的思路。

勇之操作二

不看不要紧，一看不得了，发明案已经开了 3 次庭，确实是个疑难复杂案件，不能掉以轻心。

2018 年 6 月，实新案还有几天就首次开庭，针对阅卷时了解到对方的起诉思路及法院的倾向性，我们在起草答辩状时进行了分工，同事雯敏负责法律部分，主攻重复起诉抗辩，我负责技术部分，进行不侵权抗辩，并尽量在答辩状中以图示方式展现，让即使没有技术背景的人，也能明白我方的答辩思路。

2018 年 12 月，两个案都没有判决结果，发明案通知第 4 次开庭。勇之操作二就是，何华玲律师让彼时还是实习律师的我去旁听这个庭审！俗话说初生牛犊不怕虎，技术比对时场面比较混乱，我听着听着实在看不过眼，还凑上去发表了"实际要解决的技术问题不同"的观点。当然，由于我不是代理人，书记员不会记录我的发言。旁听回来之后，我们立即给发明案补充了代理词。也就是说我们代理这个案件，不仅阅卷、旁听另一个相关案件，还写上代理词。

勇之操作三

有些事情，可能不是努力就有结果。2019 年 2 月，4 次开庭的基础很难通过 1 份代理词扭转，最终发明案一审判决下来了——认定我们的客户等同侵权。不用说，比窦娥还冤，坚决上诉，我们成了发明案二审的代理人。

发明案一审判决摆在那里，二审逆转谈何容易。客户受到打击，不抱什么希望。我们推出勇之操作三——找现有技术证据、找涉案专利审查档案、做实验拍视频、找案例、做公证、写庭前代理词……只为了说明一个问题，我们不侵权！还记得为了证明我方的技术方案无法解决涉案专利想要解决的技术问题，我拿着测速仪，两次到客户处进行速度测试，并做了实验说明。

开庭前一天，何华玲律师和我在酒店里奋笔疾书，傍晚我把代理词打印出来，感觉沉甸甸。第二天开庭前交到法官助理手上，她马上拿给合议组，惊讶地说"她们交了代理词！她们交了代理词！"

开庭时主审法官释法，大意是请求发明专利临时保护期使用费，只有在发明专利授权后才可以往前主张公布到授权期间的使用费，而且，只能主张公开文本和授权文本中一致的权利要求。我是专利代理师出身的，当年对重复起诉的法律问题没那么敏感，但是关于专利公布和授权两个文本的差异问题我敏锐地捕捉到了。

回来一琢磨，发明案二审反过来又帮了几天后二次开庭的实新案一审，判定重复起诉无疑了。结果大家都知道了，发明案二审逆转判定不侵权，再审维持二审判决，而实新案重复起诉全部驳回，客户在两个案中，都不用赔一分钱。

当我 4 年后再回头看这两个案件的计时和案卷，惊讶地发现，我们在两案中一共提交了 6 份代理词，多份说明，参加／参与了 4 次庭审、1 次法院现场勘验，总计时 402 小时。感谢何华玲律师让我见识到了什么叫作真正的律师——真心实意想把案件办好，也有能力把案件办好。也见识到了，技术类专利案，不是有技术背景就能做好，坚韧向前的品质、技术与法律思维结合，缺一不可。

发明专利案，一审只判 15 万元，二审怎么办？在线等

文 | 何华玲

我们有一个发明专利案，一审判决认定被告主张的四大不同点均不成立，构成专利侵权。然而，损害赔偿只判了 15 万元……二审如何让法院就赔偿金额进行改判？这个问题只要想想就让人头痛。如果一审法官只判了三两万元，可能还更好操作，毕竟一审判赔低到惨无人道时，二审还是可以拍案而起的，听说有些法院就有这样操作。但问题是这个案件判赔偏低，但又未过低，所以改判基本不可能。

找到一审漏判或认定事实错误的部分

酌定赔偿说到底就是"拍脑袋"，既然是"拍脑袋"，总不能让二审法官在判决书中写，一审法官拍脑袋的姿势是错误，应当像我二审法官这样拍。

所以，找出一审判决漏判或者事实认定错误的地方，以该点作为首要攻击点，为二审提高判赔金额的战争拉开序幕。

我们办理的那起专利案件中，我方诉讼请求中还

主张要求被告销毁模具和库存产品，法院认为我方没有证据证明被告有模具和库存，不予支持。二审我们就积极地把这点提了出来。

我坚信，如果让二审法官所有事项都维持一审的认定，唯有赔偿金额改下数字，这几乎是不可能的。但是若一审判决确有认定事实错误，二审予以纠正，再改判金额也就顺理成章了。

找到被告仍然持续侵权的证据

赔偿金额与侵权证据密切相关，我个人认为，如果你能在二审补充被告侵权的新证据，二审改判是不是就可以视为出现新证据而改判？会不会对一审法官更好，二审改起来相对没有心理障碍？再者，被告一审判决后还在继续侵权，法官正义的天秤可能会偏向受害者这边更多一些。

当然，被告的侵权产品长了脚，随时都会飞，一审判决后你基本是找不到了，这就需要我们深挖。找人潜伏也好，买不到侵权产品网站公证也好。哪怕由于被告的藏身术，使证据看起来不那么铁证如山。没关系，交上去，至少让法官形成内心确信。

原告专利价值要充分呈现

证明原告的专利很厉害比证明商标很知名会更有难度，毕竟一个知名企业的品牌有无数获奖证书和广泛使用证据，可以形成完美蓝图。但是专利案件中，你如何跟法官说清楚你的专利如何厉害并不是一件很容易的事。

我们比较幸运，客户的专利不但在中国取得发明专利授权，在日本、韩国、澳大利亚、欧盟都获得了授权（现在在美国也获得授权），可以说是非常厉害了。所以我们在二审开庭中，也是着重强调专利在很多国家均获得授权。

我查了下我们判赔比较高的专利案判决的"法官认为"部分，发现以下因素可以用来武装自己。

申请时间：这是很新的专利，2017 年才授权，这显然是一个崭新的技术，未来我还可以用 20 年。相比那些已经用了 18 年，还有 2 年就到期的专利，更应该得到保护，不是吗？

发明点：从前，有一个小朋友很喜欢吃面包，她妈妈每天早上 5 点就起来帮他做面包，弄面粉、打鸡蛋、和面、发面、蒸、煮、烤、煎等，全部纯手工制作，很辛苦。现在，自从用了我发明的面包机，只要把面粉和鸡蛋放进去，按下按键，10 分钟，嘀的一声，面包做好了。从此，再也不用 5 点起床做面包了。从人工到自动化，有很大的历史进步。

产品价格：一滴水和一片大海之间有整个天空的区别，同样是发明专利，一把锁和一台机器设备是星辰大海的区别。我们所前几年办的一个专利案件，法院判决被告赔偿 65 万元，在早年属于判赔较高的案件，张学军博士也曾在她发表的文章中提到："十八、佛山市鼎吉包装技术有限公司与崔永凤、佛山市誉辉建材有限公司侵害发明专利权纠纷案［(2013) 粤高法民三终字第 834 号］赔偿金额：60 万元 + 合理费用 5 万元赔偿裁判要旨法院综合审查涉案专利的技术含量、侵权产品的数量以及侵权人销售合同约定的价款，考虑到被诉侵权零部件属于被诉侵权产品的核心技术部件，在整体产品中所占的价值比例较大，侵权恶意明显等因素，酌定了较高的赔偿数额。"[1]

相关荣誉：不是只有商标才有荣誉证据，专利其实也有。可以充分跟客户沟通一下，是否曾获得专利奖、技术奖、政府奖励等，以此说明专利的市场价值。

专利贡献率：一言以概之，如果专利只是产品中很小的一部分，所起价值当然有限。但如果专利技术是产品的核心部分，甚至是全部产品，专利技术贡献率达100%，在判赔考量方面当然应显著不同。

庭审技巧，前所未有的重要

一审注重查明事实，二审事实基本固定，较少有新证据。但越是证据少的庭审其实越考验律师的出庭功底。事实已摆在眼前，你如何让法官相信你说的是正确的，并且是对双方都公平的，并且还要重新写判决。我们二审实现逆转的案件，无一例外开庭都是非常激烈和精彩的。每每日后提及，仍然依稀可见当日之浮光掠剑。

由于一审判决认为我们没有证据证明被告持有模具，二审若能改判被告销毁模具，顺理成章改判金额具有较大可能性。因此，我们把这一项作为了攻击的重点。

首先，我们作了大量检索，发现主审法官曾作为合议庭成员，在类似案件中支持了原告关于销毁模具的诉求。这让我们对案件有一定的信心，也提供了努力的方向。

---

[1] 张学军：《知识产权侵权损害赔偿难案例精选》，载微信公众号"学军每日一案"。

其次，虽然没有证据证明被告持有模具，但被控产品是由多个塑料零件构成，均不是市场上可以买到的通用零件，必须有专用模具才能生产出来。我们将产品的塑料零件一一拍照，以图片的方式呈现给法官。如此多的造型奇特的塑料件，以日常生活经验来判断，都知道市面上是买不到。然后进一步论证：从外观来看，上面的蜗牛造型独特，从结构来看，这些蜗牛对尺寸、规格，具有精确要求。从侵权性质来看，被告作为蜗牛制造商……

最后，也是最为关键的，我们在庭上做了两个正确示范动作。

一是推开一堆的一审材料。把那份在被告工厂做购买公证的公证书找出来，让法官一定要看这份公证书，我们去的时候是星期六，被告工厂正在如火如荼地生产。法官马上就产生了疑问：被告，这些零部件从哪来的？二是我们精心设计了一些问题。使法官注意到对方还在生产被控产品。对于被告所称几百台被控产品已经丢弃的荒唐之言，我穷追猛打，问对方怎么丢的，是当废品卖了还是当垃圾丢了？被告倔强地表示不清楚，根本无法自圆其说。

我知道很多律师一般不在法庭上问问题，因为律师对律师，你很难把握问题的走向，甚至可能产生极大的风险。但这并不意味着我们应当在此止步不前。相反，更应该在"法庭询问"这门功课下足功夫。把自己要呈现的重点信息，想方设法使法官注意到，特别是与被告陈述相反的证据。法官审案就是为了查明事实，一旦有疑问就会问当事人。

而对于法官的提问，对方不像应对律师那样警惕，毫无例外地全部否认，也就更容易得出事实的真相。由于法官的提问是随机的、偶发的，甚至贯穿整个庭审过程的，当事人缺乏敏锐度，难以在一瞬间想明白法官为什么那么问，也就容易出错。

法官询问旨在查明事实，律师提问则是为了让法官注意到对方有猫腻，比如侵权的故意，比如现在还在侵权。保险的方法：先把问题写下来，预想被告会怎么回答，Yes还是No，Yes你要怎么处理，No又要如何展开。要问无论对方怎么回答，都逃不出你所设陷阱的问题。

当你这样不断地去锻炼自己，假以时日，就可以在法庭上根据庭审情况当场设计问题了。好的问题往往是临场发挥，而非有备而来，但这个临场发挥需要我们近10年的有备而来。

反　　思

为什么同样的案情，不同法官的判赔差距那么大，为什么这个案件法官要判这么低？这是一个值得我们深思的问题，我想可能有以下三个方面。

1. 法官的判赔习惯

不同的法官对于知识产权的价值感受就是不一样，有的法官他一直都判那么低，你提交多少证据都没用。我们能做的就是在开庭前先检索一下这个法官的在先判决，提前了解这个难题，然后在庭审及办案过程中不断去强调和争取。前段时间，所里一个案件就做到了这一点。法官之前的判决没有超过20万元，我们律师知悉这一点后，投入了无限的精力去论证和说服法官，最终拿到50万元的判决。

2. 侵权定性有争议

真理在路上的时候，并不是非黑即白，所以才需要我们不断去求证。而求证之路漫漫，总有黑白难分的时候。法官在作出判决时，却必须作出黑还是白的抉择。是否侵权是判断是非题，只能黑或白。但赔多少钱，也许就会变成不黑不白了。毕竟一个案件，如果侵权认定都有争议，你能要求法官作出高额判赔吗？从感性的角度来说，会觉得判多了对被告不公平；从理性的角度来说，认定侵权但少判赔，双方都别上诉了更稳妥吧。

3. 故事的结局其实早有端倪，只是我们不曾察觉

这个案件后来二审改判为 50 万元，特别令人惊喜。我在写这篇文章的时候，突然灵光一闪，想起一审开庭完法官让我把拆开的产品装回去时，他拿着涉案产品的零件，不经意地以反问的语气问"这东西好用吗？能装热水么？"言下之意，看起来不好用的样子。现在回想，如梦初醒，一审法官其实并不觉得这是一个伟大的发明创造，但是当时我没有敏锐地意识到可能会影响赔偿。以后的案件中，让法官认同原告商标的知名度，认同原告专利的价值，认同原告对品牌和技术研发的投入，非常重要。这是代理律师应当做到的。

全额支持判赔 100 万元的专利案件是如何做到的

文 | 何华玲

故事背景：论侵权的套路与反套路

起因是北小姐注册了一个叫啦啦的个体户，做了很多侵犯一家叫顶好公司专利的产品，源源不断以此赚钱。顶好公司大怒，遂将北小姐诉诸法院。证保时查到了 8 条生产线，北小姐存在破坏法院保全的证物的行为。经过一番你来我往，你进我退的庭审交锋，法院判决北小姐赔偿原告 65 万元。但执行时，北小姐的账上早已钱去零飞，空无一文。经过数个回合，我们成功追加北小姐的丈夫南先生为共同被执行人，拿回了 65 万元，顺利办结此案。

其间，这家啦啦个体户摇身一变成了啦啦有限公司，法定代表人也不再是北小姐，但照样侵犯了顶好公司专利的产品，继续以此牟利。于是，时隔三年后，战争的号角再次响起。这次，告一个专利不过瘾，告两个。

案件启动:"高深莫测"的诉讼策略

如何办这个案件,有两条路。一是走寻常路,起诉啦啦公司专利侵权,庭审,等判决,完毕。

但是,这样重复性地办一个案件不太有挑战性。前一次的案件是何俊律师办的,65万元顺利拿回,我若走寻常路,总感觉缺点什么。

我冲进何俊律师的办公室,探讨如何才能最大限度提高法院的判赔额,保证执行结果?

1. 要认定对方构成重复侵权

如果只是起诉啦啦公司侵权,维权效果是有限的,下次他再换个马甲,继续侵权,怎么办?

思考过程中,我们找到他是从小啦啦长成大啦啦的证据,此啦啦和彼啦啦很多很多地方都是一样的,绝不可孤立这两个侵权主体,而要把他们捆在一起,认定他俩就是一个侵权行为的延续。

2. 要认定北小姐和南先生与啦啦公司构成共同侵权

啦啦公司不过是"北小姐们"侵权的工具,他们先是利用啦啦个体户干些勾当,被人抓包后,就改成啦啦公司,如此以侵权快速赚钱的行为,怎能不令人愤慨?为了确认主张北小姐和南先生的侵权行为,我们做了很多功课。比如,查内档发现原始股东是他俩,就说明无论是小啦啦还是大啦啦都是北小姐和南先生手中的"刀"。再如,北小姐被告过侵权,南先生被追加为被执行人,二人显然明知侵权,具有侵权故意和历史。

3. 有没有可能适用最近比较流行的妨碍举证推定规则

起诉期间时值全国知识产权年会,我在西安听到一位律师讲课。分享了很多办案经验，其中一种方法是"妨碍举证推定规则"。虽然之前知道有这么一回事，但怎么做，法院怎么看，我并不了解。但现在只要知道法院能够支持就可以了。当然，如何适用该规则，也是一种尝试。结合法院的判决，我个人的理解是原告要提出申请，法院不能主动适用该规则。其次，原告要尽到"提供侵权人所获利益的初步证据"的举证责任，在能力范围内尽到举证义务。

中间曲折：出师不利怎么办

理想是丰满的，现实是骨感的。当我们开心地将财产保全申请书交到法院，却收到法官让我们不太开心的回复。

法官说：原告，你告公司侵权，跟个人有什么关系吗？凭什么保全北小姐和南先生的财产啊。我们不同意！法官这么说，就意味着出师不利，下一步，该补材料补材料，该写说明写说明。尽力说服法官。

好不容易解决了这一大难题，又出现另一个问题。保全法官独自去工厂做了保全，拍了的视频效果不佳，难以比对。对方要是改了机器怎么办？对此，我们继续该写说明写说明，向法官阐明我们的理由。

最后，财保做了，证保也再次去做了。如何做到的，又是一段曲折的故事。然而方法只是技术问题，要一个问题至少有两种解决方法。更重要的还是理念，是不抱怨、不妥协的人生观，是穷尽一切救济手段维护客户合法权益的执业态度。这也是我的执业观，是我们方图的企业文化。

证据组织：交还是不交

如果说诉讼策略的选择决定了案件的方向，那么证据材料的组织决定了案件成功的可能性。

任何一个诉讼律师在选择、制作证据时，其实相当于一个将军在战场上调兵遣将。哪些证据是客户主动给的？哪些证据是需要从客户抽屉中找出来的？哪些证据是用来"一棍子打死对方"的？哪些证据是用来佐证，给法官形成心证的？哪些证据是为了迷惑对手，让对方成为你的助攻的？

有时，我们在选择证据时会有困惑。该证据不具有较高的证明力，如果对方否认，则可能是一招废棋。可是，它却有可能加强法官的心证。说起来真有点食之无味，弃之可惜的感觉。交还是不交，这是一个难题。我的建议是交，因为法官的判决背后承载了其自身对事实的认定和价值观。我们不能排除法官是得出了案件的结论，才根据结论写支持其观点的论据。我们也很难在一个案件中具有非常清晰的孰是孰非的判断，不然也就不会存在争议。因此，我的观点是能够加强法官心证的，能够加强高度盖然性的，能够可能给对方"挖坑"的证据，要好好组织提交法院。

结局：真是荡气回肠

还有一个秘密武器，那就是一个案件开完庭后，我们总是会认真写代理词。一份不够就写两份。之前有个案件，我们陆续提交了五份代理词。别说这是一种什么样的精神，无非是总有一些事情需要一说再说。如果案情非常清晰，那就可能不用写代理词了。如果觉得案件没有把握，还是赶紧码字。

这个案子我们拿到了两份判决书。发明专利案判决美丽的北小姐和英俊的南先生赔偿100万元，实用新型专利案判决美丽的北小姐和英俊的南先生赔偿50万元。不要说100万元也没什么了不起，这是我们起诉的全部金额，法院支持了我们的全部诉求，而且，该案适用的是2008年修订的《专利法》，法定最高判赔为100万元。适用妨害举证规则，认定原告主张的损失成立。而且在发明案中认定北小姐和南先生构成共同侵权，与啦啦公司承担连带责任。

当然，这世上并没有完美的东西。事实上，我们也陷入了深深的反思，认为起诉金额是否不够合理。但转念一想，还是要知足，全额支持的前提是诉求合理。

一场艰难的合法来源抗辩之争

文 | 蔡文婧

生产商与销售商之争这是一个发明专利侵权的案件，涉案的产品是便携式咖啡机，案件最初我们是在阿里巴巴上发现侵权线索，被告的阿里巴巴店铺中有一个宣传视频，视频中被告的法定代表人也是本案的核心人物蔡某向大家介绍工厂的车间、仓库、设备，从视频中可以初步推测出该工厂的面积中等、具有一定的生产规模，在该公司的阿里巴巴"工厂档案"中，也详细介绍了其有各种生产设备各多少台。在侵权产品的销售页面中，商品名称、商品图片、商品详细信息处均有被告自己的品牌Logo，在经营模式一栏中也介绍其为"生产厂家"，并提供"Logo贴牌等定制服务"。

根据上述线索，我们初步推定该公司为侵权产品的生产厂家，并且具有中等规模。于是我们立即启动案件，按照该公司的注册地址前往调查，蔡某接待并带领我们参观公司，向我们展示了一项涉案侵权产品的零部件，公司内有许多展示架，上面摆放有侵权产品，其中一个侵权产品上印有被告自己的品牌Logo。

虽然在该公司调查时没有发现前述车间、设备，但一来让侵权人带去工厂参观本身具有难度，二来该案的侵权产品是便携式咖啡机，不需要大型的生产线，甚至如果对外采购零部件，则只需要人工组装就可以制造出一个侵权产品，而组装行为也是专利法意义上的制造行为，再加上被告在商品页面中使用了自己的商标，因此，我们主张被告实施了制造、销售侵权产品的行为，应承担制造商的侵权责任。

设想如此美好，然而现实总是充满了挑战。开庭前被告提出了合法来源抗辩，称其只是销售商，所销售的产品都是从案外人朱某处进货，或直接由朱某代发，并提交了与朱某2020年3月开始的聊天记录作为证据，同时还主动提交了自己的销售流水，而法官也在庭前跟我们沟通说觉得被告合法来源抗辩成立，问我们是否有意向和解。出师未捷，这注定是一场艰难的仗。

一、第一个回合的交锋："进货"数量小于出货数量

我们根据被告与案外人朱某的聊天记录统计了其向朱某购买侵权产品的数量，将该"进货"数量与被告阿里巴巴销售数量进行核对，如果销售数量大于进货数量，则可以证明被告销售的侵权产品并非全部来源于朱某，若被告无法提供其他来源，结合被告在其阿里巴巴网站上宣称自己为厂家、公司内有零部件，可以推测被告自己也制造了部分侵权产品。

然而事情并不会那么顺利，根据被告提交的两个ID的交易数据统计出来的销售数量小于进货数量，要达到上述证明目的，就必须推翻被告提交的销售数据，可这是从阿里巴巴商家后台直接导出的数据，在没有证据证明该数据真实性存疑的情况下，法院也不会同意我们另行向平台调取，这可要如何推翻呢？

我们第一个想法是看看我们公证购买的订单是否能在被告提交的销售数据中找到，如果找不到对应的，那不就说明被告提交的销售数据不完整了吗！事已至此，没有办法的时候只能使用最笨的方法：一页一页翻阅双方的证据，看看有没有遗漏的细节。这个时候我们留意到，因为我们只购买了其中两个链接，被告也因此只提交了这两个链接的销售数据，链接中会包含商品 ID，商品 ID 就像人的身份证号码，只要还是同一个链接，更改了商品名称、商品图片，商品 ID 都是不会变的，那么有没有可能存在第三个侵权产品的 ID 呢？我们在公证的时候对所有的侵权产品链接都进行了浏览，于是我们一页一页地翻找，果然出现了我们第三个 ID，于是我们将这一页证据重点呈现给法官，希望法官能够发函向平台调取三个侵权产品 ID 的销售数据，法官同意了。

二、第二个回合的交锋："刷单"不成立

根据法院调取回来的销售数据，被告销售的数量比朱某处购买的数量多了 1031 件，也就是说有 1031 件侵权产品被告无法证明其来源。

这时候被告也掏出了第二招：刷单，被告在庭后补充提交了一组详细的刷单证据，拟证明存在 1031 件刷单，剔除掉刷单的情形后，销售数据与进货数据恰好能够完全对应。

这真的是碰到了难啃的硬骨头，被告提交的刷单证据包括订单的详细信息（支付时间、收货人）、买家的支付凭证、转账转回给买家的支付凭证，并且支付备注中还备注了"咖啡机 ** 件"，似乎好像真的形成了刷单的完整证据链。

没办法，见招拆招，我们也只能对着被告提交的证据一页一页核对，发现有其中一笔退款没有备注退款原因，在调取的销售数据中也无法找到对应的交易，因此我们不认可该笔交易是刷单。剔除掉该笔后销售数据与进货数据无法对应。

三、第三个回合的交锋：委托加工

除了通过销售数量不对应来否认被告产品的来源，我们通过被告提交的合同、聊天记录，发现被告与案外人朱某在合同中约定：乙方（朱某）向甲方（本案被告）提供的产品"须与经双方确认封存的样品完全一致""如甲方（本案被告）的要求有变更，甲方（本案被告）应及时书面通知乙方（朱某）"，在聊天记录中，被告也向朱某提出唛头的制作要求，因此我们认为被告和案外人朱某之间，由被告对于产品的质量、包装、唛头尺寸和内容等提出要求，朱某按照被告的要求提供产品，双方之间是委托生产关系，被告作为委托生产方，同样应当承担制造商的责任。

经过三个回合的交锋，虽然被告的证据从法律上来说有漏洞，但我们感觉到法官已经内心心证觉得被告只是销售商，因此我们的庭审重心转向第二个焦点：如果被告是销售商，其合法来源抗辩能否成立。

合法来源抗辩能否成立

合法来源抗辩是为了保护善意的销售商、许诺销售商和使用商，在最高人民法院（2013）民提字第187号案件中，最高人民法院指出，合法来源抗辩需要同时满足两个成立要件：一是销售者的主观善意，二是侵权产品有合法来源。另外，根据《专利法》的规定，还需要符合主体要件，即合法来源抗辩只适用于销售、许诺销售和使用行为。

本案中，在销售商身份可能成立的情况下，我们要否认被告的合法来源，只能从被告主观上并非善意入手。在这一回合中，庭审发问发挥了重要的作用。

被告曾在调解时说过 2021 年就知道可能侵权，于是我们在庭审中针对性发问，被告也对这一事实供认不讳。

被告网店内使用的宣传图片是原告正品的宣传图片，在发问时，被告回答说其上架产品时，在网络上搜索、参考过其他同行的价格和图片，这个问题引起了审判长的注意，审判长紧接着提问被告什么时候开始从事咖啡相关的产业，对咖啡行业是否熟悉，为什么公证书的产品上印有自己的商标等。法官庭审中的发问往往代表着他关注的焦点，从中可以窥探法官的倾向性，审判长的发问给了我们一丝希望，以上种种均表现出被告并非善意，其应当知道原告专利产品的存在，也应当知道其价格与原告的价格相去甚远，对其行为的侵权可能性应当知晓，因此合法来源抗辩不能成立。

但这个案件的判决并不那么顺利，主审法官在庭后仍多次联系我们，软硬兼施，希望我们在 10 万元以下和解，并表示就算判也不会超过 10 万元。在这种情况下，我们坚持认为被告的合法来源抗辩不能成立，等法院判决，甚至已经做好了上诉的准备，没想到最终收到判决判赔 20 万元，实在是意外之喜。回看整个案件过程，如果没有我们对案件的准确判断和坚持，或许这就是一个灰溜溜和解撤诉的案件。所以有时候，和解的时机很重要，不和解的坚持也很重要。

律师信访？一次不得已的经历

文 | 何华玲

相信一件事情不是因为那是真理，而是因为如果你怀疑，那么碰到困难的时候就会很难坚持下去。

曾有一个案子，我们和法官去被告工厂做证据保全时，保全错了被控产品。这绝对是方图诉讼史上的重大案件事故。至于原因，一言难以蔽之。有各方的人为疏忽，亦有意外因素。但作为律师，因其专业能力和提供法律服务的特定身份，被赋予更高的注意义务和要求，当然责无旁贷。至于运气，把原因归结于时也、命也，没有任何意义。先把问题解决再追究个人责任，实施改善措施，避免历史重演才是正道。

这说起来很容易，但承担责任实在太需要勇气了。

我心如磐石，倔强煎我怀

正当焦虑时，我想起当年曾在流水线工作的两个月，当时作为质量检验部门的员工，相较真正在流水线工作的姑娘已然是十分轻松。然而，每隔一周需要到生产线检测产品，需要站着上班 8~10 小时。于是，上六天班，我有五天会脚抽筋。这也不是大事，更要命的是我还发现不了质量问题，这显得我工作没有成果。于是，毫无疑问地，我经常挨小领导批评。那时候我就在想：我不会就这么辞职的，只能是因为我不想干了而走人，而绝不能因为我干不了而走人。之后有一良机，遂竞聘去做了初级技术员，好歹不负当日豪言。事隔多年，这个故事莫名激励了我。

是啊，以后的事以后再说，我先把这个案子办好。毕竟，案件跟进表上写着我是主办律师。出了这么大的事，该扛还是得扛。

既已决定，我勇敢地拿起电话，再次跟保全法官沟通，跟主办法官沟通。一个反馈案子已不在他手里，一个反馈案子还没到他手里。因为案件在送达阶段，还在立案庭。于是我选择写信，给保全法官、主办法官、业务庭庭长都写了一封信。肯定了法院驱车数小时去外地保全的工作负责；点明了可能是被告故意引导法官保全错证物；表达了对方可能拆解被控产品，以致证据灭失的忧心；提出了想要再次前往被告工厂办证据保全的请求。

呜……为什么我的眼里饱满泪水，因为我被这个案件折磨得生疼……

坚持到底，百事可为

2016年9月26日早晨8时20分，我和客户在寒风中默默地站在法院门口，等候法院的大门打开。8时35分，我忐忑地拨通法官的电话，礼貌地表达了想见法官一面的诉求。9时整，我们顺利在法院的会议室与保全法官和主审法官会师。以下是本次会面后我总结的经验。

1. 以最快速度表明友善的态度和立场

我来只是想通过与法官当面沟通的机会，希望获得法院的帮助，以最快、最好的方式解决这个难题。尽可能表现出我们深刻的诚意。平素去省高级人民法院办事时，经常会在法院门口看到有人举牌哭诉冤情，大骂司法不公，或是衣衫褴褛，直接躺在法院门口，你不帮我解决我就不起来。我们贸然跑到法院，我猜法官可能也会有这种担忧，怕我们偏激、固执、闹事。所以，第一点就是要先充分说清楚自己来的目的、采取的方式，让法官放下顾虑，知悉你的态度，考虑你的诉求。我个人认为这点非常重要。

2. 需要你穷尽各种手段去争取的问题，必定不是法律问题

如果到了这种地步，可能法条不足以清晰支持你的诉求。我们建议论证和说理，交给书面意见。见面时，要好好把握跟法官面对面沟通的机会。承认自己的错误，坦诚表达自己的歉意。当时，说到伤心处，我都快要哭了，不是我故意，而是真实情感的表达。有什么沟通技巧比坦诚相告更能打动人呢？虽然法官多少有点被我们打动了，但他并没有同意我们的诉求。

3. 坚持不意味着固执，适时变通也很重要

虽然法官没有同意我们的原始诉求，但是提出让我们重立一个诉前证据保全的案件，然后迅速移到业务庭，以诉前保全的方式取得证据。我们是有备而来的，提前准备了一套诉讼材料，已经做好了如果此路不通，就再立一个案件的准备。既然法官提出这样的建议，那么相信他，努力去做，没有必要困在原地。

但当时是国庆假期前的最后一周，法官表示最快也只能国庆后出发。我们虽然担心经过一个国庆假期，可能会有不妥？但也当机立断先立案，然后争取节前出发吧！人生总是会不断碰到的困难，

先把眼前的困难解决再说!

一件事情,你可以找到很多人帮你,但重点是你要去找

以前看过一本书,说职场上无往不利的法则就是"要求",要求你的下级,要求你的同事,要求你的上司,甚至是要求你的客户和竞争对手,当然最重要的是要求你自己。对此,我深以为然。

人生在世,飘游四海,靠的可不就是"要求"这把利剑?外出做证保要依靠法官的力量,最快时间外出要依靠立案庭和业务庭的力量。但行走江湖,有时当事人可能比律师更有经验。比如,虽然法官明确只能国庆后再出发,但客户建议我们还是继续待在当地,待案件正式定下再说。事实证明,他是对的。既然有了新的方向,那么过往种种犹如昨日死,一切自不必再说。当全力以赴为新的目标努力,尽力争取让法官国庆前出发吧!

回到酒店后,我做了以下事情:(1)询问立案庭案件情况,了解其内部立案流程,请其尽快扫描案件材料以便移交业务庭(当地法院立案庭需扫描案件材料后,再安排移送业务庭)。(2)请求业务庭内勤直接到立案庭拿案件材料,免去立案庭移送案件给业务庭的周转过程。(3)请求业务庭内勤将案件分派给熟悉案情的保全法官。(4)跟进案件分派情况,得知因法官排期问题,安排了另一法官跟进时,立刻与新的跟案法官取得联系。(5)与新的跟案法官沟通,重新开始新一轮的解释、请求、说明。(6)打电话给庭长,说明有此一案,请其帮忙督促。了解到法院采取法官负责制,庭长不过问具

体案件的情况，明白案件的关键在于新的跟案法官。（7）继续与法官电话沟通。（8）接到法官电话，通知我们下午去他办公室。

周二下午，在法官的办公室，他默默地打开了开庭排期表，让我们知道他们合议庭每天都要开庭并不是托词。我黯然之余，再次表明了自己的担忧与诉求。法官冷静地安排书记员现场制作保全裁定书，双方约定 10 月 8 日就出发。这已经是最快的时间了，我们只能无奈离开。但为了能过一个安稳的国庆节，我和客户决定先前往被告工厂，查看被控产品是否完好。

刚坐上前往被告所在的城市的绿皮火车，我接到法官的电话，他说经过合议庭慎重考虑，决定调整开庭安排，定于本周四下午去办证据保全，我们 L 市见。周四上午 11 点半，法官才开完庭，打算吃完午饭两点钟出发。但经长途跋涉，到工厂时对方可能已收工。但国庆假期，我们已艰难地买到次日早晨的回程票，周四如果不能顺利保全，可能会再生波折。我主动争取，问法官能否不吃饭，开完庭就出发，在路上吃午饭。法官沉默片刻后便同意了。

很多事，我们没有去尝试，就很难想象我们是否能办到，特别是要求别人办的事。但人在职场行走，大家各在其位，各谋其政。所谓求人，其实也是就事办事。碰上正直善良的人，大事面前并不会拘那么多小节，看似不合理，但坦诚沟通，对方反能理解。如若不能，另想他法就是。一切，不必多想，唯有行动。这个难题解决后，我们也进行了深刻反思，出台了内部规定《申请及协助法院办理证据保全工作规范指引》，让工作更有效，有质量。

第五章
著作权案件篇

我和一个"衣帽架"较真儿的日子

文 | 谢　莉

分析问题，一针见血

2021年，我跟着何华玲律师承办了一起著作权案件，关于衣帽架是否侵权的案件，起初不了解案情只知道标的不大，才20万元。想着如此小案件，分配给我简单做个法律服务方案得了，后面拿到材料后才知道是一件实用艺术作品侵权的案件。

此案比较特殊，众所周知，方图一般都是代理原告，而这次我们是代理被告，方图代理被告的案件少之又少，能有这样的案件体验下被告代理人我是觉得很幸运的。之后我开始研究材料，参考同事办理的类似案件，熟悉相关法条，做出自我感觉还可以的法律服务方案，与客户见面后，详细地了解案件的情况后，我们觉得这个案件的标的大概率会变更。

案件的关键点：对方作品是否具有独创性？如果能让法官认定对方作品不具有独创性，那这个案件我们就赢了。

重点来了，客户问：那你们觉得怎样才能认定对方作品不具有独创性呢？答：初步检索了下，对方的作品基础是来源于国外，国外网站进行检索可能会找到相似的作品。客户再问：那你们觉得这个案件的胜算多大呢？答：律师给不了你们承诺，我们只能说尽全力确保案件能赢。如此"官方"的对话，客户也不再询问，毕竟方图口碑在这，客户很爽快地委托了。

功夫不负有心人，关键时刻还得靠"大佬"

接下来的一段时间，上班期间我除了搜索相关近似的专利，也穿梭在电商各大平台搜索衣帽架，起初，有同事过来看到我的电脑界面询问道："Shirley，要买衣帽架吗？"我笑了笑解释说是案件需求进行检索。而后同事看到我仍在检索衣帽架，开始打趣"Shirley，还在检索衣帽架，如此痴迷跟它'较劲'了？"我感叹到做一个新领域的案件需要投入的时间和精力，只要能让案件打赢的可能性增大，再多地"较劲"，作为案件的办案律师都愿意。

自此，我对衣帽架有了新的认识，方的、圆的、扁的、稻草人形状、仙人掌形状等各种奇形怪状的衣帽架都见识到了。但与本案中的作品完全相同的衣帽架的确没有检索到，无论是客户提供的国外网站还是国内各大平台搜索引擎进行检索，只能检索到与"三杠"近似的衣帽架、独立的圆形挂钩以及圆形底座，对于认定本案中衣帽架没有独创性还是有一定距离。

老天不会辜负有心人，一天何华玲律师发了一张图片到群里，带圆形挂钩的一杠设计，与本文中的涉案作品非常近似，仅"一"与"三"的区别，其公开时间是早于对方作品初次发表时间，此为非常有利的证据，我们只需要将之前检索到的"三杠"在先专利和此张图片简单结合，就是现在的涉案作品。不得不感叹，我辛苦检索那么久都没有找到，有经验的律师一投入案件就找到如此关键的证据，看来关键时刻还是得求助有经验的律师。

很快到了开庭的日子，我们准备好了材料雄赳赳去赴庭，到了法庭，原告律师还没到，我们被告律师已放好材料严阵以待。随后，法官也到了法庭，只见原告律师很吃力地抱着一箱从被告店铺购买的很重很厚的证物匆忙进来，我瞬间觉得这个衣帽架挺实沉。此时，我心里在想我们做原告律师的时候拖十几个马桶或比人高的瓷砖到法庭上，被告律师会不会也是以带点怜惜的心态看待我们。

然而，事情并未如想象中那么顺利，一开庭原告就请求将原来的诉讼标的 20 万元变更为 100 万元，法官毫不犹豫地同意了。那我们肯定有点不乐意，也向法官申请延长答辩期，本来是策略性的申请下，谁知法官也毫不犹豫地同意了，法槌一敲，"退庭"。本来打算一次击败对方，谁知这次开庭如此之快结束。

万事俱备，只欠东风

第二次开庭很顺利，法官应该事先看了我们的答辩状，要求我们答辩讲重点，所以何华玲律师将我们制作的 KT 板进行展示讲解，重点向法官说明对方的衣帽架确实美观，但是没有独创性，此作品只是采用特定材质、大理石底盘组合而成的方便悬挂、收纳衣物具有实用性功能的产品，其外观的美感主要在于特定材质呈现的质感，体现出某种新颖的时尚趋势的设计，是作为外观设计专利权加以保护的作品，而非著作权法中保护的达到一定艺术高度的美术作品。而且结合我们提供的在先设计和在先专利，对方的作品就是两者的简单结合,没有体现艺术家独特的观点与特殊的创造力。

答辩完后,法官询问著作权人涉案作品的创作过程?著作权自称涉案作品取材是某种管弦乐器,衣帽架颜色来源于维也纳金色大厅,但是从结构、造型、风格方面无法让人一看就联想到其所要表达的元素。而且我们采用"思想—表达二分法"的方法进行分析,此衣帽架通过变动衣帽钩后并不能实现挂衣功能,其衣帽架的美感与实用功能不可分割地交织缠绕在一起,其艺术美感无法与挂物件的实用功能相分离。在我们看来,原告所称取材某种乐器的艺术性仅仅是受外观实用功能的影响而做的"迫不得已"的自然发挥,无法让人产生一个独立的艺术概念,其物理与观念上是不可分离的。

整个庭审下来,我们感觉还是挺自信的,除了打掉对方作品的独创性,还有对方的诉状中有个明显的漏洞,那就是主张被告侵犯其复制权。但是被告作为销售商而非制造商是不具备"复制"原告作品的能力,根本不会侵犯其复制权。我们本想最后以这个观点辩论结束,谁知法官提前一步"善意"提醒原告:再次明确你方要求保护的著作权项的具体权利?原告律师沉默了差不多5分钟后回答请求保护的是发行权、信息网络传播权。这不得不让人怀疑这个法官太"善意"了。

庭后一段时间,我仍周旋在各大平台衣帽架,检索对代理词有用的素材,争取将这场仗漂亮地收尾。皇天不负有心人,这个案件很快出了判决,驳回原告的全部诉讼请求。法官采纳了我们的意见,判定对方作品不具有独创性,我们将结果告知客户,客户非常高兴,一个劲地夸赞方图专业,当然我们心里也美滋滋的。之后此案二审客户毫不犹豫地继续委托给我们,二审开完庭还未等我们交代理词就出了判决,维持原判。

办 案 所 悟

本文所介绍的"衣帽架"的艺术性主要体现在圆钩的造型上,确实比较美观,但是如果改变该造型,其作为衣帽架的悬挂功能就会受损,其设计要素仅仅只是服务于作为一个衣帽架所应具有的实用功能,不论是"物理上的可分离"标准还是"观念上的可分离"标准都无法满足。实用艺术作品是既可以用外观专利进行保护又可以用著作权法中的美术作品进行保护的,对方也是知道这一点,所以除了登记著作权外也申请了外观专利,可惜外观专利申请的时间晚于涉案作品的公开时间,没有任何杀伤力。

此案最关键的是我们找到在先设计和在先专利,将在先作品简单结合即可得到涉案作品,故涉案作品即使再美也没有独创性,法院最终认为涉案衣帽架不符合受著作权法保护的实用艺术品的要求。

为建筑设计立体效果图伸张了一次正义

秦　超

一堂课和一场讲座给予的想象和希望

一、一堂课给予的想象

2018年，我还在武汉读研究生。那是平常得不能再平常的一天，午休过后，我们宿舍几个同学踏着浪荡潇洒的步伐加入环湖公寓至文添楼的上课大军中。那时的我们不知道毕业后要从事什么职业，更不知道什么是职业领域专业化。在路上，我问了身旁的室友："下午是什么课？"室友答："肖老师的著作权。"刚踏进教室，就看到讲台上站着一个穿西装的人，很快便传来了一段深邃且极具磁性的声音："同学们，我们开始上课。"

这节课上肖老师主要讲述了琼瑶诉于正的梅花烙vs.宫锁连城著作权侵权案，从理论层面思想与表达的二分讲到实践层面具体作品类别构成要素中思想与表达二分的划分原则，从宏观层面的诉讼策略讲到微观层面的证据收集与组织。而为了完成该案例分析的课题作业，我甚至阅读了《梅花烙》的原著小说，最后洋洋洒洒地写下了十几页的案例分析。

这堂课给我留下了深刻的印象，也让我明白法律也并不是那么的枯燥乏味，而是可以与小说、设计等文化创意领域紧密结合的学科。同时，我也开始大胆想象研究生期间的学习是否可以将自己本科所学的设计专业与法律相互融通，并开始尝试撰写美术作品方面著作权法学论文。2019年，恰逢知识产权法院的实习机会，便与几位同学一同南下，至此正式开启了知识产权实践领域的探索。

二、一场讲座给予的希望

2019年4月，我们同学一行六人南下开启了知识产权法院的实习生活，而我也比较幸运地分到了商标与著作权审判庭。刚开始实习那会当然只能从归档工作中了解知识产权审判工作的流程和具体内容，其中让我印象深刻的是所有知识产权诉讼中的侵权证据保全形式，常规形式是以公证书呈现的证据保全，另一种非常规形式则是申请法院进行证据保全。在我实习的半年时间内，我所在的审判团队有且仅有两次外出进行证据保全的工作，而我也非常幸运地能够沉浸式体会到法院进行证据保全的全过程，也深深理解到审判人员外出进行证据保全工作所面临的各种压力！

2019年7月，恰逢王迁老师到知识产权法院举办讲座，其中所讲述的上海视觉空间设计有限公司与上海雅琴文化传媒有限公司、上海强峰音视技术发展有限公司等侵害作品复制权纠纷一案让我印象深刻。上海视觉空间设计有限公司为某广播电视台演播厅出具了一份设计方案，并附有相关设计的立体效果图。但某广播电视台最后未与上海视觉空间设计有限公司签约，却另行与他人签约依照上海视觉空间设计有限公司设计的立体效果图进行了演播厅的施工。法院认为上海视觉空间设计有限公司设计的立体效果图可以构成著作权法意义上的美术作品，被告参照原告设计的立体效果图进行施工属于从平面到立体的复制性行为，构成对著作权中复制权的侵权。

作为美术学院曾经的学生，这次讲座给我最大的收获是让我知晓了真的有设计师和设计公司敢于维权，并且维权成功。

本科老师及师父给予的信任与支持

一、本科老师的深夜致电

2021年年底，一个平静的夜晚，我接到了本科老师田老师的来电，电话中她向我询问道："某房地产公司没有签约付费就擅自使用了我们为他们售楼部设计的设计方案该怎么办？"当时我立刻回想起了2019年王迁老师在知识产权法院讲座时所讲述的案例，这个案件的案情会不会与广播电视台演播厅美术作品侵权案的案情相似呢？

带着这样的疑惑我反问道："你们与房地产公司之间有没有签订设计合同？"

田老师答道："还没签订合同，但是设计行业内都是先向甲方出具几个设计方案，类似于向甲方投标，甲方确定了设计方案后才会签订最后的设计合同。"

我问道："你是怎么发现你的设计方案被他们抄袭了？"

田老师答道："我今晚路过了他们项目的售楼部，发现他们售楼部的设计简直和我们的设计方案一模一样。他们这样招呼都不打一声就直接用了我设计方案的行为让我非常生气。"

作为美术学院曾经的学生，我亦深知含辛茹苦做出来的设计被

"剽窃"的恨，隔着电话我都能感受到田老师的愤怒。

田老师接着说道："当时房地产公司对设计进度催促得很急，我就向他们说了一句：'反正方案我们先做，您也随时可以用'。"

电话那头的我听到这句话眉头瞬间一紧，这句话的解释直接关系到侵权成立与否。抱着这样的疑问，我便先开始了法律服务方案的制作。

二、师父的支持

法律服务方案其中一个重要组成部分便是案件风险点的分析与解决对策。常言道："他山之石，可以攻玉"，为了更加准确把握本案的风险点，我参考了上海视觉空间设计有限公司与上海雅琴文化传媒有限公司、上海强峰音视技术发展有限公司等侵害作品复制权纠纷一案的一审、二审判决，总结出类似案例的三个风险点：（1）立体设计效果图是否构成作品，构成哪种作品？（2）商业设计合同背景下所创作出的设计成果是否属于委托创作作品？（3）参照立体设计效果图完成的建筑、装修成果是否侵犯复制权、展览权或者信息网络传播权？

在上海视觉空间设计有限公司与上海雅琴文化传媒有限公司、上海强峰音视技术发展有限公司等侵害作品复制权纠纷一案中，上海市杨浦区人民法院及上海知识产权法院均认为立体设计效果图属于著作权法意义上的美术作品，参照立体设计效果图完成的建筑、装修成果属于从平面到立体的复制行为，构成对立体设计效果图复制权的侵权。

作为实习律师，我不能独自承接案件。在初步评估了本案的三个风险点后，我认为本案具有可诉性，便向我实习期间的指导律师提交了这份法律服务方案。何华玲律师看了我提交的法律服务方案后，也认为具有可诉性。基于我本科老师的因素，何华玲律师同意以极低的价格承接了本案，并鼓励我全程办好此案。

诉前准备：本案争议焦点问题研究

在具有商业设计合同磋商的背景下，本案案由有两个可选项，其一是主张缔约过失责任的合同纠纷，其二是主张美术作品著作权侵权的侵害著作权纠纷。相较于缔约过失责任中恶意磋商的证明难度，本案立体设计效果图构成美术作品较容易证明，因此本案案由最终确定为侵害著作权纠纷。

1. 权利基础是否稳定

基础不牢，地动山摇。立体设计效果图究竟是否属于著作权法意义上的美术作品？

我方设计方案立体设计效果图

美术作品是指以线条、色彩或者其他方式构成的有审美意义的平面或者立体的造型艺术作品。在上海视觉空间设计有限公司与上海雅琴文化传媒有限公司、上海强峰音视技术发展有限公司等侵害作品复制权纠纷一案中，上海市杨浦区人民法院及上海知识产权法院均认为空间设计的立体效果图构成著作权法保护的美术作品。

经过初步检索，我方设计方案与现有的售楼部设计相比，无论是空间结构布局设计上、顶部门头造型设计上、在外立面造型设计上还是在色彩设计上均有较大差异，可以初步证明我方设计方案的立体效果图是来源于自身的独立创作，符合独创性中"独"的要件。此外，我方设计方案是以艺术馆的设计手法演绎着售楼部门头设计与艺术的平衡，在造型结构上结合直线元素穿透力及曲线元素优美性，在色彩上结合冷色调的白色及暖色调的古铜金属色，在同类售楼部门头及外立面设计中具有极为突出的视觉效果，体现了"纯粹、雅致、逸动"的气质。因此，我方设计方案的立体效果图是极具审美意义的立体美术作品，符合独创性中"创"的要件。

基于此，我方设计方案立体设计效果图权利基础相当稳定。

2. 参照立体设计效果图完成的建筑、装修成果是否侵犯著作权

在立体设计效果图构成美术作品的情况，对方参考我方立体设计效果图进行施工是否构成侵权呢？该问题就涉及著作权中的一个理论问题，即复制权所规制的复制行为是否包括从平面到立体的复制？

原告设计方案	被告施工后实物照片

以立体设计效果图为例，所谓从平面到平面的复制是指复制一份相同或近似的立体设计效果图，而所谓从平面到立体的复制是指将立体设计效果图中的设计方案实际做出来。本案中，被告承认用了我方的设计方案。

在上海视觉空间设计有限公司与上海雅琴文化传媒有限公司、上海强峰音视技术发展有限公司等侵害作品复制权纠纷一案中，上海市杨浦区人民法院及上海知识产权法院均认为被告擅自将原告创作的立体效果图美术作品交由第三方依照施工的行为，是对原告作品的复制，侵犯了原告的著作权。

基于此，被告参照我方设计立体效果图建造售楼部建筑的行为属于侵犯我方设计立体效果图复制权的行为也有在先案例参考佐证，侵权事实也无较大争议。

3. 被告能否主张立体设计效果图为委托创作作品可以免费使用

由于本案具有商业设计合同磋商的背景，甚至我方还有过"反正方案我们先做，您也随时可以用"的表述，这种情况下被告是否有权主张我方立体设计效果图是基于被告委托而设计，被告有权免费呢？

该问题涉及两个具体问题，第一个问题是委托作品的归属问题，第二问题是委托作品的委托人与受托人之间有无约定委托作品使用范围。尤其需要强调的一点是第一个问题是第二个问题的前提，因为委托人在委托创作的特定目的范围内免费使用的前提是双方存在合法有效的委托创作合同，对于未订立合同的情况，著作权属于受托人，委托人没有免费使用权。[①]

无独有偶，在与本案案情极为类似的上海视觉空间设计有限公司与上海雅琴文化传媒有限公司、上海强峰音视技术发展有限公司等侵害作品复制权纠纷一案中，上海市杨浦区人民法院及上海知识产权法院均认为：在不存在合法有效的委托设计合同情况下，委托方无权免费使用受托方创作的作品。

胜诉：建筑设计立体效果图伸张了正义

作为美术学院曾经的学生，设计基本功还是没有彻底遗忘的。为了保证最后赔偿金额达到诉前的预期，我让田老师将存有设计方案原始载体的计算机带到了法庭上。开庭前夕，我、何华玲律师、本案项目设计师一直在法庭外研究设计方案的原始载体软件。本案项目设计师告知我们SketchUp软件有测量工具可以测量本案项目的建筑投影面积，而设计行业内通常是以项目的建筑投影面积收取设计费。基于此，本案开庭前我们才定下以我方实际损失主张计算赔偿数额的方案。

[①] 秦超：《如何进行委托作品免费使用抗辩》，载微信公众号"道方图说"2022年9月8日。

本案中，我方曾经向被告的报价方案是设计与施工的"一揽子"报价方案，其中设计费并未单独明确。因此，只能主张以建筑投影面积每平方米设计单价来计算我方实际损失。由于被告获取我方设计方案后，另寻第三方参照我方设计图进行了实际施工，我方还向法院申请对被告施以 3 倍的惩罚性赔偿。

庭审中，我方主张每平方米设计费为 1000～2500 元，而被告却陈述当地类似项目设计费为每平方米 500～1500 元。然而，法官没有采纳任何一方，仅仅是进行了酌定判赔。但最后的判决金额仍然达到了我们的诉前预期。本案一审生效后，被告如期按照判决支付了赔偿款，本案完胜！我为建筑设计立体效果图伸张了一次正义！

结　语

纸上得来终觉浅，据知此事要躬行。本案的办案历程可以追溯至我学生时期对未来的无限畅想，本案的办案结果也为我学生时期无限畅想画上了一个完美的句号。与此同时，本案的办理经验也将鼓舞着我继续畅想未来，并为之努力。感谢田老师的信任以及师父的支持，愿大家都能有无限的畅想，并为之努力！

与实用艺术作品的初次接触

文 | 邓晓琪

2020年12月2日上午,电脑的微信小图标跳动了起来,点开是师父的信息:"晓琪,刚接了个著作权案件,这个案件比较简单,我跟你去开庭,开庭以你为主发表意见,当训练开庭胆量吧。""好的。"我回复道。回复得看似平静,但其实我内心很激动,这可是我入职大半年来第一个参与开庭的案件,就算简单也满怀期待。

初看案件材料:这个案件真的很简单吗

这是一个代理被告的著作权案件,原告代理人从我方当事人处公证购买到了与其原创设计较为近似的斜挎包产品。由于以前没有接触过著作权案件,刚看到案件材料的时候,有点疑惑:既然被诉侵权产品与对方设计构成近似,为什么师父说案件比较简单呢?难道是原告的权利基础有问题?

进一步检索了相关案例,初步锁定了实用艺术作品这个概念。但当时属于困惑还挺多的状态,而距离开庭就只有1周的时间了,比较着急,于是带着混乱的脑袋敲响了师父办公室的门。经过师父一番解释，了解到案件简单所在：对方目前提交的权利基础仅为一张模特挎着包包的照片，我方当事人并未对该照片进行复制、发行使用，不构成侵权。

原来如此！我忽略了其权利基础的证据材料，根据目前原告提交的案件材料而言，我方当事人确实不存在对其主张权利的照片进行复制、发行的问题。但我也有进一步的顾虑：万一原告当庭提交补充证据，对其权利基础证据进行完善呢？原告的设计产品是否构成作品？如果是这样，案件就没那么简单了。

与实用艺术作品的初次接触

带着上述顾虑，我大量检索了有关实用艺术作品保护的相关案例，对实用艺术作品的构成要件及背后原理进行研究，初次对实用艺术作品有了概念。

我国《著作权法》其实并未将实用艺术作品明确列为著作权法的保护客体，但在司法实践中，对于满足相关条件的实用艺术作品系允许进行保护的，一般来说，实用艺术作品所需满足的"相关条件"有：(1)实用艺术作品中的实用功能和艺术美感必须能够相互独立，包括物理上的独立和观念上的独立；(2)实用艺术作品中能够独立存在的艺术设计具有独创性；(3)实用艺术作品应当达到较高水准的艺术创作高度。

如此一来，我已经有了初步的结论，一方面，这款包包的实用功能和艺术美感无法分离，因为这款包包正是因为它的设计使其有了容量大的功能，其实用功能和其设计美感根本无法分离；另一方面，这款包包的设计款式非常简单，颜色单一，未印制任何图案，只是正面设计有几条线，也无法达到较高水准的艺术创作高度。

记住：敌不动我不动

在自以为对实用艺术作品有了一定的理解后，我风风火火地写了答辩状，里面大部分内容均是在论述原告设计不构成实用艺术作品（心里已经预设对方补充提交了相关权利证据）。但答辩状一发给师父，师父就提出一个致命的问题：原告自己都未主张其斜挎包是作品，其主张仅是一张照片，我们没必要帮其加戏。

于是，答辩状被师父修改成两稿，第一版仅是针对我方不构成对该张照片的侵权进行了论述回应，第二版才是对原告斜挎包不构成实用艺术作品的回应，若对方开庭未提出新主张，则我们仅提交第一版答辩状，若对方开庭提出主张及提交相关证据，我们再提交第二版答辩状。果然，还是师父考虑周全，不给对方任何一点提示及机会。

庭审：准备并没白费

终于到了庭审这一天，我们一进入法庭坐下被告席，原告代理人就递交了一大沓证据，果然，原告补充提交了其版权登记证书以及其在先使用证据，登记证书上记载了其设计的斜挎包各个面的设计图。庭审焦点还是归结为原告设计产品是否构成著作权法规定的作品，也就是原告设计产品是否构成实用艺术作品。

好在我们有所准备。于是，我和师父对视了一下，就拿出之前准备好的第二版答辩状，将相应观点一一向法官说明。看到旁边师父听完有在点头，心里踏实了一点：之前的准备没有白费。

坚持写完的代理词：被肯定的力量

由于法庭上法官并没表现出明显的倾向性意见，庭审中主要是对相关事实进行了一个查清。于是庭后我开始着手撰写代理词，案件事实并不复杂，案件的焦点主要集中在原告的包包是否构成实用艺术作品的问题上，代理词也主要针对该焦点进行展开。但在我代理词才写到一半的时候，企业微信对话框里就收到了师父一鼓作气写好的代理词！还是进度慢了，面前已经有了一份标准答案，我手上这个代理词还要继续吗？

挣扎了几分钟，不喜欢事情做一半，还是决定继续写完。代理词写完之后，整个人感觉非常舒畅，说服了自己，也觉得足以说服法官。师父看过之后也给予肯定：现在的你思路已经很清晰了。

小兴奋：师父最后还是"用了"我的证据

其实在庭审前，我曾一度陷入自我怀疑：原告设计的产品有没有可能已经达到了实用艺术作品所要求的艺术创作高度呢？在看了对方的品牌宣传后，我自己其实挺喜欢这种简约款式的包包，感觉还是有一定的设计感。特别是在看了认定构成实用艺术作品的案例之后，感觉这个尺度太难把握了。当时我为了说服自己，去大量检索了比原告产品更早的包包设计，以证明原告产品真的仅是一款十分普通的斜挎包，在现有的设计并无太大区别，无法达到较高的艺术高度，并将这些较早的包包设计制作为案件证据。

后面还厚着脸皮去找师父说明了心里的顾虑，师父当时甚是无奈：这么简单的一款包包，不是一眼就能看得出其没什么艺术性吗？更不可能达到实用艺术作品所要求的艺术高度吧，毕竟在司法实践中，实用艺术作品所要求的艺术高度甚至是需要达到他人将其当作一件艺术品去看待的程度。于是庭前没有提交这些现有设计证据。

但是庭后，师父在代理词中采用了我之前证据里的在先设计来说明原告产品不具艺术性。当时甚是兴奋，原来是我的顾虑给了师父启发。在庭审结束后，她发现主审法官好像也未审理过同类案件，担心主审法官也会像我一样有所疑虑，于是在代理词中进行了较为详细的论述，让主审法官可以毫无疑虑地判。

法官电话：不可或缺

法官电话也是师父交代的，在办案过程中，每个主办律师都需要保持与法官同频沟通。在办理这个案件的过程中，我充分了解到与法官保持同频沟通的重要性。

在确保法院收到代理词后，我拨通了法官的电话，明显发现法官还没有时间去看我们寄过去的代理词，但还是尝试与法官展开说明了代理词中的主要观点，特别是案件中的包包为什么不构成实用艺术作品。估计法官后面详细看过我们提交的代理词，因为后面判决书有采纳了部分观点。这通电话打得值。

胜诉：每位代理人都会为之雀跃的词

若干个月后，我和师父在外地刚结束一个案件的庭审，在酒店午休时收到了工作群发上来的案件判决书，认定原告包包不构成实用艺术作品，驳回了原告全部诉讼请求。那一刻，我实在是太开心了！那种成就感无法言喻。虽然这不是所里的大案要案，诉讼标的不高，代理费也不高。但拿到胜诉判决时的喜悦一点都不会少。

果然，胜诉是每位代理人都会为之雀跃的词，胜诉判决是每位代理人的永恒追求。

这个案件是我进入律师行业里第一个主办并参与开庭的案件，在2年多后的今天，案件办理过程中的点点滴滴还历历在目，在这个学习探索的过程成长了许多。回想起办案过程，虽然稚嫩，也看到了自己入行时的初心。每个案件都像是自己的孩子，都应该尽自己最大的努力，让其能有一个很好的归宿。愿不管多少年后的我们，都能不忘这份初心。

第六章
执行案件篇

案件终本 8 年后，客户终于收获了近千万元和解赔偿金

文 | 何 俊

先说明，这个案件我不是承办律师，但真是个值得我吹嘘好几年的方图好案。

案件的起源来自年初对客户的例行拜访。法务总监注意到方图合伙人团队增加了擅长执行的合伙人，于是大家聊了一些关于办理执行案件的思路和经验。说着说着，便提起公司有一单终本多年的案件，当年的胜诉判赔金额超过 600 万元，竟然没有执行回来一分钱，与其长久搁置不如交给方图来尝试突破一下。

当然大公司的案件签约绝对不是这么简单的。我们回去后找到这个案件判决书，又把被执行人的工商登记情况和股东情况做了基础查询，并且还派人到被执行人的工厂所在地进行了实地调查。在这些信息的基础上，我用自己有限的执行知识做了一个执行法律方案。现在回头再看这个方案，稍显幼稚，给出的思路也很常规。但做方案的精髓其实在于汇总信息并进行有效分析判断，让律师自己对于案件有一个基础信心和办理方向。比如我们发现对方两个股东看起来疑

似夫妻，然后他们在这个案件判决之后还成立了几个新公司，说明他们在经营活动上还挺活跃，估计不是没钱的人。甚至我们还发现这个公司有其他几个小标的执行案件在 2020 年还有恢复执行的记录等信息，让我直觉上认为这个案，有戏。

和执行领域合伙人几番讨论下来，我们就把方案发给客户，于是这个已经成为客户烂账的硬骨头案件就成功地签约了。

不调查不知道，一调查吓一跳，价值千万元的土地资产为何不翼而飞？

案件在内部启动后，办案团队兵分几路开始马不停蹄地调查取证。一路人马查询被执行人的工商内档资料，一路人马联系执行法院的承办法官查阅当年的执行案卷材料。马上一个重大的执行线索就出现了。原来被执行人公司的工商登记显示，在案件起诉之前，这个公司名下曾经有一块价值千万元的土地资产，当年是作价评估后作为注册资金转成公司资产的。而在案件进入执行阶段后，法院查询这个公司名下资产，此时竟然是查无资产可供执行，最终无奈选择了终本。那么，这块足以抵债的土地资产究竟去了哪里？

于是办案团队又开始追索这块土地资产的去向。经过向土地管理部门查询，发现土地资产果然是在案件的二审期间转移到了一个卢姓个人名下。我们怀疑是涉案被执行人公司为了逃避债务，将资产转出由卢姓个人代持。但令人疑惑的是，该资产在卢姓个人名下持有多年后，竟然在半年前左右的时间再次发生了转移，并以 1500 万元的价格入股变成了另一家公司的资产。此前土地上厂房一直荒芜，但近期竟然有动工的迹象，所以很大可能此次转移是真实交易。

是追索土地，还是追人呢

本来当我们发现曾经的资产时候，是大喜过望的。心想只要把转移出去的资产追回来了，那么执行不就有望了吗？可是一波三折，当土地资产确认已经发生再次转移的时候，此时出现了善意第三人，那么我们分析后就认为追索土地这条路估计是很难走通了。

所以此时追物还不如追人。而这个执行案件中有三个重要人物是不可忽视的。前两位是被执行人的股东，也就是我们怀疑是夫妻的人。深入调查之后，果然就是夫妻关系。第三位重要人物是在诉讼期间帮助夫妻股东转移并接受土地资产的卢姓个人。一通摸查人物关系，原来卢姓个人的丈夫疑似被执行人股东梁总的弟弟或者堂弟。案情一下子就明朗了，很显然满足公司股东滥用股东对公司的支配地位，掏空了公司资产，转移至亲戚名下，导致公司无法履行债务，构成对债权人利益的损害。

但对方一定会抗辩，谁说我们是虚假交易转移资产？证据呢？于是办案团队又果断地向执行法官申请开具调查令调取被执行人账户的银行流水。却没想到这看似简单的诉求，现实中要实现起来并不容易。电话里法官几句话就把经办助理给打发了，意思是看不出案件有调取流水的必要性。此时合伙人大鱼律师不得不亲自出马，直接冲到了法院那里，跟法官说要求当面沟通。法官本想拒绝但考虑到律师已经来了法院，见面就这么如期进行了。不得隆重介绍一下我们这位合伙人，她擅长带着多种解决方案去跟执行法官沟通案情，而且说起话来总是让人如沐春风。果然沟通还是有效的，调查令如期拿到。

调查取得的银行流水果然是重磅证据。原来当年那转让土地的 1000 多万元，是用 100 万元、200 万元反复转入、转出的方式完成的。这也就解释了公司土地转出去了，账户上钱也没有的原因所在。有了这份证据，办案团队对追股东和第三人卢某责任的信心就更充分了。

但责任判定是一方面，个人有无财产可执行是另一个方面，于是调查团队又对三个重要人物的资产做详尽摸查。过程是很不容易的，但结果是令人满意的。这三人名下房产多套，足以清偿涉案债权资产。

起诉开庭，对方抛出重磅级反驳证据

案件在起诉并保全三个被告的个人资产后，我们以为被告会来主动谈和解。怎么说这么一个惊天大瓜都被我们挖出来了，他们还不束手就擒，主动求饶吗？

与我们想象的有些落差。被告很淡定，开庭前没有任何人来主动联系过我们。大家都在疑惑，难道他们早就提前做好了策划，准备了对付我们的杀招？

果然，在开庭前一天就收到了他们的重磅证据，一份法院调解书。原来，对方当年早有准备，在我方客户发起诉讼后不久，卢姓个人就到南海法院起诉了这个被执行人公司，2 个月后双方又达成调解，法院出具调解书确认公司欠卢姓个人款项 800 余万元。然后对方在本案中就顺理成章地提交了这份证据，用来解释为什么钱转入公司账户后，又转回给了卢姓个人。

放到今天来看，这就是明显的虚假诉讼。但是当年对于虚假诉讼还没有明确规定，我们如果想要撤销这份调解书难度非常大。一时之间，大家对于法官是否会采纳对方这份证据感觉存在很多变数。之前那种唾手可得的自信，似乎变得遥远而模糊了。

此时合伙人王律师开口说话了。他说对方转移资产的行为已经构成拒绝履行生效判决罪，浙江已经有类似的案例了。本来只想通过民事诉讼把财产追回来，不想动用刑事手段，但对方竟然还搞出虚假诉讼，那么我们的法律措施看来也要加码了。不知为何，王律师的这番话立刻让我们忐忑不安的心情平复了下来。

王律师总有这样的能力，有的时候他让我们在得意忘形的时候冷静下来，有的时候他让我们在万分失落的时候振奋起来。

拒执罪，理据充分却一波三折，举步维艰

提出了追究三个被告拒执罪的思路后，擅长沟通的大鱼律师果断出马。她提前准备好了请求法院移送公安的申请文书和相关证据，找到了负责案件执行的法官沟通。未曾想到，法官看到相关判例后，对我们的思路非常赞成，认为确实符合移送公安的条件。没过多久，法院就出具了移送公安处理的文书。

此时看来事情比我们想象得要顺利很多。

但事实证明我们还是高兴得太早了。法院移送公安后，案件由市公安局到区公安局，最后指派到基层的派出所。我们跟区局的法制科沟通得很好，满怀希望地继续跟派出所的经办民警去沟通。不仅在派出所等了1个小时左右，而且两名办案警察花了1个小时的时间反复跟我们强调了一个观点，就是拒执罪在他们这里走不通。

理由似乎很充分，他们说参考判例不是明文规定，除非我们对涉案的行为构成拒执罪找到一条明文规定，否则找多少个参考案例都没用。其实是他们认为法院移送案件到市公安局，案件却到了办案负荷最重的基层派出所，这样的案件还不算入办案指标任务中，实在找不到办理此案的动力而已。

果然，即使我们多番争取，3个月后仍然下达了不予立案通知书。

令人忐忑的庭审，令人欢呼的一审判决

民事诉讼案件的庭审也按照法院的通知如期开庭了，庭审后办案团队却形成了两派意见。

对案件结果保守一派认为法官一直不同意签发调查令，让律师调查卢姓个人的账户流水，同时在庭审中也制止我方律师追问财产去向的庭审发问。可能存在法官对相关重点事实不愿意关注，从而不会全面支持我方诉求的风险。

而对案件结果相对乐观一派则认为，法官在庭审中所问的多个问题均切中案件要点，比如关于三个被告之间的亲属关系，法院调解书确认的借款因何发生，有无签订合同，被执行人公司与被告亲属经营个体户之间900余万元大额账目往来是什么款项，为什么要用反复走账的方式支付土地款等。说明法官对案件事实焦点抓得很准，认为现有证据已经足以证明三个被告实施了损害债权人利益的行为。

任何一个案件在判决书没有下来之前，代理人心中其实都有两派观点。一个担心案件风险无处不在结果让人失望，一个满怀信心

对胜诉结果翘首以盼。只要判决一天没有下来，这样的内心挣扎就会一天不能停息。终于2个月后，一审判决以邮寄方式送达到律师事务所。办案同事们估计至今还会记得那种兴奋，一审判决全部支持我们的诉求，要求被告三人在土地转让款1000余万元的范围内对原告债权承担连带清偿责任。

想不到方图第一个过千万元的判决竟然是一个执行衍生诉讼！

二审判决前，8年终本案件终于和解结案

三名被告是不到黄河心不死，不仅没有在一审判决后主动来寻求和解，而且很快地提起了上诉。我们还曾经在律所举行过案件的和解模拟谈判，策划了多种和解方案和谈判手段，想不到一直也没有用上。

其实被告之所以不服软，无非原告给到的压力不够，以至于被告一直心存侥幸。所以我们也不着急，一边全力以赴地准备二审庭审，另一方面在刑事责任追究上也从未因为公安的拒绝而放弃这条路径。

派出所不同意立案，我们就向上级公安局提起了复议，上级公安局继续不同意立案，我们又向检察院提起了申诉程序。检察院还是给予了一定程度的重视，案件到了3个月答复期限也没有作出决定。

二审开庭已经过了1个月左右，大约是检察院和法院同时给到了被告一些压力，被告突然提起同意和解的意向。但让客户让渡一部分利益同意和解其实也不是一件容易的事情。对此我们不仅立刻

约客户当面汇报，而且也对案件保全的财产将来所面临的执行风险向客户做了充分的披露，并提出可行的和解方案。法务部在向董事会汇报后，最终在我们建议基础上同意了一个比较高的和解金额，不仅可以拿到全部赔偿本金，还可以收回200余万元的利息。

本以为这个金额被告并不会很快同意，需要双方拉锯一段时间，但未想到最后的和解进展特别顺利。可能是对方希望赶在法院判决前解决此事，尽快解封相关资产，因此几乎是全部同意了我方的和解方案，3个月就付清了全部款项。

至此，一个终本8年的案件终于得以圆满解决。

从 0 财产线索到百万级和解

文 | 张星宇

律所把这个案件分配给我的时候，我的内心是拒绝的。客观地说，它是一个好案子，不仅有高达 200 万元的判赔，更申请无效了 2002 年注册的字号，甚至还让幕后黑手承担了连带赔偿责任。只是这些都和我没什么关系，我并没有机会体会到收到 200 万元判决那一刻的兴奋感，我只能看到执行法院发过来的终本裁定，告诉我这个案件查无财产线索，让人无奈。

0 到 2 的突破

当时的方图真的是一家非常纯粹的知识产权律师事务所，所以对执行完全依赖法院。看到案件资料里面终本裁定，以本人非常不丰富的执行局实习经历来看，执行局的网络查控系统大概可以查询绝大部分银行账户以及所有登记在案的不动产信息，甚至一些保险、基金以及股票都会有，虽然它远称不上完善，但肯定比我们强。所以法院告诉我们没有查询到财产线索，那以我们的能力大概率也查不到其他财产线索了。

然而本案的主要被告陈总肯定是很有钱的，陈总的生意做了十几年，经销点遍布大江南北，这年头搞假货真的很难不赚钱。陈总的生意算不上特别正规，公司也是家族企业，当时查封的公账一分钱也没有，显然公司的资金没有走公账，可能是陈总银行卡也可能是家庭成员或者是亲戚的银行卡，找到经营资金这种事情是不要想了。就算我们知道收款账户也没用，自然人的银行账户流水没有充分理由法院是不会给开调查令的。

刚开始做案子就僵住了，但是执行案件就是这样，被执行人对自己的财产从不给任何机会，所以说做执行是需要想象力的。虽然我是一个刚毕业的小律师，但这不妨碍我经常去幻想有朝一日我有钱了要干点什么，这里面从未缺席的就是买房。2019 年是房地产高歌猛进的年份，陈总生意做得如此之大，名下居然没有房产这很不科学。还是说陈总觉悟太高，早就料到会有今天，所以自己名下不持有任何财产？

要说陈总早就知道做的是违法生意，怕东窗事发这有点夸张了，毕竟陈总做的是山寨，不是贩毒，做生意的时候就开始布局那肯定不现实。但是想象一下，当你被别人起诉了赔偿 300 万元，虽然你很愤怒，这些人分明就是来抢钱，凭什么我就要赔这么多钱。但是你认识的好几个老板都被这么起诉了，好像最后还赔偿了，虽然找的律师拍着胸脯对你说他代理过好多这种案件，都是几万元过后生意照做，法院不会支持这么离谱的金额的。但是你内心还是不免发怵，不怕一万就怕万一。尤其是收到一审 200 万元的判决之后，这种心理达到了巅峰，没有人会甘心就这么给 200 万元的，陈总在这个时候做好准备也是应该的。

做一个不算大胆的假设，陈总在收到一审判决之后，做了两手准备：一边转移名下资产，一边上诉求改判同时拖延时间。这些转移的资产里面应该就有房产。问题在于我们怎么验证这个假设？

当然，一开始我们并没有觉得这是一个问题，我非常自信地拨通了执行法官的电话，希望拿到一张调查令，然而执行法官要求提供我们进一步的线索。尴尬的情况出现了，没有调查令我们就拿不到进一步的线索，调查令的开具又需要以进一步的线索为前提。这是一个先有蛋还是先有鸡的问题，然而令人无奈的是律师经常被这个问题卡住。

好说歹说还是没拿到调查令，鉴于律师有调查权，年轻气盛之下直接就去到当地，难道没有调查令就说服不了行政机关？事实证明，想说服行政机关没有调查令是不行的。

找本地同行一番打听，查房产的窗口开在行政服务中心的三楼，虽然同行说这种没搞过，他们向来是拿着法院文件过去，我这种估计希望不大，但我总得试试。特地选了周一下午午休还没结束的时间点过去，上了三楼狭长的空间里面是一排开放式的窗口，头顶是不动产登记的牌子，窗口之间的挡板上依次标着序号 1～8，上班的点还没到位置大多还是空着。我琢磨着一会儿找一个面相和善好说话的工作人员，机会应该大一点。

两点还没到，办事的人还没来，工作人员已经陆续就位了。我整理了一下西装和领带，调整好温柔而不失和煦的微笑，抬头挺胸将公文包拿在身侧，迈着稳重的步伐径直走向 6 号工作人员。

根据一些不成熟的社会经验，颜值越高人越和善，入职时间越短的公务员越热情。这位工作人员头上大大的红色蝴蝶结，好像这些宛如复制一样的工位里，开出了一朵花，实在此行最心仪的人选了。等我坐在她面前，看着她手机壳上的海绵宝宝，我甚至已经感觉到希望就在眼前了。

"您好，请问这里可以查询房产登记信息吗？"我看了下手表，距离上班时间应该还有几分钟。

6号工作人员放下手机："我帮你看下系统，可能还没开。"

"谢谢，我也是刚从外地过来，手续要求还不是很了解，这里可以查询自然人名下的不动产信息吗？"

"有委托材料或者身份证就可以了。"

"那我还真没有，对方被我们起诉了，现在案件在执行阶段，我是来核实下财产信息的。"

"哦，您是律师对吧，如果有地址和人名的话可以直接查询，如果只有人名和身份证号码，需要法院的文件才行。"

"我带了法院的执行文书，这次主要是核实一下不动产信息。"

"系统开了，我帮您看一下。"

我从档案袋里面，抽出执行受理通知书递给她。

"没有哦，系统里面看不到。"

"确实没有吗？法官跟我说查控系统里面显示有一套，是不是数据库的问题？还是说就这几天已经转让了？"

"应该不会吧，本地房产的话我们这里的数据库肯定是最全的，最近有没有交易，我再帮你看一下。"

这大概是这个案件让我最忐忑的2分钟，仿若等待最终判决，听到"找到了"三个字我差点跳出来。

"我看系统记录确实有两套房子最近转走了。"

我苦笑，"还是动作慢了，给他跑了，您把房产信息打给我，回头我再想想办法"。

"这个我还没操作过,我得先问下主任。"

她去问主任的时候,其实我已经知道结果了,这种涉及第三人信息的,很难同意的,但我的目标不是这个。

"好像不行,按照规定这个是不能给你的,只能给法院。"

"那我拿着调查令来是不是就可以了?"

"好像是可以的,之前有律师拿着调查令过来,主任就会给材料。"

"那我先给法官打个电话。"

我去门外打了个电话给法官,没打通过了3分钟我又回去了。

"调查令法官那边我基本沟通好了,有个问题就是调查令要有针对性,得明确到具体房产才行,所以能不能给我一下地址和产权证号。"

6号工作人员犹豫了一下,让我记一下地址和号码。

半个月后我履行了承诺,带着调查令回来从6号工作人员手里拿到了两份不动产的登记档案,果然都是核心地段,足够清偿债务了。

艰难起诉、轻松败诉

有财产只能说是出现了曙光,距离拿钱还差了十万八千里,更何况财产还不在被执行人手上,所以先启动债权人撤销权之诉,把房产拿回来是正经。

然而,我们仔细翻阅材料,发现两套房:一套是市场价的50%,

另一套是市场价的 70%，按照司法解释的观点，70% 以下属于明显不合理的低价，也就是说最多只能拿一套回来？更让人担心的是，"市场价"是我们翻的安居客上的成交价，这个"市场价"法院认不认还不好说。根据税费发票，倒是能算出不动产登记中心的参考价，但按照这个价格，这两个案子干脆就不用起诉到法院了。

但再仔细研究一番，突然发现一个细节，两套房产都在同一时间交易，并且交易方式都是现金。有没有一种可能性：这两套就是换到别人名下了，实际上还是被执行人的财产，所以我们才会看到敷衍的价格、敷衍的合同以及敷衍的交易方式？

房产一般不敢放在外人手上，赶紧查了一下亲属信息，结果什么都没有，除了父母、子女、配偶，其他查出来的可能性确实不大。思考了两天怎么组织证据，还是没什么头绪，然后我们就得出了一个异想天开的方案，既然涉案事实是一个消极事实，那么证明责任是不是就不在我们？那被告是不是就得提交证据证明确实存在交易？

乍一看，此招有一定的道理，前提是不考虑诉讼风险。于是，方图所的第一单"债权人撤销权之诉"的案件诞生了，而且令人兴奋的是，一直到开庭之前，我们都没有收到任何对方的材料，案件似乎在朝着预想的方向发展。

开庭当天，我们早早地坐在原告席，心中一直都非常忐忑。虽然经过我们翻阅案例一番研究，发现这个方案其实还是有一定的实施可能性的，但是没有证据的诉讼方案还是很离谱的。我们打定主意如果被告真提交了转账记录，那我们就直接撤诉，另寻他径，反正试试总是好的。紧张感在被告代理律师到了之后达到顶峰，我看着他从档案里面不停地拿材料，生怕他拿出转账记录作为证据放在我面前，还好一直到法官敲响法槌，我们都没有拿到被告证据。

法官询问："涉案房产是如何交易的？"

被告答："通过现金直接交易的？"

法官再问："为什么交易的价格这么低？"

被告答："双方之前有一些生意往来，用货款抵了一部分，合同上没写。"

我们问："被告你这百万级现金的交易就没有留下其他痕迹吗？比如聊天记录，还有银行的取款信息？"

被告答："没有，我们生意人有现金很正常的，其实也不是很多，而且我年纪大了，不太会用微信，一般都是打电话。"

开完庭，我们都很兴奋，被告真的什么证据都没有，而且这回答也太敷衍了，被告的行动模式基本在我们的预料之中，这种什么材料都拿不出来的情况，明显就有问题，这么简单的抗辩应该没那么容易过关。我们已经准备庭后多找几个案例，和法官沟通沟通，争取通过举证责任把案件赢下来。

然而，事实证明我们确实是异想天开，7天还没到判决书就到我手上了，驳回全部诉讼请求。很明显，被告可以没有证据，原告没有证据那是不行的。

法律的生命在于经验

原本正在壮大的希望之火，现在只剩下一缕火苗了，没有新证据就只能等着熄灭。一度我们都在抱怨，被告明显存在诉讼期间转移房产的情况，法院硬要原告举证被告的交易不真实，这不是为难原告嘛，看来执行难并非单纯执行程序的难。

现在又到了发挥想象力的时刻了。假如我是陈总，我名下有两套房，那至少有一套我自己是要拿来住的吧，而且我肯定要住大的那套。如果现在我面临破产的危险，为了让我的生活质量不受影响，我得把房子放到别人名下，然后我再去买一套新的住？那肯定不会，房产交易是有很大的成本的，如果最后还是要找新房，那么我为什么不直接卖掉？转移物权的核心目的还是保留使用权，所以我肯定还是会继续住的。

绝境之下好像又有了新的突破口，至少我们现在有方向了，只要证明陈总还继续住在里面就行了。问题在于怎么证明，跟踪拍摄？就算你能进得了小区，那拍出来的证据也是非法证据，而且最近风声紧，有可能陈总最近都不在里面住了。

小区监控录像、车辆进出记录、美团外卖、电话定位、快递收件信息等，开庭前感觉头发都快想白了，方案是想了一堆，就是没有一个有很高可实施性的，比如快递信息理论上是行的，但是调查令开具的对象是谁呢？就算确定经常发顺丰，那你需要顺丰给你出具何种信息呢？该身份证下所有邮寄的快递？很可能陈总这几个月没有亲自邮寄，毕竟普通人寄快递的频率确实不高，收件频率倒是高但是可能连真名都没有。

直到二审的庭前会议，还是没什么特别靠谱的思路。某天中午，某位刚刚换房子的同事正在吐槽南方电网换户头好慢，电费交起来很麻烦。

我大为激动"电费还有户头吗？不是直接交就可以了吗？"

"你没买过房你不知道，交房的时候水电都是要开户的，然后就可以自己绑银行卡自动缴费了。"

离庭审还有 1 周多，加班加点，翻了无数个网页，打了 N 个电话，确定了管辖的区水务局以及南方电网营业厅，也和法官进行了深入沟通，调查令已经到手，庭前三天直接去到当地，兵分两路，务求马到成功。

结果一个都没成，水务局好不容易找到人，才知道具体业务由当地的供水公司负责，电网营业厅更是直接告诉我们数据在分公司，营业厅肯定是没有数据的。两拨人马相聚在酒店前台，有点沮丧，庭后再调效果差太多了。万般无奈，要不还是申请延期吧，虽然快开庭了才申请法官会非常愤怒，但是关键证据缺失，没什么好办法。心情忐忑地拨通法官电话，结果刚说完调查令的问题，法官就让我们去法院换一张。都没说到延期的事情，问题就顺利解决了。

这个案子办了 1 年多，一直像在黑夜中行走，每前进一步都怀着巨大的忐忑和不安，这是第一次幸运女神对我们微笑，我们一致认为这是吉兆，甚至觉得应该去庆祝一下。我本着不要半场开香槟的原则，拒绝了这个提议，赢下来再吃也不迟。事实确实是第二天我们就遇到了本案最大的障碍。

灵魂发问，逆转裁判

调查令在理论上是一个威力很大，但实际上不怎么好用的文件，做过律师的应该都深有体会。根本原因是法院的权威确立需要一定的时间，这直接导致被调查主体压根就不知道调查令是什么。我们连南方电网的大门都没进得去，两位保安大叔以单位是重点安保单位，不能随便进为由拒绝。

证据就在眼前，这大门却是进不去，我们在门外急得跳脚，甚至都开始拦门口进出的维修车，问师傅知不知道办公室电话多少，保安看我们在大门口堵车感觉我们像是来找碴儿的，上去就要赶人，两边差点打起来。

还是王律师机智，掏出律师证和调查令，打开手机，镜头怼着大叔，用一种严肃而庄重的语气大声质问："我受法院委托，前来你单位调取材料，现出示我的律师证和调查令，请你联系有关人员，如你单位拒绝将承担相关法律责任，请你明确一下是否确定要拒绝？"

果然摄像头一打开，大叔就怂了，人也不赶了，连正面面对我们的勇气都没有了，赶紧走到大门里面转过身背对镜头："我就是一个保安，也不是负责人，你们不要为难我。"

"我们也不是要为难你，你联系一下负责人，到时候如果负责人拒绝也就不是你的责任了，对不对？"

"好好，你们等一下，先把手机放下来，我去打电话。"

10分钟后，负责人赶到门前，看了调查令表示愿意配合。其实大叔确实没骗我们，供电单位确实是重点安保单位，我们自始至终都没能进得去单位大门，数据材料最后是负责人送到门口给我们的。很多时候调查遇到阻力并不是遇到刁难，只是制度化的工作会养成一种惯性，对于本职工作之外的事情会本能地推脱，这就需要我们打破这种惯性。

第二天早上我们在中院的法庭上再次见到了陈总，这次陈总的状态明显比一审开庭的时候更加放松，庭前和代理律师之间有说有笑。

上诉和答辩阶段结束，庭审交锋正式开始。

法官询问："上诉人有没有新证据？"

"上诉人有新证据，但该证据比较关键，在出示证据前上诉人有几个问题需要询问被上诉人。"

法官犹豫了10秒钟，翻看了我们提交给法庭的证据材料："那你先问吧。"

"先问一下房屋受让人，这个房子是在第几层？"

"十六层。"

"交易总价有多少是货款抵债，有多少是现金？"

"现金大概有50万元，货款也差不多吧，没具体去清。"

"这部分货款没有双方生意往来的记录吗？"

"时间久远，陈总都很久没做生意了，确实没保留。"

"50万元现金大概有多重？"

受让人代理律师："这个问题与案件无关，上诉人在胡搅蛮缠，还有别的问题吗？"

"房子是什么格局的，客厅的阳台是朝向哪里，有几个卫生间？"

"这个……四室……"受让人犹豫了几十秒都没有答案，不停地向陈总看，陈总也没有一开始那么淡定了，捂着嘴拼命想传递正确答案。

我们赶紧加大力度："请出卖人不要发言。"

受让人急得满头大汗，还是代理律师反应过来了，偷偷说了一句,受让人如蒙大赦:"房子买过来是给我儿子住的,我比较喜欢住村里,这个确实不是很清楚。"

我们有点遗憾,居然让他反应过来了,还好这只是开胃菜。

"房屋的水电都是谁在交。"

"这都是我儿子、儿媳妇负责的,回去我让他们打出来交给法院。"

"我们还有问题,需要问下出卖人。房屋是什么时候交付的?"

"2019年6月,我收到钱当月就给他们了。"

一连串问题之后,我们感觉到庭审气氛烘托得差不多了,给出了底牌:"那你为什么上个月还在给房子交水电费?请法官看一下我方调取的证据,显示水电费用上个月还是由出卖人缴纳。出卖人明显没有交付房屋,还在法庭虚假陈述。"

法官可能见效果还不错,也适时配合了一下:"出卖人你看下上诉人的证据,然后你解释一下原因。"

"这个……"

陈总看到证据涨红了脸,完全失去了刚出现在法庭的那种淡定,不停地看代理律师,代理律师显然也没什么好方案,闷头不停地翻证据材料,法官看着陈总也没有催促,受让人和代理律师窃窃私语这时候在法庭上异常清晰,庭审气氛一时间凝重无比。

重压之下,代理律师也不敢随便说话指导了,无奈陈总硬着头皮:"水电费的账户还没搞定,所以都是他们让我代缴的。"

"有没有相关的转账记录。"

"这个,这边都是现金给的,我们两家很熟,说一声就行了。"

我们乘胜追击:"法官,两被上诉人明显没有实际交付房产,现在房产应该还是由出卖人居住,我们请求法院进行现场勘验。"

法官想了想："受让人这边是否同意？"

受让人吓得对代理律师连连摆手，出卖人陈总也是嘴唇发白，拿起手机在不停地戳屏幕，估计是在给家里人发微信。

见没人回答，法官也没深究："我们继续开庭，具体是否勘验庭后再决定。"

后面的庭审进入索然无味的阶段，真正有意思的是看陈总在不断地看手机，不停地发微信，甚至急得当庭对着话筒说话，给别人发语音文字，我们甚至看到陈总拿着手机的手都在抖，我们很担心手机会掉下来。

其实陈总就是慌了神，我们的底牌并非没有瑕疵，调到的证据只是显示水电户头没换，但是实际上不换户头不影响交水电费，我们也看不出来水电费是谁交的，如果陈总能反应过来，胜负犹未可知。

但是参与诉讼的都是人不是神，再厉害的人面对谎言当庭被戳破有没有办法淡定下来，陈总说出那个牵强的"代缴"的时候，就已经无力回天。

2周后我们收到了法院发回重审的裁定，再过了1周收到了陈总的电话，1个月后和解款到账，案件顺利和解。

苹果醋案和饮料案的执行联姻

文 | 余学敏

苹果醋案和饮料案是方图代理的两大知识产权案例，其中苹果醋案被列入 2017 年广东律师十大知识产权经典案例。2020 年年末，苹果醋案申请执行逾 2 年尚未得到受偿，饮料案则刚向广州市中级人民法院递交执行申请。与此同时，执行团队加盟了方图大家庭，苹果醋案和饮料案的执行推进，成为团队首次攻克的执行要案。

为什么讲执行联姻？因为两案的诉讼前端本就基于类似的事实，考虑案件的体量过于庞大，从诉讼策略上将索赔金额、侵权被告、侵权产品通过管辖地进行拆分。两案相同的天然基因让后期的并案执行成为可能，请看图表对比。

案件名	原告	被告	判赔金额	一审法院	申请执行日期	执行法院	执行财产
苹果醋案	海天	海纳百川 王某 河南锦星 佛山信达利 ……	200万元	佛山市中级人民法院	20180207	佛山市中级人民法院	王某和石某共有的房屋
饮料案	海天	海纳百川 王某 河南锦星 佛山信达利 ……	310万元	广州知识产权法院	20201120	广州市中级人民法院	

经过1年多不懈的努力，我们与主要被执行人海纳百川和王某达成执行和解，获赔210万元，获得阶段性的胜利。回顾整个进程，从改变案件的执行管辖、推进房产的处置、发起执行衍生诉讼、化解执行争议再到执行和解等，体现了代理一般执行案件的工作思路和特点，总结如下。

亮点一：权衡利弊，改变饮料案的执行法院，将两案合并执行。

亮点二：解除法官顾虑，推进房产处置。

亮点三：发起执行衍生诉讼，扩大责任主体范围，执行夫妻共有房产的全部份额。

亮点四：执行衍生诉讼的胜诉，有效化解执行争议。

亮点五：执行和解中合理分配两案受偿额度，避免不当减免其他被执行人的赔偿责任。

一、权衡利弊，改变饮料案的执行法院，将两案合并执行

由于饮料案件的一审法院系广州知识产权法院，而广州知识产权法院仅承担知产案件的审判职能，经其一审的案件交由广州市中级人民法院执行。在执行团队接手案件时，该案已向广州市中级人民法院申请执行。苹果醋案和饮料案两案主要财产线索都指向被执行人王某位于江苏淮安的房产，推动在先苹果醋案的财产处置，让饮料案申请参与分配是一般执行代理惯常的思路。

那饮料案为何考虑改变执行管辖？

（1）因主要财产位于江苏淮安的房产已被佛山市中级人民法院查控，广州市中级人民法院的查控结果将是"无其他财产可供执行"，执行法院无可作为，案件将很快终结本次执行。而在案件终本后，如果发现新的财产线索，只能向该院申请恢复执行。

（2）苹果醋案作为佛山市中级人民法院承办的典型案例，执行标的已高达200万元以上，如果叠加饮料案310万元，债权合共已逾500万元，两案合并无疑加重了责任、促使法官加大执行力度。

（3）方便和法官的沟通协调，两案的协同处置及执行文书的统一送达。

（4）本案尚有佛山辖区内的其他被执行人，方便后期向佛山市中级人民法院申请执行追加、执转破等其他执行措施。

如何改变？第一次尝试改变执行管辖。

（1）案件终本前，可以撤回执行申请，撤回执行后可再向有管辖权的法院申请执行。经向佛山市中级人民法院立案窗口咨询，饮料案中有一被执行人的住所地在佛山顺德，本案在佛山市中级人民法院辖区内，符合立案受理条件。

（2）要求广州市中级人民法院寄送饮料案的网络执行查控资料（告知承办人准备撤回执行申请），同时向佛山市中级人民法院提起饮料案的网上执行申请，待网上申请审核通过，立即向广州市中级人民法院递交撤回执行申请书，在收到准予撤回执行申请的裁定当日向佛山市中级人民法院寄送申请执行的书面资料，确保案件的执行立案不重复、不旁落。

很快，饮料案和苹果醋案在佛山市中级人民法院得以并案执行，顺利实现了两案的执行联姻。

二、解除法官顾虑，推进房产处置

苹果醋案早在 2018 年年初已申请执行，后申请人发现被执行人王某及其妻子石某共有的、位于江苏淮安的房产，法院于 2020 年年初对房产进行了查封，但到年尾也未启动变价程序。通过电话、面谈，得知承办人顾虑到异地拍卖夫妻双方名下共有房屋，当地房管可能因为共有人非本案被执行人而不配合办理过户手续，再加上案多人少办案压力等原因，未能及时变价处置。

为消除执行法官的顾虑，执行团队花了不少工夫。先是电话联系淮安当地的法院、房管各部门咨询，均因找不到对口部门，无法给出明确结论。后来还是找同行帮忙，通过江苏淮安市的律协官网，检索到几家规模较大的律所，在律所内挑选执业经验丰富的律师逐一电话咨询。功夫不负有心人，最终是一家律所的前台行政人员非常热情地回应了我们的问题，原来她在入职律所前正好是淮安市某区法院的书记员，经她向执行部门的原同事咨询，解答了疑惑，当地房管部门会配合执行部门办理过户。

1个月后，执行法官同意远赴江苏淮安查验房屋、送达有关执行文书，随后启动了对房屋的变价程序，2021年7月经网络询价，确定房屋的处置参考价为290万元。

值得一提的是，执行法官应我们的申请，在出差途中协助调取了被执行人的银行流水明细，为后续发起衍生诉讼夯实了基础。

三、发起执行衍生诉讼，扩大责任主体范围，执行夫妻共同房产的全部份额

发起执行衍生诉讼的必要性：首先，海纳百川及王某是两案共同的被执行人，王某和石某夫妻二人于2014年起先后通过股权受让的方式成为海纳百川的股东，王某担任海纳百川的法定代表人，石某担任监事，公司无其他股东或董事，海纳百川符合夫妻制公司的特点。其次，两案的债权金额500万元，目前可供执行的房屋的处置参考价290万元，由于是夫妻共同财产，变价后应保留配偶一半的份额，债权人实际受偿100余万元。另外，执行团队还发现登记在其配偶石某名下有一处房产（面积小且设有抵押），必须通过析产诉讼确定该房产为夫妻共同财产，才能执行王某占有的份额。而发起衍生诉讼，如果能否定海纳百川的法人人格，判决股东石某对海纳百川的债务承担连带责任，不仅能够执行目前房产的全部份额，登记在石某名下的房产也无须析产而直接执行。

如何发起诉讼？需要提前筹划、解决以下几个问题。

1. 赢的概率有多大

对夫妻制公司能否参照一人公司否认公司人格，判决股东对公司债务承担连带清偿责任的裁判标准各地不一，最高人民法院公布

的指导案例也存在截然不同的裁判标准，佛山市基层法院各持不同立场。但经检索，佛山市禅城区人民法院和佛山市中级人民法院近期均有支持债权人的判例，如果本案能在佛山发起诉讼，赢面较大。

2. 被告的公司在江苏，参照何种纠纷确定管辖？佛山的法院有无管辖权

对股东损害公司债权人利益责任之诉，是按照与公司有关的纠纷确定由公司住所地法院管辖，还是按照侵权责任纠纷确定管辖？经检索有关的管辖权纠纷的案例，确定此类案件是因股东的侵权行为引起，应按照侵权责任纠纷确定管辖，原告的住所地（禅城）作为侵权结果发生地，拥有对案件的管辖权。如此可将本案的一审、二审圈定在佛山市范围内，排除在异地诉讼的不确定性。

3. 两个案件同时诉，还是择一诉讼

虽然两案在案件性质上高度趋同，但一个执行案件通过衍生诉讼解决的责任归属，不能当然类推到另一个执行案件中适用，即石某对苹果醋案中海纳百川的债务担责，不能当然类推石某对饮料案中海纳百川的债务也担责，必须有司法确认的过程。

经团队成员商议，鉴于房屋的价值远不能覆盖两案债权（石某占有房产一半份额的价值也不能覆盖单案债权），我们只需选择在后执行、标的较大、对应石某承担责任范围也较大的饮料案发起衍生诉讼，胜诉后对房屋变价款进行分配时，可建议执行法官优先清偿饮料案，余下部分再清偿苹果醋案件。这样既达到将石某的房产份额全部纳入执行的目的，又同时节约了诉讼成本。

四、执行衍生诉讼的胜诉，有效化解执行争议

在执行团队对石某发起股东损害公司债权人利益责任纠纷后，石某一方面通过管辖权异议拖延诉讼，另一方面则主动出击，以案外人的身份向佛山市中级人民法院申请执行标的异议，以离婚协议已分割房屋为其所有为由，请求排除对房屋的执行。简单概括石某的主张：（民事案件）应诉不担责，（执行案件）房子是我的。

被执行人的配偶以离婚协议已经分割了房产为由，请求排除对房屋的执行，是案外人异议和执行异议之诉中最为常见的、争议也较大的事由。就本案而言，我们指出被执行人王某是在本案债权发生后，通过离婚协议转移房产份额，具有不当减少责任财产、降低偿债能力以逃避债务的主观恶意，且该分割房产的条款属夫妻内部约定，不对债权人发生法律效力。该类型的执行争议颇具典型性，一方面可以通过债权成立的时间节点来判断债务人离婚分割财产主观是否恶意，但另一方面离婚协议财产分割约定即使发生在债权成立后，也不能一概认定为无效或可撤销，需要从夫妻财产来源、离婚过错补偿、抚养费的负担等综合权衡财产分割是否具有正当性。所以，我们对裁决结果保持谨慎的乐观。

等待执行异议裁决的过程很漫长，正在担忧之际，对石某发起的执行衍生诉讼收到胜诉的好消息，判决石某对饮料案中海纳百川的债务承担连带清偿责任，意味着石某将成为本案的被执行人，其所有的财产将成为本案的责任财产，石某不再具有"案外人"的身份，其在先前提起的案外人执行异议因主体身份转换变得无必要，被法院依法驳回。可以说，执行衍生诉讼的胜诉，帮我们从根本上杜绝了案外人执行异议（房屋权属争议）带来的法律风险。

五、执行和解中合理分配两案受偿额度，避免不当减免其他被执行人的赔偿责任

在执行衍生诉讼取得胜诉时，被执行人迫于压力分两期支付全部和解款项 210 万元。在签订执行和解协议书时，因为是两单执行案件，需要确定每个案件的受偿额度。依据《民法典》第 520 条有关连带债务的履行和消灭的规定，部分债务人的债务被债权人免除的，在该连带债务人应当承担的份额范围内，其他债务人对债权人的债务消灭。执行团队在分配受偿额度时，不是简单均分，或是归于一案，而是分别计算了被执行人与其他连带责任人在该案中分担的责任份额，以该份额为参照合理分配受偿额度，避免不当免除其他被执行人的赔偿责任限额。

至此，苹果醋案和饮料案的执行联姻终于结出胜利的果实。对两案尚有清偿部分，执行团队的工作仍在继续……

让侵权人换个名字到底需要几个步骤

文 | 冯宝文

故事前文

话说在大约四年前的时候，我们的客户发现了某个公司用了一个和他们公司非常像的名字，区别大概就是只更换了前面地名两个字的程度。为了维护自身权利，客户先是进行了行政投诉，事实上行政机关当时也责令了对方进行整改，对方也表现出了要积极整改的态度。本来以为一切顺利，结果对方打着马虎眼就连名带厂跑到了隔壁市继续风生水起去了。

客户实在被逼得没办法，于是委托了我们对对方提起了诉讼。经过了一审和二审，法院均判决对方构成了侵权，钱得给，名字也不能再用了。因为在一审的时候，我们就已经顺利地查封了对方的账户，账户里的钱扣划起来绰绰有余，连执行法官都打着包票叫我们放心。金钱部分的执行异常顺利，我们已经开始感慨，有可能这是律所建所以来最顺畅的执行案了。只经过了一个多月，钱就已经到手了。

转　折

　　难得的执行顺利让我们兴奋了很久。然而也不知道是不是执行向来必经磨难的设定，到了名字的环节，对方一直拖拖拉拉不见行动。尽管我们一再跟执行法官沟通让他帮忙跟进处理，好几个月过去了，依然没有一丝进展。

　　总不能让他这么拖拉下去。参考了以前的处理办法，既然你不主动改名字，那我们也不管你要再改成什么别的名字，反正不让你用以前的就行。于是我们向法院提出，先用统一社会信用代码来代替对方的名称吧。

　　我：法官，对方的名字改了吗？

　　法官：我已经跟对方沟通过好几次了，催促对方赶紧办理了。

　　我：法院不能跟工商那边沟通一下，出个函先用统一社会信用代码代替一下吗？

　　法官：不行的，我们法院没有办法干涉行政那边的流程，还是要让对方自己去处理。

　　我：……

　　我们申请执行改字号，法院说只能对方改。用脚指头想想都知道，作为一个倔强了这么多年的被告，宁可举公司搬迁都不愿意改名，要他心甘情愿改名，可能吗？

另一条路

　　法院这条路走不通，也不能坐以待毙吧？一番商量下，我们决定先找市场监管部门沟通一下，既然法院没有办法干涉行政，如果直接行政能走得通也会方便很多。兴致勃勃一通电话，结果扫兴而归。

我：你好，请问是 ** 市场监督管理局吗？

市监局：是的。

我：我们有个诉讼案件，现在已经有生效判决了，也向法院提交了强制执行的申请，现在因为对方一直迟迟不肯改名，我们希望先把对方的字号变更成统一社会信用代码，这边可以处理吗？我们需要准备些什么材料吗？

市监局：这个嘛，改名字还是要公司自己来处理的。

我：……

好嘛，又一条路堵死了。可是思前想后，这不应该啊！判决都有了还不能改了吗，只是换成显示统一信用代码来代替都不行吗？不过分地说，当时在所里和小伙伴们探讨的时候，甚至都已经考虑到要直接去市监局大厅当"刁民"这种馊主意了。

怀疑人生一段后，无奈之下找到了我们执行团队的执行大拿大鱼来提供个出路参考参考。

我和小陈律师：（可怜巴巴）……

大鱼：你们说清楚了吗，怎么可能不行呢，这是法律明文规定可以这么做的，而且我们以往也是有成功这么操作过的。

我：说清楚了，两边都说要对方自己去啊。

大鱼：你们该不会在诉求上把"禁用"写成"变更"了吧……

我和小陈律师：（一阵翻查执行申请书、判决和起诉状）……没有，确实是"禁用"，没写错。

大鱼：你们再沟通一下，实在不行就走工商投诉吧。

峰 回 路 转

又经过了几周，和执行法官又经过了几轮沟通，仍然无果。没办法，只能洋洋洒洒写下了两大页的行政投诉书，还附带了生效判决书和过往案例，厚厚一小叠材料。和承办的小陈律师一合计，与其邮寄等待，不如亲自到场来得实在。于是驱车 100 千米直接跑到了当地市监局，总不会白跑一趟吧？直到中午吃饭的时候，和小陈律师还在想，要是搞不定怎么办，空手回去会不会无颜面对江东父老……

在市监局的接待大厅，工作人员听到我们人已经到了，亲自来大厅进行接待。跟工作人员说明来意后，对方的表情是茫然的，同时发出了灵魂拷问：这个公司我有印象，不过它不是你们的关联公司吗？我记得在系统中是这么显示的呀……（她甚至跟我们确认了几遍并向同事确认这件事）

好嘛，混淆得非常彻底。

我和小陈律师纷纷摆手并极力否认，工作人员半信半疑地接收了这一信息并表示要先看一看材料。

10 分钟后，工作人员再次表示疑惑。

市监局：你们这个问题很好解决啊，让法院发个函过来就行，不用特地跑一趟的。

小陈律师和我：……可是我们之前也联系过法院和市监局这边，说的都是让对方自己来，这不可能实现的呀。

市监局：这个就是我们在处理的，在系统上修改就行，一般法院发函我们就可以直接处理了，我们办理过很多的。

小陈律师和我：……那我们去找法官再说说？或者我把你们的电话给法官让他直接和你沟通可以吗？

市监局：可以的。

1小时后，我和小陈律师心情复杂地踏出了市监局。我们留下了材料，市监局的工作人员也说会尽快联系对方督促对方前来更名。从市监局回来后第一时间就去找了执行法官说明了市监局这边的要求，希望他能配合出函。了解到要求后法官终于是松口了，并同意联系市监局协调一下看应该怎么处理。兜兜转转一大圈，终于是解决好了。

过了1个月左右，当地市监局那边传来了好消息，其中一个公司的名字显示已经变成了统一社会信用代码，另一个公司的名字工作人员也在督促着对方处理。至此，这个案件的执行也算是告一段落了。

总　　结

根据《企业名称登记管理规定》第23条第2款的规定：人民法院或者企业登记机关依法认定企业名称应当停止使用的，企业应当自收到人民法院生效的法律文书或者企业登记机关的处理决定之日起30日内办理企业名称变更登记。名称变更前，由企业登记机关以统一社会信用代码代替其名称。企业逾期未办理变更登记的，企业登记机关将其列入经营异常名录；完成变更登记后，企业登记机关将其移出经营异常名录。

Tips：根据上述规定，如果法院判令对方禁用，作为执行申请人去申请由企业登记机关以统一社会信用代码代替其名称是完全没问题的。值得注意的是，对于字号的诉求，要记得看清楚是"禁用"还是"变更"。

想赢，你必须比被告更坚定

文 | 张星宇

2022年3月的一个晚上，饭局刚刚结束，我和何律师站在自动扶梯上，看见楼下被告代理律师正在打电话。

我问何律师："以你对李律师的了解，能做通苏总的工作吗？"

"很难说，不过他总归是比别人希望大一点。"

"他以前就比较懂这方面？"

"这倒也不是，那时候没有调查员，好多工厂都是律师和实习律师自己去取证，所以他两边都很了解，希望还是挺大的。"

我回忆了一下案情，最早的公证好像是2017年，没想到居然有案子能做出宿命感。

一

2017年是一个红火的年代，越发尖锐的批评声丝毫不能阻止房地产市场的高歌猛进，扎身在泛家居行业的方图同样也感受到了时代红利，客户的预算充足，部分山寨品牌不满足于小打小闹，开始朝着做大做强的方向发展。这种目标明确弹药充足的大好形势，正适合做一些大案要案，打出判赔打出知名度。

老苏总打造的品牌就是这些目标中的一个。老苏总是做陶瓷生意的，正宗的瓷都本地老板。陶瓷是有一定的技术含量的生意，日用陶瓷也就是平时用得比较多的茶具之类是技术含量最低的，家里有个做胚的师傅再搭个窑炉就差不多了，瓷砖是最难的，设备动辄几千万元，没有上亿元的投资根本搞不出来。老苏总的生意介于两者之间，主要做的是陶瓷马桶，马桶烧制有一定的温度要求，需要专业窑炉，上釉也需要专业技术，但有几十万元的投资也就可以开工了。

2017年网购很流行，但还没有流行买大件家具，尤其是老苏总做的陶瓷马桶，本身属于易碎品，安装也需要专业人士，所以线下销售渠道的铺设非常重要，尤其是集销售和售后一体的专卖店。开专卖店非常依赖产品的利润空间和品牌知名度，想要快速打开市场除了砸钱之外只有做山寨品牌。

和"八个核桃"这种货架产品不一样，家具产品消费者买起来比较谨慎，做就不能被人看出来，至少不能被人轻易看出来，然后老苏总就盯上了知名陶瓷品牌"马可波罗"。说起来建材市场是一个神奇的领域，也许是因为东鹏既做瓷砖也做卫浴，导致大家都觉得瓷砖品牌会顺带做卫浴是一件很自然的事，然后那些没做卫浴的瓷砖品牌就被盯上了，你不做我帮你嘛，反正你也不赚这份钱。

老苏总的专门店2017年的时候开满大江南北，北京、苏州、成都、武汉甚至在佛山都有老苏总的经销商。老苏总的套路是从香港注册一个公司——"马可波罗（意大利）有限公司"，然后马桶上写的厂家自然就是马可波罗公司了,"马可波罗"自然就成了老苏总的品牌。你在建材市场里面看到马可波罗瓷砖又看到马可波罗卫浴,自然而然就认为这俩是一家的,也就愿意多付出一点溢价买大品牌。

2017年办案组做了全国十几家经销门店的购买公证,还去了老苏总的厂里,只不过去的时候没见到老苏总,只见到了小苏总,小苏总很是展示了一番实力,工厂占地十几亩,一栋四层高的厂房里面机器轰隆作响,旁边一栋厂房正在开工建设,听小苏总说这块以前是村里面的,通了好多关系才作为工业用地买下来。

二

李律师有没有去过工厂不好说,但李律师肯定是做过这个案件的取证的。说起来我对李律师是很好奇的,我2019年来到方图的时候李律师已经离职了,只能通过历史文件和同事的聊天认识李律师。李律师大致属于青年才俊那一类,搞定了很多难搞的案件,法律文书也是事实清晰判例丰富,功力十分了得。律所午间聊天,忆往昔峥嵘岁,此间合伙人常常对没能留住李律师深表惋惜。

神奇的是,李律师离职的时候老苏总的案件还没结案,甚至一审的庭都没有开,这案件2017年立案一直到我2019年6月进律所,刚收到一审开庭传票,法院整整拖了2年,每次打电话过去都语焉不详,我们一度怀疑是不是受到非常规力量干预,要不怎么会无视审限。

正式开庭,老苏总请了一位本地律师,抗辩的核心观点是产品都是"马可波罗(意大利)有限公司"这个香港注册的公司委托他们做的,所以他们也不知道这个产品侵权,如果原告要追究赔偿责任应该起诉香港公司,他们也是受害者。其实这个公司是小苏总注册的,但是那个时候我们不知道小苏总的名字,身份关系也查不到,只能说公司注册人姓苏,而且住址和老苏总一样,很显然是关系密切,实际就是老苏总注册的空壳公司。

也许是案件实在是不能再拖了,法院1个月就把判决写出来了,法院没有支持对方的抗辩,这种高度关联的注册人没能过得了法院那一关,法院也认为是老苏总主导了产品的生产,而且起诉到判决2年时间过去了,产品还在大肆销售,更说明问题,法院最后给了接近200万元的重判。被告果断上诉,没想到二审法院又来一次非常规操作,上诉了将近1年都没收到传票,问了好几次才知道被告申请了延期缴纳诉讼费,然后立案庭后面也不知道对方实际有没有交诉讼费,就挂在那里大半年没管,一直到2020年6月才收到二审的传票。

三

何律师开庭撞期,我被拉过来顶上。

二审的被告代理人是一位激情澎湃的律师,庭审中控诉一审法院判决有严重问题,这种明显是委托加工的案件,居然不查清事实就直接判代工方责任,长此以往我国的代工业务还怎么开展?而且,注册人只是老苏总的远亲,只是因为宗族关系地址是一样的,双方是合作关系,法院怎么能直接认定老苏总就是直接侵权人呢?

这一番情绪输出搞得合议庭必须得讨论一下这个问题,审判长问:"具体是什么亲属关系?"

"这个代理人还不清楚，庭后具体问一下。"

"别庭后了，现在就打电话问。"

被告代理律师与审判长眼神对峙了一分钟，我们屏住呼吸没敢说话。

最终被告代理人非常不情愿地拨通了电话："苏总，我这边在法院开庭，法官有几个问题想要问你啊，第一个是……"

此时，审判长打断了被告代理人，祭出了暗藏在背后的真正杀招："被告代理人，你现在是在给谁打电话？"

"是苏总。"

"是不是本案的被告？"

"……"

"被告代理人，现在提倡诚信诉讼，如不如实回答法庭提问，法庭可能会有相应的处罚措施，你是否清楚？"

"清楚。"

"回答刚刚法庭的提问。"

"不是本案被告，是苏武吉（小苏总）。"

"被告律师你把免提打开，请你现在把法庭的问题转述给他，让他告知法庭他与本案被告的关系。"

最终电话里传来了我们想要的答案，果然是父子关系。

后面的庭审被告代理律师的气势开始有点不足，审判长也频频施压，主动反驳其观点，尤其是关于赔偿金额过高方面的观点。终于庭审进入辩论阶段，审判长看气氛差不多了，突然和被告代理律师提起，要不要考虑和解一下？

庭前我们研究过审判长的案例，发现和解率非常高，来之前有心理准备，只是没想到和解时机掐得这么精准。

审判长把我们单独留了下来："原告你们什么想法？"

"一审判决都出来了，我们能让得有限。"

"判决是判决，而且我和你们说现在法院案子很多，你们这个案件3年多了，再拖下去对你们也没好处。"

"当事人那边本来就觉得拖得很久了，您现在再砍一刀，我这边工作也很难做。"

一番讨价还价，最终在一审判决的基础上砍掉了1/3，法官以他从业多年的经验保证，被告会接受这个价格，我们也只好顺了法官的意思，让法官做被告的工作。没想到被告很快就同意了，只是提出了条件，要分期3个月，第一期在1个月之后支付，我们当然不同意，这调解对被告毫无约束力，想给就给不想给反正也比一审判决低，好说歹说被告就是坚持一定的筹款期，最终三方不欢而散，后面草草开完庭就散了。

本以为这案子就这么等判决了，结果半个月之后法官打电话，说被告松口了可以先给30%，2个月之后再给30%，最后40%要4个月之后，问我们的意见，我们也觉得这方案有一定的约束力，问了当事人意见，最终同意了调解方案。3天后我们收到了第一笔赔偿金，大家都松了一口气，一个案件打了3年多，现在终于拿到了一个不错的结果，也算是有个交代了。

四

现实总是残酷的，尤其从被告的手里掏钱，总是无比艰难，我们并没有收到第二笔款，催款的律师函发出去也是石沉大海，被告是铁了心要赖账了。走执行程序一番查询下来，老苏总名下果然已经没有财产，案件终本。

没想到打了 4 年，案子就这么虎头蛇尾了，心有不甘但也无可奈何。我有点想不通，老苏总如果想做老赖，干脆直接一分钱不给就好了，为什么还要给这大几十万元呢？难道真的是因为情况有变，不是故意要赖我们的？但是被告那边没有任何信息，我也没什么好办法，案子就只好先终本在那里。

这时候已经是 2021 年，山寨卫浴产品的线下渠道萎缩得厉害，老苏总们也在逐步退出舞台。也是在这个时候，京东物流把大件的快递渠道打通，山寨产品的销售渠道逐步转到线上，我们的重心也转移到了线上，调查团队每隔一两个月就要去工厂聚集地找线上产品的源头工厂。

一日翻阅调查报告，突然发现某张照片地点有些熟悉，赶忙拿之前的公证书出来对比，果然是老苏总的厂，之前的用的侵权招牌还挂着，只是换了个新的厂名，是有个新的公司马甲了。调查报告中记录：该厂以代工为主，有侵权店铺的源头指向该厂，实地调查未发现侵权产品。我赶紧联系前线人员，发现目标产品的侵权标识和之前的老苏总做的确实完全不一样，但我一看产品外包装我就知道一定是老苏总做的，因为这一片只有老苏总一家喜欢用白色包装，一般厂为了节省成本都是用纸箱的原色。我让调查人员多联络该厂，产品一定是这个厂做的，甚至向当事人申请了一定的经费，可以让调查员买点和案件没有关联的产品，先建立信任。

调查员半年里去了有三四趟，买回来的产品都够开个经销店了，终于在一次进货的过程中发现了产品，顺势订了一批。同时，也是借"合作"的机会，了解一下厂里的情况，现在老苏总退下来了，主要是小苏总在主事，客户和财务方面基本是小苏总在负责。

知道小苏总在主事的时候，之前没有解答的问题，逐渐在我心中有了一个大胆的答案，老苏总名下一定是有一笔巨额财产，转移的手续很麻烦，所以必须花几十万元拖住我们几个月，才能把财产转移。符合这个标准的，一般只有不动产，而且是有抵押的不动产，老苏总需要先筹钱解押。

为了验证这个想法，我们很是费了一番工夫，果然 2020 年的时候老苏总名下有两块地，现在这两块地在小苏总的名下，就是现在厂房所在的地方。时隔 1 年，两位苏总还是让我抓住了尾巴。

五

我们发起了两个诉讼，一个在当地法院主张土地使用权转让合同因恶意串通无效，并借助法院拿到了土地的完整档案，另一个在江苏，主张老苏总和小苏总重复侵权，要求 500 万元的顶格赔偿，同时查封了这两块土地。

我们算是图穷匕见，压上所有筹码，务求一个大胜。一直到合同无效案的一审判决前，我们都没见过小苏总，抵抗的态度非常坚决。代理律师坚持认为销售的都是前案的库存产品，不存在重复侵权，两块土地也原本就是小苏总的，和老苏总没有关系，我们主张合同无效没有理由。

这次本地法院十分给力，2 个月就下了一审判决，判决合同无效,这个判决再次把小苏总拉到了谈判桌上,也是在这个时候我们接到了李律师的电话,约了这顿饭。其实刚刚在饭桌上我很想问李律师是怎么接到这个案件的,但是想来有些不太礼貌,还是忍住了。就在我们期待李律师发力的时候,我们又收到了被告邮寄过来的两份抵押证明,显示两块土地已经抵押了接近 1000 万元,还是那句话,无论何时从被告手里掏钱总是很艰难的,就在你以为他穷途末路的时候,他又给你掏出了一个炸弹。

其实我们觉得不可思议,因为查封前土地是很干净的,难道刚好就是在查封的那段时间里面被抵押了?因为抵押权人是一个民间金融机构,证明上也没有抵押时间,我们甚至认为是机构故意操作的,就是帮小苏总谈判。

李律师电话在这个阶段也来得更加频繁了,据说小苏总的处境确实很艰难,厂里面这两年经营得不好,该抵押的都抵押了,现在出了这件事,小苏总的厂都开不下去了,几度起了放弃祖业的心思,干脆自己去国外创业好了。

谈判的关键阶段出现了这种情况,如果摸不清财产抵押的情况,一旦谈判破裂进入执行阶段,查实我们的顺位比别人低那就麻烦了,一时间压力山大。想来想去干脆心一横和法院申请了一张调查令,直接去到抵押权人的营业地址,陪着老板喝了几泡工夫茶。老板表示我让他很为难,但看在调查令的面子上还是透露了一些信息,目前虽然抵押了但是额度用得不多。我回到律所赶紧发了一封律师函给老板,提示他土地已经被查封,让他避免风险不要继续放款。

六

谈判就是这样，一个关键的信息足以扭转整个战局，李律师的电话还是很频繁，但是效果就大不如前了。现在我们拿到了一张牌，问题是怎么打出这张牌才能突破心理防线，这需要等待一个机会。

双方拉锯了 1 个月后，李律师突然表示小苏总要和我们见面谈。根据多个案件的谈判经验，一般当事人在做重要决策的时候，都不会通过律师来获取信息，绝大部分人都需要亲自验证一下，我们感觉等待的机会出现了。

又是在同样的地点我们见到了心心念念的小苏总，小苏总看起来比身份证的照片胖一些，一看就是面相和善的大老板。上来小苏总就表示生意难做，很多人都催他还钱，他把土地拿出去抵押也快周转不过来了，已经快破产了。我们也表示苏总生意很好，前两天还有朋友去苏总厂里谈生意，厂里面机器马力全开。

双方边吃边谈，就在饭局快结束的时候，李律师摊牌了："现在那两块地都抵押了，现在这个市场形势就算拍卖也不一定有多少钱，还要留足抵押权人的份额，更何况有抵押的土地还不一定拍得出去。后面还有执行异议，江苏的案件一审也要一段时间才能判下来，周期拖得太长对双方都不好。"

我们也打出了最后一张牌："苏总，我们也找抵押权人聊过，欠个两三百万元对您来说也不是什么大事，这个案件打了 5 年了，办案的律师都换了好几波。我们律所的风格李律师也是清楚的，既然接了案子那就一定会继续打下去，就再来 5 年也一定会有人跟的。不过我们还是觉得，后面又是执行又是拍卖的也没必要。"

小苏总面无表情，席也就不咸不淡地这样散了，半个月后小苏总终于松了口，我们结了这单打了5年的案件。

如何追究股东责任，彻底打击侵权源头

文｜陈庆恩

近年来，随着注册公司的限制越来越宽松，侵权者往往会成立一家有限公司作为"马甲"来实施侵权行为，即使打掉了这个"马甲"，侵权者转头又注册了一个新的马甲，继续实施侵权行为，真可谓"野火烧不尽，春风吹又生"。因此，方图战略总监赖总在律所培训中提到：知识产权侵权案件，务必将公司背后的实际侵权股东抓住，只有将他们打疼了、打怕了，让他们认识到实施侵权行为的获利最终都会赔回去，甚至还要倒贴时，才能真正地从源头上解决知识产权侵权屡禁不止的问题，真正达到当事人想要清理市场侵权产品的法律效果。

如何追究隐藏在马甲背后的股东承担连带责任，是一个非常值得我们思考的问题，下面我们分享方图从2018年开始，持续到2022年完结的一个典型案例。

基本案情：被告周某、沈某是夫妻关系，二人共同设立了三家企业分别为武汉管道公司、中塑公司、金盈公司，武汉管道公司的一人股东是周某，沈某担任监事，金盈公司的股东是周某、沈某，中塑公司的股东是沈某及女儿周某田（仍在读书）。周某、沈某二人操纵三家公司大量生产、销售侵权产品，严重损害了当事人的市场份额和市场商誉。侵权者利用空壳公司作为"马甲"，一旦涉及诉讼，也会把全部责任都推到空壳公司的头上，自己则全身而退，另起炉灶，这个局面该怎么破？

从诉讼中锁定股东的连带责任

在诉讼阶段，想要追加股东连带责任通常是依据当时有效的《公司法》第 20 条的公司人格否认、《公司法》第 63 条的一人公司债务承担以及《民法典》第 1168 条的共同侵权责任等规定。

公司人格独立和股东有限责任是公司法的基本原则。否认公司独立人格，由滥用公司法人独立地位和股东有限责任的股东对公司债务承担连带责任，是股东有限责任的例外情形，旨在矫正有限责任制度在特定法律事实发生时对债权人保护的失衡现象。实践中，常见的滥用情形有人格混同、过度支配与控制、资本显著不足等。

人格混同是指认定公司人格与股东人格存在混同，以此诉请公司股东对公司债务承担连带责任，其最根本的判断标准是公司是否具有独立意思和独立财产，最主要的表现是公司的财产与股东的财产是否混同且无法区分。在知识产权诉讼中最常见的情形有股东自身收益与公司盈利不加区分，致使股东利益与公司利益不清，或是公司账簿与股东账簿不分，致使公司财产与股东财产无法区分等。

过度支配与控制是指公司控制股东对公司过度支配与控制，操纵公司的决策过程，使公司完全丧失独立性，沦为控制股东的工具或躯壳。在实践中，其最常见的情形：从原公司抽走资金，然后再成立经营目的相同或者类似的公司，逃避原公司债务，或是先解散公司，再以原公司场所、设备、人员及相同或者相似的经营目的另设公司，逃避原公司债务。

遗憾的是，在知识产权案件办理中，调查取证的重心肯定都是放在被告生产、销售侵权产品的行为上，而公司人格否认的证据非常难获得，造成诉讼举证难度非常大，因此实务中通过公司人格否认来追究股东连带责任的案例相对比较少。

当时《公司法》第63条对于一人公司债务承担的依据在实务中的使用非常频繁，由于举证责任的倒置以及自证难度较高的原因，大部分的一人股东都无法举证公司财产独立于股东自己的财产，基本都是一抓一个准，但此类股东在被抓到一次之后，则会马上将公司股权分散，由一人公司变更为普通的有限责任公司，不会留下第二次被抓的风险。

最后，通过共同侵权来锁定公司股东的责任，这也是知识产权维权案件中最常用的方法和手段，与人格否认规定相比而言，共同侵权强调的是各被告之间的意思联络和过错，证据要求较低，操作简便。

公司股东会因个案的事实和证据的不同而体现出不同的侵权行为，笔者从经办过的案件中进行总结，认为可以从域名、境外字号及商标的申请注册、授权许可、侵权历史、银行收款账户、被控标识的实际使用状态、对其他品牌的抢注等方面收集、深挖股东共同侵权证据，从而达到最终锁定股东共同侵权，承担连带责任。

Tips：需要注意的是，对于公司人格否认和共同侵权不同路径的选择并非互相排斥的,而是可以同时主张进行诉请的,二者殊途同归,办案中,我们可以优先落实公司股东共同侵权的责任,在此基础上再辅以人格否认的事实和证据,从两个方面锁定公司股东的侵权责任。

在(2016)浙民终699号案中,浙江省高级人民法院对从共同侵权及公司人格否认两方面都进行了论述:吴某均与新昌县西门子公司主观上具有实施被诉侵权行为的共同故意,客观上共同实施了被诉侵权行为,故其应与新昌县西门子公司就损害赔偿承担连带责任。……此外,吴某均与新昌县西门子公司还存在严重的人格混同问题,因此吴某均应与新昌县西门子公司、邦代公司就损害赔偿承担连带责任。

在(2017)最高法民申775号案中,最高人民法院明确表态:"新昌县西门子公司与吴某均是否存在人格混同的事实,均不影响认定吴某均与新昌县西门子公司、邦代公司共同实施了侵权行为,三者应就损害赔偿承担连带责任。"

在诉讼中锁定侵权公司股东的连带责任,对于打击侵权源头来说一直是最有效、最优先的处理方法。但如果在诉讼中,我们未能掌握被告股东共同侵权的证据,无法在知识产权诉讼中锁定其责任时,应怎么办?

正如本案终审判决中,一审、二审法院均认为:本案中,除周某是武汉管道公司一人股东,应对武汉管道公司债务承担连带责任外,原告并无充分证据证明沈某与武汉管道公司、中塑公司、浙江金盈公司之间存在共同侵权行为,故驳回对沈某的全部诉讼请求,最终仅判决了股东周某承担连带责任，但沈某真的能逃避本案的债务吗？

在执行中追究股东出资责任

案件来到执行阶段，虽然在诉讼中，我们未能锁定到沈某的侵权责任，但是执行团队在调取浙江金盈公司、中塑公司企业内档后发现：浙江金盈公司注册资本目前仍未实缴，股东是周某、沈某，中塑公司注册资本同样未完成实缴，股东是沈某和他们的女儿周某田，但周某田在本案一审判决后，在未完成实缴的情况下，将其名下全部股权转让给案外人吕某。

此时，在办案团队面前一下子出现了三个新的主体：仍未实缴出资的现股东沈某、吕某，未实缴出资即转让股权的周某田，经讨论，办案团队表示要让涉案企业的股东全部承担相应的法律责任。

针对仍未实缴出资的现股东沈某、吕某：我们选择依据《最高人民法院关于民事执行中变更、追加当事人若干问题的规定》第17条的规定，向执行法院提出申请追加未缴纳出资的股东沈某、吕某在尚未缴纳出资的范围内对公司的债务依法承担责任。同时，针对二人提出的认缴出资期限尚未届满，股东具有期限利益的抗辩观点。我们依据《全国法院民商事审判工作会议纪要》第6条第1项的规定，"公司作为被执行人的案件，人民法院穷尽执行措施无财产可供执行，已具备破产原因，但不申请破产的"。债权人可请求未届出资期限的股东在未出资范围内对公司不能清偿的债务承担补充赔偿责任的规定，结合《最高人民法院关于适用〈中华人民共和国企业破产法〉若干问题的规定（一）》第 1 条、第 4 条，主张中塑公司已经具备破产原因，股东出资义务应加速到期。

最终，经过执行异议之诉一审、二审，佛山市中级人民法院认为：中塑公司未届出资期限的股东出资义务应加速到期，沈某、吕某并未向中塑公司足额缴纳出资，应对其未全面履行的出资义务承担民事责任。最后判决追加股东沈某、吕某为本案被执行人，各自在未缴纳出资的范围内对公司债务承担连带责任。

针对未完成实缴出资义务即转让股权的前股东周某田：相较于沈某、吕某的顺利追加，执行法院则在审理是否同意追加周某田作为被执行人的案件中产生了争议，执行法院一审驳回了对股东周某田的执行申请。通过对一审判决文书的研究，我们发现了法官的观点是：只有在执行终本后，中塑公司才具备破产原因，而周某田的股权转让发生在一审期间，此时中塑公司并不具备破产原因，周某田在出资义务尚未到期的情况下转让股权，符合法律规定，无须对公司债务承担清偿责任。

针对一审法院的观点，我们在二审中调整了策略，重点在以下两个方面进行举证和说理：（1）中塑公司在周某田转让股权时已经具备破产原因，并非在执行终本后才具备破产原因；（2）周某田目前仍在参与中塑公司的实际经营，其在诉讼过程中转让股权并非正常的民事交易行为，而是为了故意逃避股东出资义务。

经二审的据理力争，佛山市中级人民法院还是认可了我方观点，二审改判追加周某田为本案被执行人，其需在未缴纳出资的范围内与吕某一同对公司债务承担清偿责任。至此，本案中武汉管道公司、中塑公司、金盈公司三家公司的四个股东均被我们一网打尽，二审判决生效后，沈某、周某田也主动向执行法院支付了相应的赔偿款，二人的代理律师表示沈某等人已经决定停止生产、销售涉案侵权产品，本案最终也达到了清理市场的目的。

  从诉讼到执行，从 2018 年到 2022 年，方图一直在紧紧围绕着股东责任进行努力，历经 4 年，终究将涉案企业的股东全部追加为本案的被执行人，并让其各自承担了相应的法律责任。专注、极致、精进，这是方图律所的价值观，也是每个方图律师承办案件的信念！

第七章
诉讼逆转案件篇

一份大年三十收到的败诉判决，二审终于逆转

文 | 郭国印

"古董级"的案件落在我身上

2021年我刚进方图律所，准备从普通民商事案件转向知识产权领域执业。对知识产权案件尚无太多概念的我，对方图律所的一切案件都抱有浓厚的兴趣。那时候，何华玲律师刚休完产假回律所工作，一天她找到我，说有一个瓷砖商标侵权案件差不多要准备起诉了，安排我作为案件办理律师之一。才来方图不久就可以作为办案律师，所以当时的心情是非常兴奋的，准备铆足劲办好这个案件。但是随着慢慢接触熟悉案件材料，发现事情并没有那么简单。

一、取证时间跨度长

查看了案件材料，发现这个案件是佛山某知名老牌陶瓷企业在2017年6月7日委托方图律所的，到我这接手已经过去4年的时间了，其间一共公证取证10次，时间跨度从2017年至2020年。查阅这些公证书与案件项目材料后，发现此前取证的调查员、案件项目跟案助理已经从方图律所离职。周边的同事都戏称，

这个案件除了创始合伙人之外，比我们在座的工龄都长，在律所内部也几经流转。所以脑海中第一个问题就是"这到底是一个什么样的案件，为什么时隔这么久还没起诉"？带着这个问题，我首先去研究了案件材料。可能是没有太多知识产权案件办案经验的原因，看完那些公证书竟然毫无头绪，就一个感觉——乱。取证产品多，不同包装的瓷砖产品达到 4 类之多；关联主体多，取证中关联到的主体有 5 个，一时间不知如何下手。

二、曾历经刑事程序

在查阅过往资料中，发现有一个刑事案件的文件夹。根据这些资料以及向律所此前接触过这个案件的同事了解，由于这个案件取证的产品上使用的标识与权利人商标相同，可能涉及"假冒注册商标犯罪"，所以调查比较困难，当时甚至还采取了跟踪运送侵权产品的车辆调查侵权产品储存仓库这一方式。后来当事人委托律所向公安机关报案，公安机关予以了立案侦查。但是公安机关调查后，认为很难认定构成犯罪，所以刑事程序也不了了之。

三、经销店铺在我接手之时已经倒闭，仓库已经被推平

既然案件要重新启动，那就按照办案流程开展吧。首先需要做的就是确认侵权行为是否还在继续。为此我重新走访了当时发现侵权产品的经销店铺，那家店铺如今门头未改，装潢没变，但是玻璃幕墙上已经张贴了招租广告，贴着玻璃幕墙看里面，已经人去楼空。随后，我又按照当时取证提货的仓库地址去寻找那个仓库。从闹市区找到城区荒凉的边缘地带，从宽阔的大马路找到弯曲的小巷子，从写字楼找到破旧的物流仓库，终于在一片残垣断壁和破砖碎

瓦中找到了当初的地址。与现场的民工了解，这里之前确实是一片仓库，但是最近已经被拆了。此前取证的图片与现实地点的强烈对比，犹如我对这个案件当时的心情。

年三十的"压碎"大礼

确定侵权行为人没有再继续生产、销售后，目前只能按照已有取证进行起诉。

一、启动诉讼，制定诉讼方案

本案侵权产品是瓷砖，取证中也有几次购买的是与原告权利商标相同、包装相同的瓷砖产品。但是经原告核实，无法确认是原告自身生产销售的产品。此外，有几次取证购买的产品是没有显示原告任何权利商标，但侵权人是以原告品牌名义对外宣传销售，并且瓷砖底坯上有明显的磨标痕迹。几次取证结果如下：

取证次数	产品包装	产品底坯	能否核实来源	以何种品牌宣传
第一次取证	与原告一致	有底标	不能	以原告品牌
第二次取证	无包装	有底标	不能	以原告品牌
第三次取证	与原告一致	有底标	不能	以原告品牌
第四次取证	其他品牌包装	底标磨损	其他公司	以原告品牌
第五次取证	白包装	底标磨损	不能	以原告品牌
第六次取证	其他品牌包装	底标磨损	其他公司	以原告品牌

从以上表格来看，取证的产品可以分为四类。

第一类：被诉产品包装与原告产品一致，使用与原告相同的商标标识；第二类：产品无包装，但是使用与原告产品相同的商标标识；第三类：产品有包装，但是白色无任何标识的包装，磨损了底标；第四类：产品有包装，但是其他品牌的包装，其他品牌的商标，磨去了底标。

但是无论是哪一类，上述四类都是以原告品牌的名义对外宣传、销售。因此，无论上述哪一类产品，均无法确定来源于原告，因此决定将上述产品均作为侵权产品一并主张，同时将几次取证销售方、供货方等 5 个主体都列为被告。2022 年上半年完成了立案。

二、坐立不安的一审庭审

一审开庭中，被告方出席了 6 位代理人。狭小的法庭被告席显得有些拥挤，部分代理人坐到了旁听席位中。庭审中主被告律师举出了产品的来源证据，而且是上述表格中不同的四类产品分别的来源证据，并且制作了相应的公证书。其中被告有一份证据显示，被告是通过一名自称原告销售人员处购买了部分本案被诉产品。一审法官注意到这个问题后，向我们问了一个尖锐的问题：产品包装上是原告企业名称，商标也是原告的，包装也与原告一致，那么如何确认被告销售的产品并非原告生产？

由于产品包装、商标、工厂名称等信息与原告确实一致，只是部分产品批号被撕毁，加之瓷砖产品的特殊性，无法从基本的防伪及产品品质等角度去分辨。对于该问题我们只能从证明责任的角度去论述，认为被告提交的来源证据中显示的采购数量与销售数量不一致，也没有直接证据显示从原告处采购，因此被告并未完成举证。

被告抓住法院的问题，继续论述其采购销售的产品包装上都是原告的厂址、厂名以及商标信息，被告二次销售的行为并不违法。法院虽未明确表态，但是这个问题足以使我们如坐针毡，提心吊胆。尤其是在证物展示环节，现场展示的取证瓷砖包装与原告产品一致，这种现场感带来的视觉效果对我们非常不利。

果不其然，后面进行的庭审法官需要原告说明被告销售的产品并非正品的原因。被告抓住这一点，反复强调其销售的产品与原告一致，同时指出那些没有原告产品包装、没有使用原告商标的瓷砖产品，由于底标被磨去，因此与原告无关，不存在商标侵权行为。即便在后面庭审中，我方重申并强调了对方销售中擅自使用原告商标，实际销售其他品牌的瓷砖产品属于攀附原告商誉，容易造成相关公众混淆，属于商标侵权，但是法院的关注点已不在这里。

庭审结束后，心情已然十分灰暗。但同事们依然为我宽心地说，这个案子虽然对方争论很凶，即便原厂原包的是真的，但是那些没有原厂包装擅自以原厂原标名义对外销售，这种"真假"混买肯定也是侵权的，心情少许有些稳定，但仍然充满焦虑。

三、年三十"压碎"大礼来袭

距离开庭已过去3月有余，在忙碌中临近2022年岁末，律所已经放假。这一天是2022年的年三十，返乡过春节的我正在准备享受春节的浓浓年味。下午我正在贴春联，忽然口袋中的手机震动了一下，我打开手机一看，是一条法院的送达短信。我立马放下手上涂了糨糊的对联，又惊又恐地去打开那条短信链接，是一份判决书，我迫不及待地划到了判决书最后，没有期待的判决"一、二、三之类"，只有一行另类的孤零零的文字赫然显现"驳回原告全部诉讼请求"。这一行文字如晴天霹雳一般，从脚底板到天灵盖的那种麻木感充斥整个身体。愣了几分钟后，强迫自己的手指将这份判决下载向律所报告。

律所看到这份判决书之后，认为这个判决虽然送达的时间不巧，但是秉持对客户负责，还是让办案组先行向客户汇报。我在大年三十晚上，在窗外鞭炮声四起，烟花漫天的时候，"强忍着悲痛、眼含着热泪"一遍遍看着判决书，写着书面的判决汇报，年初一也在继续修改着。因为这个判决，整个春节，年味全无。

春节假期快结束的时候，律所的案件群内传来好消息，同事办理的一个类似的瓷砖产品"真假混卖"的案件一审败诉，二审被中级人民法院改判。我的这个案件似乎迎来了一丝曙光。

复盘一审，调整策略，二审终于逆转

一、一审复盘，找到问题

众所周知，方图律所对于败诉案件律所合伙人是极度重视的。春节假期结束后，办案组迅速进入状态，首先要处理的就是这个败诉案件。

在复盘一审败诉的原因中，总结就是：一审证据中主张的不同类型包装的产品太多，导致一审法院审理焦点不集中，法院无法针对每一类产品做出客观的评价。其次是提交了"原厂原包"这类与原告产品包装相同的产品将其主张为侵权产品，我方一审又没有充分阐述该产品为侵权产品的合理理由，在被告尽力提交来源证据的情况下，导致法院倾向认定被告产品为正品。

二、二审集中焦点，成功突破

二审中，我们摒弃了前述四类产品的三类，集中主张对方以上诉人（一审原告）品牌名义对外宣传，实际销售白色无标识的瓷砖产品构成商标侵权。以"原厂原包"宣传用语实际销售与上诉人（一审原告）没有任何关系的瓷砖，构成虚假宣传为由，提起了上诉。

二审法院审理后认为：

第一，上诉人公证购买的白色无标识的瓷砖产品，被上诉人虽然提交了来源证据，但是包装上并没有上诉人工厂等信息，无法证明是上诉人生产。被上诉人一审提交的来源证据，无法与被诉产品一一对应，故合法来源抗辩不成立。

第二，被上诉人的多名员工在工作微信朋友圈中长期公开多次使用被诉侵权标识进行宣传，该行为属于广告宣传行为，属于商标性使用。但是被告实际销售瓷砖产品上没有任何上诉人商标标识，该行为属于冒用上诉人商标销售其他瓷砖产品，构成商标侵权。

第三，被上诉人工作人员在微信朋友圈长期宣称"原厂原包有底标""优等品"，在朋友圈中大肆使用上诉人企业及品牌介绍中却附上其他品牌的瓷砖，该行为主观上存在故意使相关公众对产品包装、市场主体及其服务的来源产生混淆或者误认的可能，故被上诉人存在虚假宣传，构成不正当竞争。

综上所述，改判被上诉人承担30万元的赔偿责任。至此，一审败诉的案件，终于在二审逆转。被上诉人也及时履行了二审判决。

一个败诉判决，就是一记警钟

虽说，世上没有不败的将军，但是当一个案件的败诉是由于自身工作不充分，或者疏忽大意造成，此时就应当深刻反省。这个案件的一个问题是：在一审制定诉讼策略的时候，可能是沿用了之前案件的一般思路，认为之前法院对于这类案件也是这样判决的，这个案件也应该是这样。但是悄然间，法院的审判思路改变了，对原告要求更严格了。面对侵权产品中包含与原告相同包装的产品，此时会严格要求原告说明被诉产品为何是假货。原告无法说明之时，可能面临更大的诉讼风险。如果时光倒流，肯定不会将与原告产品包相同的产品放进证据当中，以此带来不必要的麻烦。

另一个问题是：诉讼中在案件审理焦点偏向于对我方不利的情况下，如何扭转。本案一审开庭，法官是知道还有其他几类包装的产品，但是我们在案件庭审风向不利的时候，没有及时向法院重点陈述，导致案件转向由被告的观点主导。最后可能就是在面临败诉结果的时候，自己并没有一种处变不惊的心态，或许是经历不够，或许是对胜诉有执念，或许不希望自己的付出白费，或许是害怕败诉会给自己带来批评、否定性评价，但似乎都不是问题的核心。我想专注于解决问题本身，而不是去思考问题之外的事情去消耗自己，才更能让自己更快接受败诉，但又不止步于不完美的自己，去加深庭审技能的修炼，加深法律观点的学习理解，如此才能尽可能地避免下一次的失败。

类似商品如何举证,实现二审诉讼逆转

文 | 肖玉根

出乎意料的一审判决

2023年5月10日,方图所收到了一封出乎意料的败诉判决,引发了轩然大波。该案件主要系被告在11类马桶商品上使用的标识侵犯了原告公司在19类瓷砖产品上注册的商标,案情并不复杂。虽说胜败乃兵家常事,但作为一家专做知识产权诉讼的律所,实际上方图已经代理过非常多的类似案件,包括本案原告在内的多家知名陶瓷品牌,均已收到多份生效判决支持我方观点,即"瓷砖与坐便器等商品系构成类似商品"。但这个案件的结果截然相反,甚至极有可能对后续其他案件有很大影响,面对此种情况,方图人当然是毫不犹豫地上诉!

一审判决逻辑:

在上诉前,当然还是首要分析下一审判决。在本案之前,"瓷砖产品与坐便器产品系构成类似商品"这一观点系已被多份生效判决认定。其中还有最高人民法院的判决中也认定了这一观点。在已有多份判决认定的情况下,因此在一审开庭前,我方均没有将此作为主要的争议焦点。

但一审判决驳回原告全部诉求请求，认为"虽然该商标在瓷砖上具有较高知名度，但原告并未提交证据证明该商标在'盥洗室（抽水马桶）、坐便器'商品上进行使用、宣传的证据，也并未提交该商标在'盥洗室（抽水马桶）、坐便器'商品上的知名度，由于原告涉案四个商标核定使用类别均为19类，涉案产品（马桶）属于11类，二者在功能、用途、销售渠道、消费对象等方面存在明显差异，不属于类似产品"。因此，最终认定被诉侵权标识的使用未构成对原告涉案四个商标的侵害。

即本案一审法院判令败诉的最大理由就是我方权利商标和被诉侵权产品并非商品分类表中的同一类别，二者不属于类似商品，且我方并未实际经营马桶产品，因此马桶产品上不具有知名度，不会造成混淆！

众所周知，判断是否构成类似商品主要还是从市场流通角度来判断，即两类商品的功能、用途、生产部门、销售渠道、消费对象等是否会使市场上的相关消费者造成混淆。在诉讼案件中类似商品的认定，更强调结合商品或服务的具体特点、交易情形、相关公众的一般认知等具体市场和实际情况来综合判断。至于原告权利商标核定使用商品类别与被诉侵权产品类别在商品分类表中是否属于同一类别根本不影响司法中突破该分类表认定类似商品。而一审判决大量篇幅引用行政判决领域中按商标类别判断二者不属于类似，对于瓷砖与马桶其功能、用途、销售渠道、消费对象等实际市场情况并未进行考量，显然是背离了商标侵权诉讼案件中类似商品个案认定的基本原则。

且对于原告是否需要实际经营被诉侵权产品也不在判定是否构成侵权的讨论范围之内。商标随着长期使用积累知名度后，其禁用权就必然随之扩大，扩张到使用相同或者近似商标的类似商品上，要求原告一定要经营被告产品，显然会严重损害权利人的利益，与商标法保护精神不符。

如何逆风翻盘

在面对一审已提交众多生效判决情况下，一审法院仍全面驳回我方诉讼请求的情形下，二审我们应如何反败为胜，全面翻盘呢？

我们也分析了一下法官之所以如此判决，是由于判断类似商品主要还是需考虑市场实际情况以及是否会造成消费者混淆的客观情况，一审法官如对于两类商品的具体市场情况不熟悉，对于其判定是否构成类似商品可能不是特别清晰。再加上被告提交的最新2022年的行政判决的影响，导致法官对于该类似商品的判断出现偏差。因此在二审中，我方就从各个市场实际层面来作为突破点，整理了各个层面瓷砖以及马桶之间的相似性和联系，让法官对陶瓷卫浴市场有一个更清晰的认识，从而论证二者属于类似商品。

1. 多份在先判决作为参考

我方提供了多份认定瓷砖与坐便器构成类似商品的在先判例直接作为证据提交，其中这些在线判例来自最高人民法院、广东省高级人民法院、湖南省高级人民法院、河南省高级人民法院、苏州市中级人民法院、佛山市中级人民法院、潮州市中级人民法院等多家法院的判决支持，认为瓷砖和坐便器构成商标法意义上的类似商品，判定被告构成商标侵权。

2. 两类商品在行业协会方面的联系

我方提交了瓷砖企业与卫浴行业受相同行业协会管理的证据。瓷砖与坐便器二商品同属为陶瓷建筑材料行业，且目前二类产品的生产企业受相同的行业协会管理，甚至被分配至同一委员会当中，由此可见瓷砖与坐便器商品的关联性极强。

3. 采用相同的国家标准规范

瓷砖与坐便器等陶瓷卫浴产品均属陶瓷建筑类商品，在产品设计、生产、质量检验等环节方面都有较高程度的共通性。因此，常在相同的国家标准中进行规范，我方也整理了上述国家标准并作为证据提交。

4. 销售渠道相同：瓷砖与卫浴产品在同一销售场所销售证据

这也是最直接的证据，如本案被上诉人大黄陶瓷店，其店铺既销售坐便器，也销售瓷砖产品，此类店铺在现实中十分常见。我方对上述店铺销售情况亦进行取证，从而证明二者的销售场所是高度重合的。

5. 生产渠道相同

我方还整理了多家陶瓷企业既生产瓷砖，也生产卫浴产品的证据，用以证明二者生产厂家相同，是普遍现象。瓷砖、坐便器的生产部门高度重合，二者关联性极高。

6. 宣传销售渠道相同

如《陶瓷资讯》《陶瓷信息》《陶城报》系陶瓷行业内权威的媒体，多年来既报道瓷砖企业，也报道陶瓷卫浴企业的相关信息。

二审反败为胜

在我方充分的证据情况下,二审法院最终认定:"认定商品或者服务是否类似,应当以相关公众对商品或者服务的一般认识综合判断。《商标注册用商品和服务国际分类表》《类似商品和服务区分表》并非判断类似商品或者服务的唯一依据。原告公司的涉案四枚注册商标核定使用的非金属地板砖、瓷砖等商品与被诉侵权商品陶瓷坐便器虽分属于不同商品类别,但两者在加工材料、生产部门、销售渠道、消费对象等方面存在重合之处,可以认定构成类似商品。"

本案的深入思考

在一审审理过程中,我方也提交了多份认定构成类似商品的判决,而一审法院之所以未采纳上述判决,反而认定不构成类似商品,主要原因还是在被告提交的一份行政判决。

该份判决系原告公司马桶上的注册商标被案外人无效,并认定案外人在浴室装置等类似商品上的商标与原告在瓷砖产品上的商标已经共存,原告在11类商品上的商誉不能当然延续到其他类别的商品上。

在一审判决中也可以看到法官花费了大量篇幅去论述该行政判决认定的观点。可见,案外人在11类商品上具有权利这一事实,对法官还是产生了比较大的困扰,使法官纠结11类马桶等卫浴上的商标权利究竟属于原告还是案外人,即谁有权维权?

但是,作为商标侵权案件,还是要从是否构成侵权出发,即判断被控侵权标识与权利标识是否相同或近似，被控侵权产品与涉案商标核准商品是否相同或类似即可。案外人是否具有权利都不应该成为原告维权的阻碍。这一点事实上也在多个判决中被法院所认可，如蒙娜丽莎商标争议（2014）粤高法民三终字第 894 号，广东"珠江"字号案（2022）粤民申 15074 号裁定书。可见，法律对于共存权利都同样给予保护，共存的商标禁用权范围并不是非此即彼的关系。

刺破空壳公司，终获二审改判

文 | 陈铭沛

本篇为大家介绍的这个案件，正是因为办案组的执着，最终让案件在二审中得到改判，赔偿金额由 30 万元提高至 100 万元。

调查先行，锁定侵权主体

这本是一个普通的商标侵权案件，客户是陶瓷行业内的知名品牌，在市场经营中发现了一款瓷砖使用的标识包含了自己的商标名称，这妥妥的是一个商标侵权行为。于是客户找到了我们，让我们帮忙进行维权。

办案组接下案件后，按照常规办案流程，先进行侵权线索的挖掘和调查。经过调查员的努力，很快就基本锁定了侵权主体及大致摸清了侵权规模。侵权企业一共有三家，除了一家住所地在佛山的空壳公司，侵权陶瓷的真正生产厂家是两家位于河北省石家庄的陶瓷企业。侵权陶瓷产品上所使用的商标并未注册，空壳公司的法定代表人陈某在成立公司前后，试图以他个人名义或空壳公司名义申请注册该商标，但均被商标局驳回。根据调查员的走访，发现侵权陶瓷在河北、天津、北京、甘肃、重庆等地都有销售，销售范围十分广泛。

只有销售范围，似乎还不足以证明侵权规模。为此，办案组决定特地针对甘肃经销商进行蹲点调查。经过几天的蹲点，在摸清甘肃经销商的出货规律并确定好仓库位置后，办案组向当地市监局申请工商查处，由市监局对该经销商的仓库进行突击查封。最终在仓库内发现 300 多箱带有侵权标识的瓷砖产品库存。

调查至此还差最重要的一步，也就是需要锁定真正的生产厂家。办案组经过与石家庄的两家陶瓷企业联系，在其中一家陶瓷企业厂区内找到了空壳公司的展厅，并在展厅内顺利发现了侵权陶瓷，随即安排进行购买公证固定证据。可以说调查过程虽然耗费时间不短，但总体的调查效果仍算是比较满意的。案件也随即进入了诉讼阶段。

一审折戟，侵权者无须担责？

一审庭审后，办案组仍对案件的判决预测持乐观态度，直至收到了一审判决。在一审判决中，我方虽然取得了胜诉，但判赔金额只有 30 万元，远低于办案组的预期。问题究竟出在哪里？办案组随即组织会议，对一审判决书进行了深入分析，发现了问题的所在：一审法院虽然认定商标侵权行为成立，但在侵权主体的认定上，一审法院认为通过侵权瓷砖产品的外包装信息以及办案组在石家庄展厅内购买公证时所获得的单据上的盖章信息可以确认佛山的空壳公司实施了生产、销售行为。至于两家石家庄的企业，由于在庭审中抗辩展厅是租赁给空壳公司所用，与他们无关，因此一审法院并未认定该两家陶瓷企业实施了侵权行为。

针对一审法院的判决，办案组认为值得商榷，虽然被告均抗辩认为展厅与两家石家庄企业无关，但该展厅设置于企业厂区内，而客户的商标知名度在业内较高，作为陶瓷生产企业，必然知道客户商标的存在。空壳公司在厂区内设展厅并对外销售带有侵权标识的陶瓷，两家企业对此也应负有较高的注意和监管义务。此外，能够让空壳公司在自己厂区内开设展厅，说明两家企业和空壳公司的关系应相当密切，而空壳公司明显并没有生产能力，那侵权陶瓷的实际生产厂家有极大可能就是该两家陶瓷企业。因此，办案组经过综合分析后认为，在追究两个陶瓷企业的侵权责任上应该存在较大的改判空间，虽然一审获得胜诉，但并未达到预期的效果，决定提起上诉，将侵权者一网打尽！

不言放弃，二审迎来改判

上诉状很快撰写完毕并寄出，但摆在办案组面前的还有一个难题：仅凭说理未必足够让二审法官改判，应该要收集其他证据以进一步证明两家陶瓷企业与空壳公司共同侵权。两家企业已经被起诉的情况下，防范心理必定很强，要进入企业内进行调查的难度太大，因此只能从外部进行调查。办案组经过一番讨论，最终决定从两家陶瓷企业的用地上着手。通常陶瓷生产企业厂区占地面积较大，建厂均会经过审批，因此可以尝试调取厂区土地的宗地证，可以进一步证明展厅位于陶瓷企业的厂区之内。

经过与二审法院的沟通，很快法官就签发了调查令，主办律师马上奔赴石家庄，向国土资源局调取了被告陶瓷企业的宗地图。但较为可惜的是，虽然通过宗地图与百度地图的对比能够确认展厅坐落于陶瓷企业厂区内，但由于该厂区内部分地块已经出售，现有的宗地图已失效。

经过二审激烈的辩论后，最终二审法院对本案作出了改判。虽然办案组所调取的宗地图最终因为失效无法作为定案的依据，但法院根据展厅的购买公证书中图片所反映的事实，认定展厅位于陶瓷企业内，两家陶瓷企业与空壳公司共同实施销售行为，应构成共同侵权，并据此将赔偿金额从 30 万元提高至 100 万元。

案后复盘，总结经验教训

综观本案的办案过程，有几个方面的经验还是值得好好总结的。

1. 办理知识产权案件，调查非常重要

权利人与侵权者的斗争一直在持续上演，双方在不断地博弈中都在总结教训不断成长。现在的侵权者已经不像以前那么"单纯"，往往会通过各种手段将实际侵权主体隐藏起来。只有通过深入调查，将背后的侵权主体挖出，才能让案件取得预期的打击效果。

例如，本案是侵权者常用的隐蔽手段，实际侵权的陶瓷企业并不会走到台前直接实施侵权行为，而是会先注册一家空壳公司，所有的侵权行为均由空壳公司实施，自己则躲在幕后操控，借此逃避法律的制裁。因此如果单凭表面的证据，往往只能追究空壳公司的法律责任，根本无法触及真正的幕后操控者。如果不把真正的侵权者挖出，不仅面临赢得官司却无法执行的尴尬局面，而且会让侵权者更加肆无忌惮，换个马甲又能再战沙场。

2. 证明侵权规模是获得高判赔的重要依据

知识产权案件的判赔通常会采用由法院酌定的方式确定，也就是法官根据案情确定一个合适的判赔金额，因此原、被告双方都会尽力举证使法官产生对己方有利的心证。对于权利人来说，要想法官给出一个较高的赔偿金额，其中一个重要的证据就是向法官证明被告的侵权规模。

通常方图在案件调查阶段都会尽量寻找侵权者的销售点，并对这些销售点进行取证。道理很简单，侵权者的销售点越多，说明侵权产品的销售范围越广，可能售出的侵权产品就越多，侵权者获利也自然越多。但在本案中，办案小组除针对销售范围进行取证外，还从经销商的库存数量来向法院展示被告的侵权规模。当然，即使是经销商，要想获得准确的库存数量仍会存在相当的难度，因此办案小组采用工商举报的方式，借助政府的力量，顺利锁定经销商的库存数量，也为案件最终获得高判赔打下基础。

3. 穷尽一切可能的证明手段

每个案件都总有它的难点，面对难题时，是选择躺平还是选择再努力一把？办案小组选择的是后者。在一审法院只认定空壳公司侵权的情况下，为了扭转局势，让真正的侵权者付出代价，办案小组穷尽方法，与二审法院沟通，试图通过调取宗地图证明几个被告应构成共同侵权。虽然该证据最终并未被采纳，但重要的是为了案件的最终结果，我们付出了最大努力。

87万元改判200万元，二审案件突破点在哪里

文 | 邓晓琪

2019年8月30日，我们收到了一起瓷砖商标侵权案件的一审判决书。87万元的判决金额暂时将1年多的努力暂时定格，距离诉讼标的有一定差距。

"这个案件还是得上诉，当时我们进行案件评估的时候，对这个案子的判决还是非常期待的。这个案子不论是从侵权规模，还是恶意情节等多个方面来讲，都较为严重，87万元的判赔金额较低，不足以震慑侵权者。"办案小组讨论后还是决定上诉，并开始对案件进行全面复盘。

复盘一审：侵权事实清楚，案件证据充分

该案件是一起较为典型的商标侵权及不正当竞争案件，被告在瓷砖产品上使用与原告权利商标非常近似的被诉侵权标识，在其经营场所、名片等上使用虚构的企业名称"广东佛山市**陶瓷有限公司（**字号与原告字号相近）"进行宣传，按以往经验来讲，认定被告行为构成商标侵权及不正当竞争是没什么争议的。

案件焦点：(1) 几被告是否构成共同侵权；(2) 各被告应承担何种赔偿责任。复盘一审，无论是知名度证据，还是侵权证据，办案小组认为一审所提交的都十分充分。我们一起来看看一审侵权证据：(1) 被控侵权产品购买公证：工厂购买公证、外省经销商购买公证；(2) 被告公众号网页公证（通过扫描被控侵权产品上二维码进入）：包含大量被告规模、被诉产品的报道；(3) 被告五Z某朋友圈公证：被控侵权产品库存量高达18万件；(4) 被告侵权恶意证据：被告五Z某曾申请注册本案被控标识但未获准注册；(5) 媒体报道证据：揭露现有常见"傍名牌"的作业模式，2016年的报道已提及涉案被控侵权标识系该"傍名牌"的作业模式。

规模、恶意等各方面证据均已整理提交，就连这种"傍名牌"作业模式的媒体报道均已收集呈现，可见一审的证据收集是非常充分的，一审判决为何只判决各被告承担合计87万元的赔偿责任？办案小组立即发现了问题所在：一审判决并未认定五被告共同实施侵权行为。

先从证据来说说这五个被告：(1) 在被告微信公众号中曾出现被控侵权产品的外包装设计图，该外包装设计图上标注的制造商为被告一A公司，被告一A公司经营范围包括生产制造瓷砖产品；(2) 被控侵权产品的销售展厅位于被告二B公司内，且被告二B公司的工厂内堆放大量被控侵权产品；(3) 被告一A公司与被告二B公司经营地址相同，在被告二B公司内设有被告一A公司的排污公示牌；(4) 被控侵权产品的外包装标示的生产商为被告三C公司、被告四D公司，被告三C公司、被告四D公司均为广东佛山公司；(5) 被告五Z某使用自己个人银行账户收取被控侵权产品款项；(6) 被告五

Z某且曾向商标局申请注册与本案被控侵权标识相近似的标识,但未被获准注册;(7)被控侵权产品销售展厅的招商热线为被告五Z某的联系电话。

一审法院是分别评定五被告侵权行为的,其认为被告一A公司与被告二B公司并非混同经营,仅认定被告二B公司承担责任,而未认定被告一A公司承担侵权责任;对于被告五Z某,认为其仅是为侵权行为提供帮助,并非主要侵权责任主体。

二审突破关键:认定五被告共同实施侵权行为

如前述提及的媒体报道证据,其揭露现有"傍名牌"的作业模式:一是他们会先注册与名牌瓷砖商标相近似的标,或者直接使用与名牌瓷砖商标相近似、谐音等标识;二是委托一些不知名厂家生产瓷砖产品,再在该瓷砖产品上打上其选定的"傍名牌"标识;三是在广东佛山注册公司,或者与广东佛山公司合作,在瓷砖产品包装上标注佛山公司,向消费者传递产品来源于佛山的认知,因为佛山瓷砖全国有名。如此达到"傍名牌"的目的。

本案五被告就是通过这种作业模式将自己及产品包装成与原告佛山品牌有密切联系的形式,让人产生联想,以达到"傍名牌"的目的。早在案件立案评估时,办案小组结合案件证据即已认为本案五个被告是共同实施侵权行为,方向较为明确。为什么一审并没有采纳我方观点,以及如何在二审中更加明晰地将该观点呈现给法官,成为办案小组眼下要解决的问题。办案小组一致认为可从以下两点进行突破:(1)被告五Z某在本案中的主导作用;(2)被告一A公司与被告二B公司混同经营。

主线：Z某发挥主导作用而非帮助

办案小组认为，被告五Z某在本案中绝非仅提供侵权便利，其一系列的行为均提示其在本案侵权行为中发挥的是主导作用：（1）其早于2016年、2017年先后两次向商标局递交申请，想将与本案被控侵权标识相近似的标识注册为商标，后均未被获准注册；（2）其在名片上虚构与原告企业名称十分近似的公司主体；（3）其是在展厅销售案涉被控侵权产品的主要负责人；（4）使用自己的手机号码对外招商；（5）使用多个自己个人账户收取被控侵权产品的款项。

五被告中，被告五Z某就是将五被告"串"起来的那条线，Z某声称自己受聘于其名片上虚构的公司，但该公司根本不存在。被告五Z某其实在侵权链条处于最核心的位置，以Z某作为突破口，可让二审法院更清晰地理解五被告的侵权模式：

首先，Z某早于2016年即开始申请注册与原告商标相近似的标识，可以看出，Z某具有侵权的故意和主观恶意，并非仅提供帮助，而一审法院遗漏评价其恶意申请注册商标的行为。

其次，在2016年、2017年连续两年申请注册商标被驳回的情况下，Z某仍在被告二B公司处设立被诉侵权产品的销售展厅，以个人手机招商，以多个个人账户收取被控侵权产品的销售款，并在名片、微信公众号宣传上突出使用被诉侵权标识，Z某实际实施了侵权行为。

最后，强调Z某在侵权链条中的关键作用。Z某一端联系北方的A公司、B公司生产被控侵权产品，另一端与位于南方广东佛山的 C 公司、D 公司合作，将其 C、D 两家佛山公司的名称印制在被控侵权产品进行宣传。Z 某通过组织 A、B、C、D 四家公司分工合作，共同侵权，故办案小组认为本案五被告的侵权行为不应分开进行定性。

为更好在二审中明晰该点，办案小组通过列表的方式将被告五Z 某的侵权行为一一罗列，再通过图表呈现了各被告间的合作关系，使案情清晰呈现。

辅线：A 公司与 B 公司系混同经营

虽然在被告微信公众号展示了被控侵权产品的外包装上的制造商为被告一 A 公司，被控侵权产品的展厅所在地址也与被告一A 公司注册地址相重合，我方亦据此主张被告一 A 公司是被控侵权产品的实际制造商。但更直接的一条线：被告一 A 公司与被告二 B 公司系混同经营。因为公证购买即已在 B 公司内发现有大量被控侵权产品，B 公司系本案被控侵权产品的实际生产商已在一审中予以认定，若坐实 A 公司与 B 公司混同经营，A 公司自是跑不掉的。

办案小组在二审中对以下事实进行突出：(1) A 公司注册地址与 B 公司注册地址相同，A 公司并未提供证据证明其于其他地址经营；(2) B 公司的工厂内出现有 A 公司的公示牌；(3) 被告微信公众号展示的被控侵权产品的外包装设计图上标注的制造商为 A 公司。

种种事实均指向：A 公司与 B 公司混同经营。A 公司与 B 公司均为被控侵权产品的实际生产商，应承担连带责任。

助攻：被告的虚假陈述

被告的虚假陈述也是助攻。被告五 Z 某居然在一审庭审过程中声称名片上的手机号码、微信二维码跟他没有关系，名片也非其印制的，但该点明显与事实不符。

于是，在二审中，办案小组向法院提交了 Z 某的手机号绑定支付宝账户的验证过程截图，以证明该手机号为 Z 某所有。另外，一审法院也依职权向深圳市腾讯计算机系统有限公司查明名片上微信二维码绑定的财付通账户实名认证信息为 Z 某，我方在二审中进一步向法院提交证据证明微信只能绑定本人的银行卡，可见该微信即本人的微信，可见 Z 某在一审庭审所作为虚假陈述。

逆转：改判共同侵权，87 万元改 200 万元

通过办案小组二审的努力，二审法院在法院认为部分首先花了较大篇幅去评价认定五被告系共同实施被控侵权行为的，如此一来，后面的商标侵权及不正当竞争行为认定也更为清晰。最后二审法院结合考量 Z 某的侵权恶意及本案侵权时间长、A 公司和 B 公司的生产规模大、库存侵权产品多等因素，判令五被告连带赔偿经济损失 200 万元。

这几乎是全部支持了我们办案小组的上诉请求，证明办案小组诉讼策略选择的正确性。笔者在采访完成办案小组后不禁感慨：原来在该类侵权案件中，为避免各被告的行为被分开评价，将重心放在各被告系共同实施被控侵权行为上，也不失为一条可行之路。

一张发票的再审逆转

文 | 招雪莹

在发票上使用商标构成商标性使用吗？

这是一个从开头到结尾都充满了魔幻色彩的案件，它开始得始料不及，也结束得充满惊喜。总结起来这个案件，它还有一个名字叫——一张发票的三次庭审之旅。

案件的原告与我们客户企业字号完全相同，并且二者拥有着"三天三夜"都说不完的恩怨情仇。在2016年，原告突然对客户的一个注册商标向商标局提出了"连续三年不使用撤销"的申请。为证明该商标连续三年存在真实、合法有效的商业使用，客户向商标评审委员会提交了一份《销售合同》和一张增值税专用发票。没想到，这两份证据竟变成了这起案件的开端。

原告在没有购买任何侵权产品也无任何宣传册、名片证据的情况下，仅以合同、发票上存在与其权利商标相同的字样标识对我方客户进行了起诉。一审的判决结果在我们的意料之中，原告的诉讼请求被一审法院全部驳回。当大家沉浸在"又摆平一单奇葩案件"的平常喜悦之中时，这个案件突然朝着大家意想不到的地方发展了……二审居然改判了！

二审判决支持了原审原告大部分的上诉请求，认定我方当事人在《销售合同》与发票上使用的被控侵权标识字样构成商标侵权，并且判决我方当事人支付给原审原告 5 万元的赔偿。当时作为办案律师的何华玲满脑海里只有三个字，我不服！但这已经都是二审了，客户想着金额也不大，不如就算了吧？但何律师坚持劝住了客户，"要不再努力最后一把？我们申请再审吧！"

关于再审有多少胜率的问题，当时的办案小组心里也没有底。但是他们清楚地知道，这个判决的存在会对客户企业发展甚至以后的诉讼维权都是极大的阻碍。在此番考虑下，大家达成一致，开始了再审之旅。

虽然对胜率没有把握，但也不意味着不需要制定策略。到底应该如何做才能在再审法官面前力挽狂澜呢？当时的何律师认为，律师的声音"太小"不足以引起再审法官的高度重视，能对抗二审法院观点的唯有同为法院的一审法院判决书观点！在庭审过程中，我们应该尽力去展现一审、二审观点的差异，让再审法官认识到一审判决观点的合理性。没想到这个策略会成为再审逆转胜诉的关键所在。

为了给大家展现案件的一波三折和峰回路转，接下来我们从每个争议焦点出发，给大家展现三个法院观点的异同。

一、在发票上使用商标，是否构成商标性使用

一审法院：虽然被告主张在发票载明的被控侵权标识仅是产品名称并非商标性使用，但发票作为往来交易的文书，被控侵权标识的字样也并非对产品特性的说明或代表产品在行业内的通用名称，

客观上该使用行为亦起到指导相关公众对产品来源进行识别的作用，符合《商标法》第 48 条的规定，属于商标性使用行为。

二审法院：关于这个问题，根据《商标法》第 48 条的规定，"本法所称商标的使用，是指将商标用于商品、商品包装或者容器以及商品交易文书上，或者将商标用于广告商标及其他商业活动中，用于识别商品来源的行为"。我院认为属于商标性使用。因原审被告在发票"货物名称"一栏中使用了被控侵权标识，能够使消费者识别产品来源，我院认为属于商标性使用。

再审法院：看来双方对该问题并没有过大的分歧，都一致认为发票属于《商标法》第 48 条规定的"商品交易文书"，能够使消费者识别产品来源，原审被告在发票上使用被控侵权标识构成商标性使用。

二、那么既然在发票上使用被控侵权标识构成商标性使用，那么原审被告是否必然就构成侵犯原审原告的商标专用权

一审法院：被控侵权标识与原告侵权商标在物理形态中的中文字形相似，容易形成呼叫上的一致，构成《商标法》第 57 条第 2 项规定的商标近似。但我院认为，《商标法》意义上的商标近似应当是指混淆性近似，即已经具有误导或欺骗施以普通注意力和谨慎购买者的作用，足以造成市场混淆的近似。结合本案具体情况来看，原、被告双方各自在市场中的发展历程，仅对标识内容本身的对比尚不足以认定构成商标近似。还必须综合考虑涉案注册商标的知名度、被告主观意图、本案被诉侵权商标的相关实际使用情况等进行合理公平的判断。首先，发票作为交易往来文件是销售方向购买方签发的文本，通常是在双方完成交易后，也即购买方对购买的产品、产品来源、销售单位等信息已有清晰了解购买付款后才由销售方开具给购买方的，故仅凭发票上使用上述被诉侵权商标的行为不足以认定为存在市场混淆的可能性。其次，被告成立的20年间一直以被控侵权标识作为企业字号，其时间早于原告公司成立及商标注册的时间，对于被告在发票上使用被控侵权标识具有一定的合理性。故难以认定被告存在通过在发票上使用上诉被诉侵权标识故意混淆商品来源进而产生排挤原告市场份额的主观故意，故被控侵权标识未构成商标法意义上的商标近似。

二审法院：我院认为，因原审被告在发票"货物名称"一栏中使用了被控侵权标识，且被控侵权标识中文字样与原告权利商标完全一致，故容易构成相关公众的混淆。故我院认为原审被告构成商标侵权。

再审法院：听了上述双方的发言，我认为一审法院的说理比较充分，但在此基础上，我想再补充一点。本院认为，在实际使用中，发票对于商标的使用必然是与特定商品或服务的结合性使用。因此判定在发票上使用某标识是否侵害他人商标专用权时，应该结合其自身的商品或服务本身予以综合判断。具体到本案中，按照交易习惯，消费者在购买商品前，先会对涉案产品的性能、价格以及来源等重要信息进行充分了解，再决定购买、付款，一般在付款后才会出具发票，是整个商品交易环节中的一个环节。原审被告在涉案发票上的标注属于商标的使用，但该行为所指向的对象仍是被诉侵权产品本身，在被诉侵权商品本身不侵权的情况下，仅凭发票上的标注，尚不足以认定其行为构成侵害商标权的行为。故我院最终认为，原审被告在发票中使用被控侵权标识不构成商标侵权。

三、在《销售合同》中使用商标是否构成商标性使用呢？如何判定是否侵权

一审法院：涉案的《销售合同》第1条中虽然出现了被控侵权标识，但结合具体的合同文义看，该条款是对双方委托产生或交易产品进行概括性表述条款，在句末明确附注"具体见下表"字样。同时，紧跟的第2条对于具体的商标图案进行明确附注，原告在未能提供其他辅助证据如宣传册、产品包装等证据情况下，难以证明被告存在单独使用被控侵权标识。结合合同具备明确交易对象的情况，仅凭上述合同约定难以认定上述被诉侵权标识的使用行为已经起到了区分商品来源的作用，我院认为不构成《商标法》第48条规定的商标法意义上的商标使用。

二审法院：我院觉得，虽然涉案前述字样后标注"具体见下表"，但该标注并未明确是指具体的标识见下表还是具体的产品见下表，故不足以判断"具体见下表"所指必然是具体商标外观见下表，不能排除相关公众认为其第1款所载明的侵权标识所指的是原审被告公司的产品商标。故我院认为，原审被告在《销售合同》条款中使用被控侵权标识构成《商标法》第48条规定的商标性使用。加之，原审被告使用的侵权标识与原告权利商标构成近似，原审被告侵犯对原告商标专用权。

再审法院：我比较赞同一审法院的观点。合同是表达和传递当事人合意的语言文字，在整个合同中是有组织、成体系的，并不是毫无关系、彼此分立的。因此应该将整个合同条款或合同构成部分看成一个统一的整体，充分考虑各条款的内容以及相互之间的关联关系，正确理解和把握合同内容以及相关词句的含义。本案中，涉案合同前款表述"相关产品具体见下表"，紧接着合同第2条就以

表格的形式列明了具体的产品名称以及对应的商标。可见，前述条款使用了被控侵权标识是对第 2 条中具体使用的商标进行概括和描述，且这种使用方式并未超出对相关商品及商标进行客观描述所需要的正常使用的界限。原审原告将涉案合同第 1 条和第 2 条所使用的相关表示割裂开来，分别指控原审被告侵害了其涉案注册商标专用权，理由不能成立，本院不予支持。

总结：(1) 综合上述我们可以学习到，在判断一个商标使用行为是否构成"商标性使用"时，我们要紧抓《商标法》第 48 条规定的，其是否是"用于识别商品来源的行为"。不仅如此，我们还需要综合考虑其商标使用的目的，该行为在交易习惯中如何定性，是否超出合理范围等问题。(2) 是否为商标性使用是能否适用《商标法》的一个前提，并不意味着构成商标性使用就构成侵犯商标专用权。判断商标侵权问题时，依照《商标法》的规定，判断二商标是否相同或近似？是否使用在近似产品上？是否构成公众对商品来源的混淆等。

在再审结束后，这张神奇的发票还经历了对方的检察院抗诉之旅。直至今天，一切暂时尘埃落定后，它方才舒服地躺在卷宗袋里，回味着这一段其他发票都没经历过的"奇妙票生"吧。

8万元和80万元，两审法院的两极选择

文 | 何华玲

一审案情回顾

原告"东鹏"陶瓷，陶瓷卫浴行业头部企业。被告持有注册商标"**东鹏"。但在实际使用中，对方非常聪明地玩了一把隐身术，把"**"二字缩小或消失。处处彰显"东鹏"，向东鹏同志学习，侵权认定很明确，完全无争议。让人心塞的是被告作为一个主观故意如此明显的生产商，只判了8万元，尚不足以填平原告的维权支出。所以客户的目标非常明确，上诉，争取金额改判。

复盘一审，哪里出了岔子

诉讼逆转，复审一审是第一步。但问题在于我们经过一通复盘，发现一审律师很专业，举证质证方面，我们也是一样的套路，一审律师还向法院申请调查令，到支付宝公司调取被告淘宝店铺销售的全部数据。

一审律师做了如下取证：(1) 一是到内蒙古和昆明的经销商店铺进行实地购买公证；(2) 二是在淘宝店铺

进行下单收货公证;(3)三是到支付宝公司调取了淘宝店铺的全部销量,显示销售数据为20万元,结合本案被告是生产商,侵权证据相当充分,侵权规模不小。

在知名度证据方面,一审律师也交了很多。我们对一审的举证做了梳理,基本上是我们平时做案件的版本,大量的证据,大量的攻击。在诉讼技巧方面,也做了很多可视化的工作,比如在起诉状中把被控侵权标识用表格进行了罗列,有图有真相。

一审律师专业又敬业,被告侵权事实清晰,照理说随随便便也应当判个30来万元吧,为何是11万元(生产商判赔8万元),问题出在哪里?要知道,找到问题之所在是解决问题之所在。我们一定要继续。

经过一番复盘,我们认为原因包括两个方面:

一是一审法官的判赔习惯相对较低。经在网上疯狂检索这位法官之前审理的所有知产案件,发现最高判赔额是20万元(不排除有未上网公开的高判赔案件)。既然如此,那这个案件对于法官来说,可能也就是一个平平无奇的小案件,判个8万元合情合理。

二是一审关于侵权规模的重要证据没有得到充分展示。比如我们前面提到的淘宝店铺销售20万元的证据,我们通读一审判决,只看到在本院查明部分提到原告有提交该份证据,但对于这份证据的内容以及"本院认为"部分只字未提。说明法官可能根本没有注意到,至少没有充分注意到这份证据。

为什么这份证据没有引起法官的注意呢?

我们把原告的证据翻来覆去,想来想去,觉得原因可能有两个方面：

一是原告提交的知名度证据太多，形成证据堆砌。这只是一个普通的商标侵权案件，并不涉及驰名商标认定，知名度证据其实提交重点的商标知名度证据即可，但一审提交的审计报告、经销商协议、广告媒体宣传，从 2008 年至 2016 年，时间跨度长达 8 年，这部分的证据页数多达几百页，使得侵权证据混在其中人微言轻，毫不显眼。

二是 20 万元的销售数据只有一张光盘，没有提交纸质件，在证据当中可以说查无此证。

二审逆转：重点证据如何呈现

所谓抓重点，不是把重点找出来即可。而是找到重点并且放大它、呈现它，使人注意到并受其影响，受其指引，这才是抓重点。

一审 20 万元的淘宝销售数据，为什么法官毫不在意？这让我好奇，于是我决定打开光盘看下里面的代码，然后我发现我的电脑没有光驱。不知道法官当时是不是跟我一样的心路历程呢？所以，同志们，凡光盘必应有纸质版内容，且应当有提炼，使阅读起来方便。

重要的事情说三遍：抓重点，需要一抓一放，找出重点并且放大它！

提交的资料为光盘打印的内容，密密麻麻，共 54 页。就算交了纸质版，法官可能也不想看。所以要提炼、总结，让法官明确地知道这 51 页表格，全部销售的都是 ** 东鹏的产品，比如该店铺招牌是 "** 东鹏"，所有产品链接的标题都有 "** 东鹏" 字样，除了被控产品没有销售其他品牌的产品，所有交易记录都是交易成功的，剔除了退款或者交易不成功的数据……总之，使法官明确地、准确无误地、清晰地知道仅就该淘宝店铺销售金额已经达到20万元。

我们需要换位思考一下：假设我是法官，当原告拿出一张光盘痛斥被告销售金额高达100万元的时候，我的心理活动是怎样的？作为中立派，100万元这个数据尚不足以撼动我灵魂深处，因为我会默默出神：这100万元销售的都是被控产品吗？应当还包括其他品牌吧？毕竟淘宝店铺卖瓷砖的商家，经常东鹏、蒙娜丽莎、马可波罗、欧文莱等一起卖。这些数据都是交易成功的吗？有没有退款的、关闭交易的、刷单的？

我的内心种种疑惑，如果原告能给我详细解释，也许能解开我心中疑惑，使我对100万元印象深刻。但是原告没有解释，被告没有回应。

法律的认知和法律的运用是两个概念，证据的提交和证据的呈现是两个学派，作为律师不仅应当知道侵权如何判定，证据如何提交，更应当思考裁判者看到这份证据是何反应。不仅仅是从法律的角度出发，解决法律知识体系的问题，还要从人性的角度出发，解决人性思维体系的问题。这就是律师办案的全局思维，思考法律定性是一方面，思考法官定性是另一方面。也正是因为这种不确定和多变，才使得诉讼充满辩证之美、激变之美。

在我们最近办理的一个著作权案件中，对方主张的权利是一个黄铜衣帽架美术作品，由于该产品为工业产品，在著作权法领域应属于实用艺术作品的范畴。本案原告作品有一定的美感和设计感，但是能否达到著作权法中美术作品的构成要件，达到实用艺术作品的艺术性高度，存在较大争议。被告产品与原告作品近似度较高，本案只能单点突破：原告作品不具有独创性。

案件争议较大，单个争议焦点的法律风险就比较高。在思考这个案件时，除了对于原告作品是否具有独创性的论证，我还花了很多时间思考案件可能的走向。从案例检索情况来看，这位法官之前是审其他案件的，知识产权案件相对较少，网上检索不到他审理的类似案件，其观点是无法预知的，存在很多不确定因素。于是我一直在想，如何让案件简单化，复杂意味着变数，变数意味着不可控。

我们做了几轮检索，最终找到非常接近的现有设计，攻破原告作品具有独创性的论据，并且还检索了其他的具有艺术性的同类作品，进行侧面印证，进一步说明原告作品不具有创造性。使法官审案从一道纠结的选择题，变成一个比较容易作出选择的小题。

除此之外，是证据的呈现。因为害怕败诉，只好咬牙突围。我在脑海里画了一幅庭审肖像图。男主角是法官，剧情是怎样突出我的关键证据，避免淹没在暴风雪中。怎样可视化，使男主角一看就秒懂，最好是通过答辩状和证据清单就赢过对方。怎样庭审表述，让男主角对我方观点印象深刻，使战争在庭审中提前结束。

法院的判决，非黑即白，侵权或者不侵权，没有中间地带。但是判决前法官的观点是有中间地带的，可能侵权也可能不侵权，此时我们需要注入一个客观因素，去影响裁判者的观点，将裁判者摇摆的观点如拔河赛一样拔到我方立场，这是律师办案的应有之义。

全局思维，高难度案件的神助攻

回归到本案，在没有新证据的情况下，在一审是适用法定判赔无法计算赔偿的情况下，单就判赔改判难度有多大，这是显而易见的。当时我也在课堂上咨询过一位资深法官，探讨法定判赔二审改判的可能性，法官的回复：法定判赔说到底就是拍脑袋，你不能说一审法官拍错了，我二审给你纠正过来。

明知山有虎，偏向虎山行，这是勇气。知晓山有虎，绕道虎山行，这是智慧。当我们知道案件的难度后不是硬杠，而是要想办法缓解难度。法定判赔可改可不改，那就把案件从一个倾向于不改的案件，变成一个必须改判的案件。既然二审反正要改判，一审判赔确实偏低，改一下金额又何妨？如何找到案件难度降低的点很关键，找到这个点，就等于找到了撬动案件逆转的杠杆。

本案中，我们的杠杆就是一审漏判侵权标识。

一审律师在起诉状中列举的10余款侵权标识（感谢一审律师这一举措给了我们二审逆转的空间），但是一审判决只判了一个侵权标识，其余的未做任何评价，我们就把这个作为了二审逆转之战的助攻。考虑一审法官漏判可能跟被控标识过多较为混乱有关，我们把10余款被控标识进行了整理，变成了可命名、可准确呼叫、可清楚区别的六款标识，通过表格呈现，这样二审的诉求就非常清晰了。

案件要反转，一招是不够的，需要很多招式。有的招是主攻，直捣黄龙，如淘宝店铺的20万元销售数据，如云南、昆明的购买公证。有的招是助攻，明修栈道暗度陈仓，如漏判侵权标识。有的招是花招，纯粹为了好看。表面看来一团糊，但代理人自己要很清楚，一招一式自有深意，也自有其使命。

在我们办理的另外一个判赔改判的案件中，一个发明专利一审判赔 15 万元，二审改判 50 万元。采用的策略与本案大抵相同，主攻是原告专利的权利价值，比如在日本、澳大利亚、美国都获得了发明专利授权，以及被告并未停止侵权。这个案件也是没有新证据的情况下改判，关于被告未停止侵权是在庭审中通过庭审询问炸出对方，也是相当精彩。助攻则是一审没有判决被告销毁模具，一审判决认为原告没有证据证明被告持有模具。我们在检索二审法官的案例时，发现这位法官曾经作为某案的合议庭成员，该案支持了销毁模具的诉求。因此在庭前特地上书补充意见，对被告如何持有模具，被控产品的零部件结构、规格、尺寸并非市场上通用部件，必然设有模具进行大书特书，使案件成为应当改判的案件，然后再进一步去阐述应当改判赔偿金额。

助攻们也分等级，"必须改判"是一等，"可能影响法官心证"是二等。本案中，我们的二等助攻有三：

一是被告注册商标被申请无效的证据，被告商标自始无效，釜底抽薪，使对方的抗辩"我有注册商标，你咬我啊"变成镜花水月、玩笑一场。

二是维权支出明细表，向法官吐槽，一审已花 11 万元，二审再投 ** 万元，生产商只判 8 万元，我等情何以堪，原告就这么不配高定非得普通配置吗？

三是庭后发现对方持续侵权，继续提交证据。被告情节如此恶劣，一切都是因为判赔太低，违法成本太低，这强大的利益驱动，必须改判啊！法官没有组织再次开庭和质证，但是我相信他一定看出了我们这份证据背后的良苦用心和深切呼唤。

春节放假前一天，我们收到二审判决，改判生产商承担赔偿责任 80 万元。从 8 万元到 80 万元，这是质的飞跃，这是知识产权的胜利，这预示着春天的到来。果然，来年的春天，这个案件被评为 2019 年佛山市中级人民法院的典型知识产权案件之一，这大概也是这篇办案手记诞生的原因之一。

一审败诉，二审如何实现逆转

文 | 何华玲

一审败诉，二审要想逆转，当然很难！这么难的事也会有方法。

一审忽略了哪些事实？

曾经有家很会操作的公司叫"莫纳·丽莎"，将"蒙娜丽莎"女神的画像印在名片上进行宣传，但在瓷砖产品的包装箱和宣传广告上没有使用女神画像，可以说是很高段位了！

名片如图所示：

战争一打响，果然引发混战。

一审法院认为:"莫纳丽莎公司、王某某在名片上使用蒙娜丽莎画像不能确认是使用蒙娜丽莎公司的注册商标还是世界名画'蒙娜丽莎画像',为维护社会公众利益,蒙娜丽莎公司不能禁止他人使用蒙娜丽莎画像。"

客观来说,这并不是一份败诉判决,因为除在名片上使用蒙娜丽莎画像商标的行为外,其他方面都是判蒙娜丽莎公司赢的,并且侵权赔偿额为43万元,在当时属于较高的判赔了(2015年判决)。但因为"蒙娜丽莎"女神是蒙娜丽莎公司非常重要的商标,为了追求女神投入了大量的时间和金钱,如此被人山寨,实在意难平。如不能制止,那岂不是人人都可以把女神的画像印在名片上,然后疯狂地经营。于是,客户坚决要上诉。

二审如何实现逆转?

在制定诉讼策略前,首先我们要对一审为何败诉做了复盘。与其说是复盘不如说是自省,一审法官为什么会这样判,系忽略了哪些事实?有哪些重要事实我们没有让法官注意到?我们虽然不能与法官当面交流,但从判决的只言片语中亦可对背后逻辑及价值观窥见一二。一审判决说"莫纳丽莎公司、王某某在名片上使用蒙娜丽莎画像不能确认是使用蒙娜丽莎公司的注册商标还是世界名画'蒙娜丽莎画像',为维护社会公众利益,蒙娜丽莎公司不能禁止他人使用蒙娜丽莎画像"。由此折射出来的信息:一审法官或许没有注意到,蒙娜丽莎画像作为商标与瓷砖商品上本身是没有任何联系的。

消费者本身并不会将蒙娜丽莎与瓷砖产品联系起来,是蒙娜丽莎公司将蒙娜丽莎画像作为商标使用瓷砖产品上连续使用超过15年,并且多年来持续投入大量广告宣传,才使消费者将蒙娜丽莎画像与瓷砖商品建立特定的联系。因此，二审时我们首先需要把这个信息充分呈现，确定蒙娜丽莎公司在瓷砖商品上享有禁止他人使用蒙娜丽莎画像商标的权利。为了做到这一点，我们花了大量篇幅来论述，蒙娜丽莎女神与瓷砖没有任何关系，而蒙娜丽莎公司通过超过15年的长期使用，使消费者在瓷砖上看到蒙娜丽莎商标时就会会心一笑。毕竟一个在2006年、2014年就先后被司法认定为驰名商标，每年广告费投入过亿元的企业。

放大对方的侵权事实

此处的"放大"并非指无中生有，夸大其词，而是在众多案件事实中，进行总结和提炼，并清晰地、充分地呈现给法官。被告其实是具有多个不妥当的行为的。例如，其不仅使用了女神的画像，还盗用了女神的名字，将女神的中英文名字使用在瓷砖商品上，而这几个商标恰恰与蒙娜丽莎公司的商标非常近似。除此之外，被告还注册了一个叫"莫纳丽莎"的空壳公司。于是我们不断地把这种巧合，通过上诉状、法庭辩论、代理词，不断放大，使法官充分注意到这个难以描述的巧合。

还有有趣的一点是，我们在法庭上以非常谦逊谨慎的态度询问对方：为什么要将蒙娜丽莎画像印在名片上？对方沉默了三秒后，冷静地回答："欣赏！"（有可能是受了一审判决的启发）对于此，法官在判决书中做出了回应："名片是经营者在商业活动中用以介绍、宣传经营者相关经营信息的一种载体，名片所印的一般为公司名称、联系地址、商标等相关经营信息。莫纳丽莎公司、王某某将蒙娜丽莎画像印于涉案名片正面的右上角，画像的面积较小，从莫纳丽莎公司、王某某对蒙娜丽莎画像的使用方式看,蒙娜丽莎画像已构成涉案名片上的一个标识。"

在我们办理的另一宗"蓝思月"商标侵权案中,"蓝丝月"是美的公司旗下的副品牌,用在空调产品。

被告某博公司将"蓝思月"作为商品型号进行使用,也是使用在空调产品上,与原告的"蓝丝月"有一"丝／思"之差。同时,某博公司还在空调产品上使用了其自己注册的"GMCC"商标以及公司名称,这就给案件带来非常大的争议。原告主张被告构成商标侵权,被告却认为其是作为型号使用,不是商标性使用,不构成侵权。

一审法院判决认为某博公司不构成侵权。

理由有三:一是某博公司是将"蓝思月"作为型号使用,而不是商标使用,不属于法律意义上的商标性使用。二是原告的"蓝丝月"商标没有较高知名度。三是"蓝思月"与"蓝丝月"还是存在一定差异。

基于这三方面的原因,法院认为二者不会造成混淆性近似,不构成商标侵权。法官的中心思想是商标构成要素近似,但不构成混淆性近似。

收到判决的时候我们齐齐傻眼。同事说法院虽然没有支持被告商标侵权,但对于被告的虚假宣传行为还是支持了,这并不是败诉。但在我看来,一个商标侵权附带虚假宣传的案件,商标侵权部分没有被支持,它就是败诉。对此,我陷入了深深的沮丧中。

"蓝思月"与"蓝丝月"双胞胎一样傻傻分不清楚,混不混淆其实是个很抽象的问题。

关键在于被告到底是不是将"蓝思月"作为商标使用,只要是作为商标性使用,商标构成要素又近似,自然容易导致混淆,二审要把对方强拉到商标性使用的碗里来。

让我们看看有哪些事实是应当在二审中充分呈现给法官的?

1. 让证据原件说话

一审判决的中心思想是对方只是将蓝思月作为型号使用,其同时还使用了自己的商标,规范标注了企业名称,消费者不会混淆。

但事实上,对方在图册上将蓝思月大大地突出使用,自身的商标 GMCC 反而显得十分低调(且 GMCC 是美芝公司在空调的关联产品——空调压缩机产品上的知名品牌)。

毫无疑问,图册上的那一页纸是非常重要的证据。但是它夹在几百页的证据里如沧海一粟,如尘埃中花,连我们自己都不容易注意到。于是开庭的时候,我把这张薄薄的纸带上了法庭给法官。我想最好的庭审是可视化,而最好的可视化不仅仅是彩色打印,也不是做一份图表,而是把事物的原貌清清楚楚地展现在法官面前。

2. 重新组织证据

被告一口咬定是作为型号使用,我们也很无奈。为了打破这个魔咒,我们将一审证据再重新过了一遍。比如,在另案中提交的被告的经销商将"蓝思月"作为商标使用。再者,另案证据就算所有人都知道,不在本案中提交就不能作为本案的定案依据。敌人实在太狡猾,无法正面打击,那就只能"围魏救赵"。虽然被告是作为型号使用,但其经销商们纷纷将蓝思月作为商标使用,如果这种行为不制止，岂不是任何人都可以用这种方式一夜暴富、资产过亿？而作为权利人，只能全国各地到处跑，不断地打击一个个将蓝思月作为商标使用的经销商，而对于被告却束手无策。我们精心准备了一套被告的经销商们侵权的证据，让它在法庭上向大家证明，被告是不是真如自己说的那样阳春白雪。

3. 问问题

对方代理人是国内知名的专业知识产权所的律师，法律功底和庭审能力都很强，双方在法庭上的辩论非常激烈。客户说这是她见过最精彩的开庭，可见当时的场面有多激烈。我现在回想起来仍然觉得热血沸腾，有种要申请阅卷，细细品味庭审笔录的冲动。

我方：请问被告，为什么使用"蓝思月"标识，有何特定含义？

对方："蓝思月"是商品型号，代表着产品的特质和特征，如材料、性能、质量、外观等。

我方：请问被告，"蓝思月"代表了空调产品的何种材料、何种质量、何种性能、何种尺寸、何种外观？

对方：呃……

我方：请问被告，贵公司明知销售商将"蓝思月"作为商标使用，为何不阻止？

对方抗辩系作为型号使用，代表着产品的性质、特征，这个回答可以说很专业了，毕竟听起来不是胡诌，比那些山寨厂高出好几个段位。只是当我们穷追猛打，继续请教到底时，对方难以自圆其说，毕竟真相一旦被放大，就纤毫毕露，难以忽悠。而我们请教销售商长期将蓝思月作为商标使用，为何某博公司从未制止，对方虽然给了解释，但是有什么关系呢？我并不在乎对方怎么回答，我只需要让法官了解被告知道销售商将蓝思月作为商标使用，但是从未制止，而是默认甚至指使就行了。

很多时候，法律事实总是难以复原客观事实，证据难免有这样或那样的缺陷让我们陷入被动的局面。如何放大对方的侵权事实，则不仅仅是依托证据，更依托我们对证据的驾驭能力，也依赖于我们在庭审中的发问技巧和辩论策略。有时，也靠运气。

案件胜利后的成果转化

蒙娜丽莎诉莫纳丽莎案二审的争议焦点在于，被告在名片上使用"蒙娜丽莎头像"的行为是否构成商标侵权。我曾写了一篇《商标正当使用的构成要件分析》的论文，获得广东律协知产委颁发的十佳论文奖，最后案件赢了，并入选2015年佛山市中级人民法院十大知识产权案件。

美的公司诉某博公司二审的争议焦点在于，某博公司将与美的公司"蓝丝月"商标近似的"蓝思月"商标作为商品型号使用是否构成侵权。我继续撰写了一篇《商标性使用的疑难问题分析》，获得全国律协知产委颁发的十佳论文奖，案件胜诉后在《2017年佛山法院知识产权司法保护状况白皮书》中留下了印记。

但我想说的是，一个案件一审输了，二审怎么办？也可以写一篇论文。在写论文的过程中，你需要收集大量的素材，了解法律怎么规定的，最高人民法院怎么说，法官学者在论文中怎么说，其他法院怎么判。经过痛苦码字的过程后，你会对案件涉及的法律难题有非常清晰的了解。甚至写完论文后的素材还可以再用来写一份代理词，一举多得！

我们办这两个案件都非常艰难。二审可能无力回天的阴影一直笼罩在我心头，但通过这两个案件，技能提高，论文得奖，案件改判。总结下来一审败诉后二审如何实现逆转的方法就是写一篇论文！

最后，我还是想说明一下，本文所提到的两个案件，对方代理人都非常专业，我若再次对上两位律师，仍然压力山大。特别是美博案，对方律师在二审庭审的表现十分精彩，经验亦比我丰富。二审我们能赢只是基于真理越辩越明，基于法官的观点更有利于我们的主张，加上我们的努力和运气。我写这篇文章是为了在挫折中总结出经验，写出来与大家分享，更是提醒自己掉过的坑千万不要再掉第二次。

想要在案件中取得最终的胜利，那就要拼尽全力

文 | 何华玲

论年轻律师办案的自我修养：如果你也曾像我一样，对一件事日夜思索过，那么你一定能理解我拿到判决时的那份欣喜若狂；如果你也曾像我一样，对一些事患得患失过，那么你一定能理解我想要赢得案件的那种忐忑和执着。这是一个很普通的案件，是2016年佛山市中级人民法院公布十大知产案例中"蒙娜丽莎：别以为我只会微笑，我还懂法哦！"的那个案件。

言归正传，这个案件中一家叫莫纳丽莎的公司在瓷砖产品上使用了与蒙娜丽莎公司构成近似的商标，而且造假造得十分嚣张，在全国各地设有经销商，法定代表人王某某多次邀请媒体采访自己，标榜莫纳丽莎公司高端大气上档次。这么嚣张的被告当然要由小何律师亲自去取证。2014年起诉，后判决结果四被告共赔偿43万元，在整体判赔并不算高的当今，算是皆大欢喜了。

但是收到判决后，我们半喜半忧，加班加点地上诉了。

理由有二：一是生产商在名片上使用了 [蒙娜丽莎图像] 商标，但在产品包装，网站上没有使用，一审法院认为这种诡异的行为不能确定是作为商标使用还是名画使用，从而认定不构成侵权。这也是仿冒分子的狡猾之处。二是既是莫纳丽莎公司法人，又是陶瓷店铺业主的被告二王某某的银行账户被汇入了一笔巨款，如果能抓到王某某与莫纳丽莎公司承担连带责任，那就再也不用担心莫纳丽莎只是一家皮包公司，难以执行到位。

上诉动机很明确，誓死维护蒙娜丽莎公司对 [蒙娜丽莎图像] 在瓷砖产品上的商标所有权，抓王某某与莫纳丽莎公司承担连带责任，确保案结事了。于是，一个跌宕起伏的故事就开始了。

有种素养叫遇强则强，以刚克刚

一审开庭是在 2015 年年初，虽然我自称是一个专业的知识产权律师。但事实上，在此之前我在法庭上根本没有遇到过高手，不是被告缺席，就是被告律师更喜欢做民间借贷，或者是不开庭案件就莫名其妙地和解了。所以，彼时的我虽然是一个专业的知识产权律师，但不是一个知识产权律师中的专业律师。那时的我就像武林外传里的朱七七，满心欢喜地在江湖里奔跑，那样天真和快乐。

这份天真和快乐在开庭当天的上午证据交换时戛然而止，我凭着多年遇事的直觉，敏锐地意识到对面那个笑眯眯看起来很好说话的大叔绝非泛泛之辈，不仅如此，大叔还抛出了一些有力的证据，小何律师顿时惊慌失措。

在等待开庭的那个中午，小何律师抓紧时间恶补，一是了解对手，接受被告律师在知产界耕耘了十多年的事实，二是核实对方证据，找出攻击点。由于对方是高手，陈律师携所内律师旁听开庭，美其名曰为我打气。其实他们不知道，这除了给我制造压力以外大约没有用处。

在开庭举证中，小何律师开始四平八稳地念着证据清单。可是念到一半的时候，脑袋突然有种被闪电劈中的感觉。顿觉灵光一闪，思维开阔。当时我研究这个案件已经一星期了，从证据的制作，庭审提纲的准备，比对意见的完善，侵权行为的罗列，被告关系的梳理，法律条文的检索，样样用心制作。没有人比我更熟这个案件，简直闭着眼睛都能说出哪个证据哪一页指向哪个观点。

专代和律师双证人才又怎样？现在我们是原告。十多年从业经历又怎样？我也有在专业的知识产权律所工作的经验。单凭我对这个案件的准备，我不应该认怂？正所谓长江后浪推前浪，年轻人总是冲动且热情的，后面的事情就跟开挂了一样，只见小何律师在庭上言辞犀利，愈战愈强，获得旁听人员的一致好评。

时至今日，我仍然很感激这位律师，他让我真正开启了一个出庭律师的正确模式，也让我意识到即使我一写代理词就卡，一谈法律就没自信，但我仍然适合做一个律师，因为两个字——不怂！

有时候我们特别需要一件事来证明——你行！

我问自己，小何律师，一审的判决除了没有认定被告在名片上使用蒙娜丽莎头像商标的行为侵权以外堪称完美，为什么要跟自己较劲。如果是老板办这宗案件，说不定也是一样的结果。

我相信如果是老板操刀结果也是一样的，但是，不一样的过程就会给人不一样的体验和想象啊。因为是年轻的小何律师来办此案，客户就难免想象着如果当初由主任亲自操刀会有什么样的结果。我当时甚至固执地认为，只有拿下这个案件，才能真正赢得客户的心。听到那句夸赞，"哎哟，不错哟，小何律师很专业哦。"

有的时候，一件事情对别人无关紧要，但对自己却非常重要。因为那是你人生的分水岭，跨过去是你本来就很美，跨不过去就是一道坎，关键时刻赢得一件事，跟克服长期的自卑一样重要！

我们常常说"你是什么人不重要，你看起来像什么人才重要。"你说你很专业，可从来没有见你有一篇专业文献或一个代表案例，谁信你啊。你说你口才好，可是除了八卦从不见你去演讲或打辩论赛，谁信你啊。你说你能 hold 住全场，可从来没有见在哪个大型会议或活动上"大杀四方"，谁信你啊。

这就是仪式感，任何本质的灵魂的东西最终都会落实到有形的可量化的表现形式。就如我们经过爬昆仑山，知道团队里有不少人是女汉子，经过搞活动知道方图有美食。世间万事皆有象，没有经过哪来结果。

所以，如果有一个好的机会可以呈现出你好的一面，那么奔跑吧，勇于表现你自己，让别人知道你比他们想象的还要好！如果有一个不好的"机会"挡在你面前，那么一脚把它踩下去，让它翻不了身，告诉他，想跟我斗，没门。

没有推不倒的墙，只有不努力的锄头

案件在二审阶段真正的争议焦点只有一个，就是我一卖瓷砖的在名片上印上蒙娜丽莎的微笑还能不能笑得出来？到底谁能笑到最后？这是个严肃的哲学问题。为了搞清楚这一个问题，引发了一连串的思考，这是商标性使用还是作为名画欣赏？这是正当使用还是"红果果"的"傍名牌"？主观上有没有恶意？客观上是否引起消费者混淆？

为了搞清楚这个问题，我在写代理词的时候查了很多案例，刚好够写一篇论文了，于是干脆写了一篇论文，最终得奖了（真是意外收获）。写完论文，发现还可以完善办案思路，就再次补充了代理词。当然，最后到底有没有说清楚我也不知道，但我的心平静下来了，真的尽力了，就静候判决吧。

很多事看起来很难，于是我们望而却步。当别人放弃的时候，我就会有冲上去的冲动，大路多宽呀，我一个走多么有劲呀。咦，好多人挤在那里干嘛呢？不管了，让我爬到山顶上开心地笑吧！

从我打拼的经验来看，一个烫手山芋握在手里真的会变成烫手山芋，分分钟能把你逼到焦虑。唯有把烫手山芋扔出去，推动事情的进展，你才能继续往前走。而当你尝试过后，会发现事情也不是想象中的那么难。相信我，去做了就会有结果的，即使是坏的结果，至少你又可以走下一步了，不是吗？

人人都爱真善美

等待判决的过程中，我多次想要潜入法院窥探法官的面目表情。然而现实的残酷在于，每次庭审结束，我难以有与法官面对面再次沟通的机会。我也多次想要打电话给法官，企图从电话那头传来的语音语调，窥探法官的心理活动。但其实真的拿起电话也不好意思多问。

此时到底要怎么办？前辈们循循善诱，谆谆教诲我们，书面沟通比电话沟通更有用，所以我拼命写代理词。可是交了代理词真的就可以吗？万一法官没看到怎么办？万一我交的代理词与法官心中困惑的那个点完全不匹配怎么办？

作为一个不安分的年轻人，在按照前辈的指引行事时，总是觉得自己要再做点什么才安心。所以我还是勇敢地拿起话筒拨通了法官的电话，"法官，您好，我最近对商标正当使用的这个问题又进行了研究，想再补充一份代理词给您。""法官，您好，我又查找了一些相关的案例，我真的觉得对方不构成商标正当使用，我把它们整理成书面意见提交给你可以吗？""法官，您好，请问您收到我寄的代理词了吗？"

我知道案件不宜讨论，观点不能碰撞，那我诚恳地告诉法官这个案件对我们很重要，我诚恳地告诉法官我找到了支持我方观点的论据，我诚恳地告诉法官我们绝不放弃对这个观点的坚持。这是有帮助的吧？当我们努力按正确的规则来走，我追求真理，就必然会遇到比我更追求真理的人。

这个社会有很多规则，那些规则承载了某些游戏精神，我不曾想也无法去逾越。但人的内心应该是没有规则的，如果一定要有，那么我想它应当是：你要勇于不断去尝试和突破，才不辜负"吾业神圣"这四个字。